InDesign

De la créa à l'exé

CHEZ LE MÊME ÉDITEUR

P. Prévôt, F. Rocher. – **Techniques d'impression.**
N°11797, 2006, 96 pages.

InDesign

Élisabeth Canivet

De la créa à l'exé

EYROLLES

ÉDITIONS EYROLLES
61, bld Saint-Germain
75240 Paris Cedex 05
www.editions-eyrolles.com

Avant-propos

Est-il utile de présenter InDesign, l'incontournable logiciel de mise en page d'Adobe ? En quelques années, il a été adopté et plébiscité par un grand nombre de professionnels (graphistes, maquettistes, infographistes, agences de PAO, imprimeurs, groupes de presse...), jusqu'à détrôner le fameux XPress. Aujourd'hui, il a acquis une notoriété méritée avec sa version CS3, performante et mature.

Pourquoi un tel ouvrage ?

Pour apprendre à manipuler InDesign, rien de tel qu'un livre qui vous mette dans des conditions de production réelles, comme si vous étiez face à un client vous demandant de concevoir une affiche, une plaquette commerciale ou encore une lettre d'information. C'est justement la visée de cet ouvrage qui vous propose de réaliser plusieurs projets de différentes envergures, allant du plus simple (conception d'une carte de visite) au plus complexe (mise en page d'un livre). Ces huit ateliers de difficulté progressive répondent à plusieurs attentes : vous faire découvrir InDesign à travers des cas pratiques, vous familiariser avec des notions de mise en page (fond perdu, approche, habillage...), mais également vous expliquer comment réaliser différents types de documents, de leur conception à leur envoi chez l'imprimeur. Car pour chaque support (pochette CD, livre, affiche, etc.) apparaissent des problématiques spécifiques, que tout graphiste ou maquettiste se doit de connaître.

À qui s'adresse ce livre ?

Cet ouvrage s'adresse à tous les acteurs de la chaîne graphique susceptibles d'utiliser InDesign dans leur travail et désireux d'être rapidement opérationnels sur ce logiciel : maquettistes, graphistes, étudiants, amateurs éclairés.. Que vous ayez suivi une formation de quelques jours sur InDesign avec la frustration de ne pas l'avoir assez pratiqué, que vous souhaitiez migrer d'XPress vers InDesign, ou tout simplement que vous vouliez découvrir ce logiciel en douceur et par l'exemple, ce livre vous est destiné.

À quelles versions d'InDesign s'applique-t-il ?

Ce livre n'est pas véritablement attaché à une version de ce logiciel. Si les captures d'écran figurant dans cet ouvrage ont été réalisées avec InDesign CS3, 99 % de son contenu s'applique également aux versions antérieures. Qui plus est, lorsqu'un atelier exploite une nouvelle fonctionnalité apparue dans la version CS3, une alternative sera automatiquement proposée aux possesseurs d'une version plus ancienne. De même, s'il existe des différences notables selon les versions pour manipuler une même fonction, elles seront signalées en marge, dans un encadré.

Cet ouvrage n'est pas non plus estampillé PC ou Mac. En effet, à de rares exceptions près, les méthodes décrites restent identiques d'un environnement à l'autre : ne diffèrent que certains chemins d'accès, qui là aussi vous seront signalés. Quant aux raccourcis clavier, seuls ceux pour Mac sont mentionnés dans les ateliers de ce livre : pour connaître leurs équivalences sur PC, il suffit simplement de savoir que la touche [⌘] et le [Ctrl] + clic sur Mac correspondent respectivement à la touche [Ctrl] et au clic droit sur PC. Pour vous faciliter la tâche, vous trouverez la liste des principaux raccourcis clavier pour les deux plates-formes en fin d'ouvrage.

Extension Web du livre

Afin que vous puissiez tester par vous-même toutes les manipulations décrites dans ces ateliers, l'extension Web de l'ouvrage contient tous les fichiers utiles (textes et images) qui vous permettront de réaliser à votre tour chaque type de document. Si vous ne possédez pas l'une des polices mentionnées dans le livre, il vous suffira de la remplacer par une autre, le principe restant le même. À vous de jouer maintenant !

Table des matières

Atelier 1 - Découvrir l'espace de travail 1

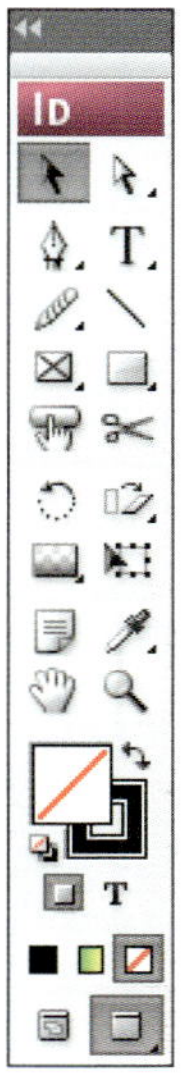

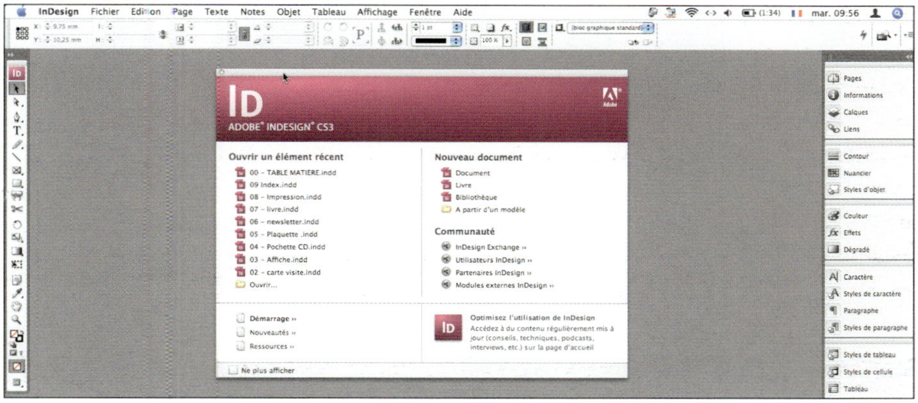

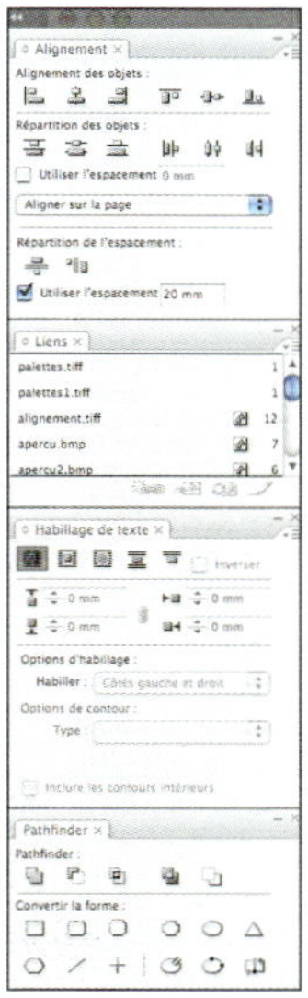

Découvrir...

l'espace de travail

Pour ceux qui connaissent Photoshop ou Illustrator, vous allez constater qu'InDesign possède de nombreux points communs avec ces logiciels, qu'il s'agisse de son interface, de ses commandes, voire de ses raccourcis clavier. Comme le but de cet ouvrage n'est pas de détailler toutes les fonctionnalités d'InDesign, cet atelier va seulement décrire ses palettes et ses outils les plus courants.

L'interface

Lorsque vous lancez InDesign, une fenêtre appelée Écran de bienvenue apparaît si vous possédez la version CS3, permettant de créer un nouveau document ou de donner un accès direct aux plus récents (ce qui évite de passer par le menu Ficher > Ouvrir une composition récente, comme dans les versions précédentes d'InDesign).

Dans tout les cas, quelle que soit la version d'InDesign, l'interface se présente sous la forme d'une palette d'outils placée à gauche, d'une palette Contrôle située sous la barre des menus et de plusieurs groupes de palettes positionnés à droite.

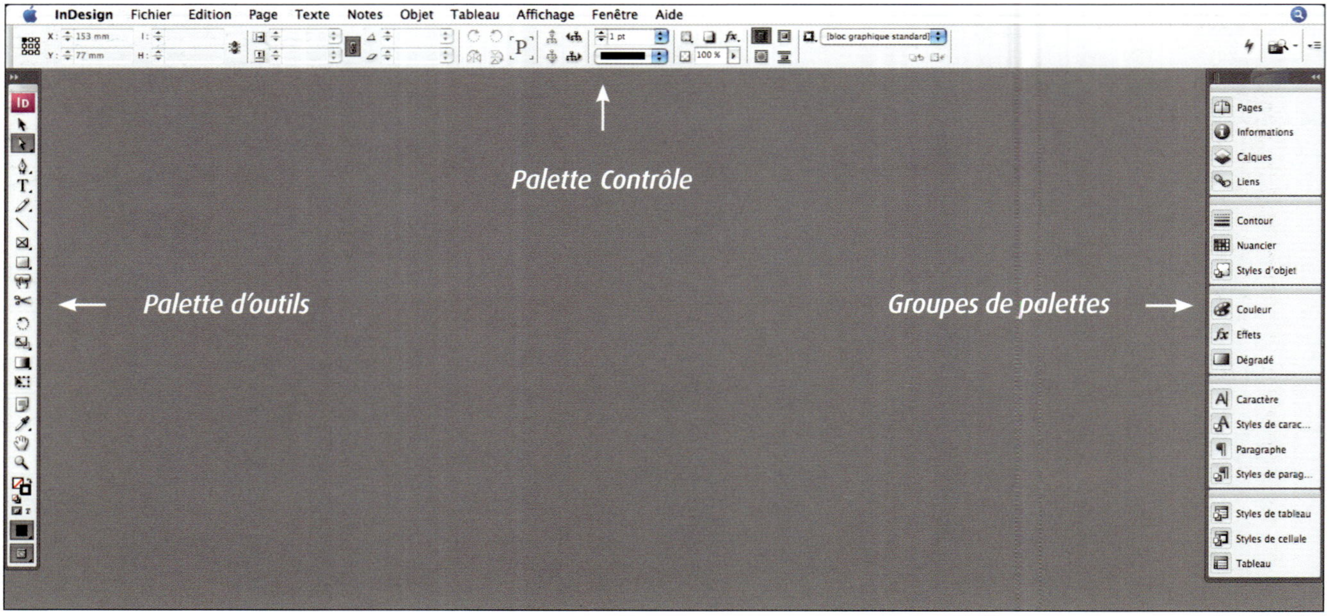

La palette d'outils

Cette palette donne accès aux principaux outils permettant de créer et de mettre en page toutes sortes d'objets. Pour activer un outil, cliquez sur son icône.

La palette d'outils comprend quatre sortes d'outils :
❶ les outils de sélection
❷ les outils de texte et de dessin
❸ les outils de transformation
❹ les outils de modification et de navigation

Des outils supplémentaires sont masqués, signalés à droite de certaines icônes par une petite flèche noire. Pour sélectionner l'un d'entre eux, maintenez le bouton de la souris enfoncé puis, dans le menu déroulant qui s'affiche, choisissez l'outil souhaité ❺.

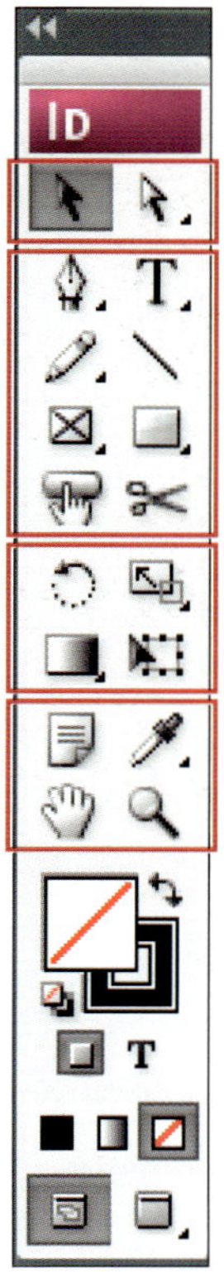

❶ ❷ ❸ ❹

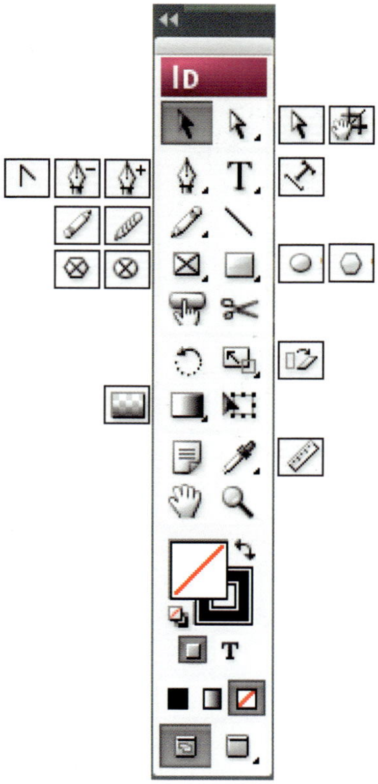

❺

Raccourcis clavier des outils

La plupart des outils s'activent par un raccourci clavier correspondant à une lettre de l'alphabet. Lorsque la souris survole l'icône d'un outil, une infobulle apparaît, indiquant le nom de cet outil ainsi que son raccourci clavier.

Pour afficher la palette d'outils sur deux colonnes

Cliquez sur la double flèche placée en haut à gauche de la palette 

Les outils de sélection

À peu de chose près, ce sont ceux d'Illustrator.

Outil Sélection (V) : il permet de sélectionner tout objet (bloc texte, bloc image, forme, trait, etc.), de le déplacer, de l'agrandir ou de le réduire en tirant sur l'une des huit poignées apparaissant lors de la sélection.

Outil Sélection directe (A) : il possède deux fonctions, celle de sélectionner une image contenue dans un bloc pour effectuer un recadrage ou une mise à l'échelle, et celle d'activer les points de construction (appelés points d'ancrage) d'un bloc texte ou image.

Outil Position (⇧ + A) : cet outil, qui s'utilise sur un bloc image, est une combinaison des deux outils de sélection. En cliquant sur l'image, il la sélectionne (comme avec l'outil Sélection directe), et en cliquant sur le contour du bloc qui la contient, il sélectionne ce dernier (comme avec l'outil Sélection).

Les outils de texte et de dessin

Pour activer l'outil Texte avec un outil de sélection

Un double-clic sur un bloc texte avec l'un des outils de sélection active directement l'outil Texte. Le curseur se positionne alors à l'endroit où l'on a double-cliqué.

Outil Texte (T) : il permet de sélectionner et de saisir du texte. Il s'utilise également pour tracer un bloc texte en effectuant un cliquer/glisser sur le document.

Outil Texte curviligne (⇧ + T) : il permet de saisir du texte sur un tracé ou sur une forme.

Outil Plume (P) : il permet de dessiner des tracés droits ou incurvés ainsi que des formes.

Outil Ajout de point d'ancrage (=) : il ajoute des points d'ancrage aux blocs (texte ou images), aux formes et aux tracés.

Outil Suppression de point d'ancrage (-) : il supprime des points d'ancrage aux blocs, aux formes et aux tracés.

Outil Conversion de point directeur (⇧ + C) : il convertit les points d'ancrage en sommets ou en arrondis.

Outil Crayon (N) : il permet de dessiner un tracé ou une forme libre.

Outil Arrondi : glissé le long d'une forme ou d'un tracé sélectionné, il en adoucit la courbe.

Outil Gomme : glissé sur une portion d'une forme ou d'un tracé sélectionné, il la gomme.

Outil Trait (§ ou * pour PC) : il permet de tracer un segment, qui peut être transformé en flèche à l'aide de la palette Contour.

Outil Bloc rectangulaire (F) : il crée un bloc rectangulaire ou carré, utilisé en règle générale pour importer une image.

Outil Bloc elliptique : il trace une forme ovale ou ronde.

Outil Bloc polygonal : il permet de dessiner un polygone.

Outils Rectangle, Ellipse et Polygone : ils créent des blocs graphiques sans contenu mais qui, à tout moment, peuvent être transformés en blocs texte ou images.

Outil Bouton (B) : il convertit un élément de la page en zone interactive si le document est exporté au format PDF et ouvert dans Acrobat. Avec cet outil, vous pouvez ainsi ajouter un bouton permettant d'accéder à une autre page du document PDF, ou créer un lien contenant une adresse URL.

Outil Ciseaux (C) : il permet de couper des tracés et des blocs.

Les outils de transformation

Outil Rotation (R) : il permet de faire pivoter un objet autour d'un point fixe avec la souris.

Outil Mise à l'échelle (S) : il permet de redimensionner un objet.

Outil Dégradé (G) : il permet de modifier l'orientation d'un dégradé (créé dans la palette Nuancier) par un cliquer/glisser sur le ou les blocs sélectionnés.

Outil Contour progressif dégradé (⇧ + G) : par un cliquer glisser, il modifie le sens du dégradé d'un contour progressif. Il peut être appliqué à un ou plusieurs objets sélectionnés.

Outil Déformation (O) : il permet de déformer un objet à l'aide de la souris.

Outil Transformation manuelle (E) : il permet de faire pivoter, mettre à l'échelle ou déformer un objet.

Les outils de modification et de navigation

Outil Pipette (I) : il prélève la couleur d'un objet ou les attributs d'un texte pour les appliquer à un autre objet ou à un autre texte.

Outil Mesure (K) : il calcule la distance entre deux points d'un document. La valeur s'affiche alors dans la palette Informations qui s'ouvre automatiquement.

Outil Note : il permet d'insérer des commentaires dans un document par l'intermédiaire de la palette Note qui s'ouvre automatiquement.

Outil Main (H) : il permet de se déplacer dans un document à l'aide de la souris. Un double-clic sur son icône ajuste la page du document à la taille de l'écran.

Outil Zoom (Z) : il agrandit ou réduit le taux d'affichage d'un document. Le taux minimal est de 5 %, le maximal de 4 000 %. La valeur du zoom s'affiche sur la barre de titre du document ainsi qu'en bas à gauche de l'écran. Quand l'outil est activé, le curseur se transforme en ; pour dézoomer, maintenez la touche alt enfoncée. Un double-clic sur son icône dans la palette d'outils affiche le document à 100 %.

Activer facilement l'outil Main

Quel que soit l'outil en cours d'utilisation, il vous suffit d'effectuer un cliquer/glisser sur le document tout en maintenant la barre d'espace enfoncée. Seule exception, appuyez sur la touche alt et non sur la barre d'espace si l'outil Texte est activé. Faute de quoi, vous allez insérer un espace dans le texte, là où est positionné le curseur. Erreur très fréquente quand on débute avec InDesign…

Les outils d'attributs de couleur

Fond et Contour : selon l'icône activée, une couleur est appliquée au fond ou au contour de l'objet sélectionné.

Fond et Contour (pour le texte) : selon l'icône activée, une couleur est appliquée au fond ou au contour du texte sélectionné.

Mise en forme du texte ou du contenant : ces deux icônes concernent uniquement les blocs texte sélectionnés avec l'un des deux outils de sélection. La couleur de fond ou de contour est appliquée au contenant (le bloc) avec l'icône activée, et à l'ensemble du texte en cliquant sur l'icône **T**. Ces icônes évitent ainsi de changer d'outil pour modifier la mise en couleur d'un bloc et de son texte.

Les outils d'affichage

Affichage Normal : le document est affiché en laissant visibles les objets non imprimables, tels que les repères, les grilles, les caractères masqués, les colonnes, le fond perdu...

Aperçu : le document est affiché dans sa version finale et imprimable, tous les objets non imprimables étant masqués. La touche W permet de passer du mode d'affichage Normal au mode Aperçu, et inversement.

Attention au raccourci clavier du mode Aperçu !

Avant d'utiliser la touche W pour afficher le document en mode Aperçu, vérifiez que votre curseur texte ne soit pas actif, sans quoi vous ne changerez pas de mode d'affichage, mais vous saisirez la lettre W ! Il est très fréquent de tomber dans ce piège, même après quelques années de pratique du logiciel...

La palette Contrôle

Les options de la palette Contrôle varient selon le type d'objet sélectionné : par exemple, si vous avez activé un bloc avec l'un des outils de sélection, vous pourrez paramétrer dans cette palette ses dimensions, sa position, son inclinaison, etc. Si vous travaillez sur un texte, elle permettra d'enrichir les caractères et les paragraphes. Cette palette, qui regroupe de nombreuses options, s'avère aussi très pratique pour ne pas encombrer l'écran d'autres palettes : ainsi, il n'est pas utile d'afficher les palettes Caractère, Paragraphe, Transformation et Tableau puisque toutes leurs options se retrouvent dans la palette Contrôle.

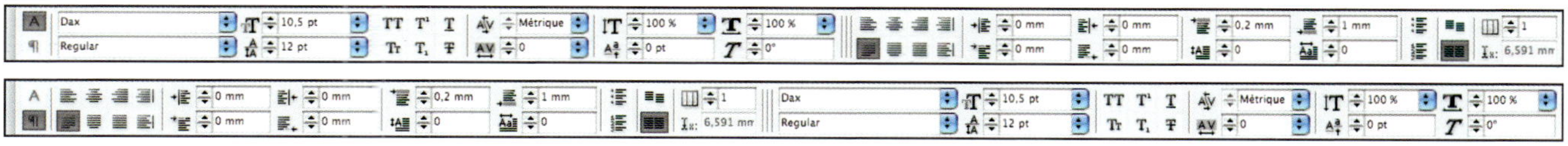

Options de la palette Contrôle pour un texte sélectionné

Options de la palette Contrôle pour un bloc sélectionné

Options de la palette Contrôle pour un tableau sélectionné

Les autres palettes

InDesign en propose un grand nombre. Par défaut, cinq groupes de palettes sont placés à droite de l'écran, les autres étant accessibles via le menu Fenêtre.

Pour ouvrir une palette située à droite de l'écran, cliquez sur son nom (la manipulation reste la même pour la fermer). La plupart des palettes disposent d'un menu déroulant proposant des options supplémentaires, qui s'affiche en cliquant sur le coin supérieur droit de la palette.

Il vous est possible de réduire la largeur de ces palettes pour obtenir une présentation par icônes, de réorganiser leur agencement et d'enregistrer ensuite un espace de travail personnalisé (voir page 14).

La palette Pages

Pour afficher ou masquer la palette Pages : Fenêtre > Pages (⌘ + F12).

La palette Pages est utilisée pour sélectionner, ajouter, dupliquer, supprimer des pages à un document, ou encore pour appliquer un gabarit. Tout document créé dans InDesign possède un gabarit avec toutes les informations saisies à sa création : le format, le nombre de colonnes, les marges, le fond perdu... Ces gabarits (étudiés dans les ateliers 6 et 7) servent à placer, pour les documents de plusieurs pages, les éléments récurrents d'une mise en page comme les têtières, le foliotage, etc.

La palette Pages affiche les informations de manière plus fidèle dans InDesign CS3 que dans la version CS2. Par exemple, si le document est orienté en mode Paysage, les icônes le seront aussi, de même que s'affiche dans chaque icône

Attention aux raccourcis clavier de Mac OS X !

Les touches F10, F11 et F12 étant également utilisées pour des raccourcis clavier de Mac OS X, ces derniers restent prioritaires sur tous les autres logiciels. Vous avez toutefois la possibilité de les désactiver ou de modifier la combinaison des touches dans les préférences de Mac OS X (Préférences Système > Clavier et souris > Raccourcis clavier).

de page une prévisualisation de la maquette (ce qui rend la recherche visuelle de l'information beaucoup plus efficace).

À la création d'un document, il est possible de paramétrer des pages en vis-à-vis ou des pages simples. Les pages en vis-à-vis se présentent côte à côte dans la palette Pages, composées d'une page recto (la page impaire) et d'une page verso (la page paire). Leurs marges latérales sont symétriques par rapport à la reliure. Dans un document en pages simples, les pages sont indépendantes les unes des autres.

Pour afficher une page par la palette Pages

Pour activer et afficher une page à l'écran, double-cliquez sur son icône dans la palette Pages.

Pour activer et afficher une double page, double-cliquez sur les numéros de pages figurant sous son icône dans la palette Pages.

La palette Informations

Pour afficher ou masquer la palette Informations : Fenêtre > Informations (F8).

À la différence des autres palettes, la palette Informations est uniquement conçue pour la visualisation : vous ne pouvez donc ni entrer de valeurs, ni modifier les valeurs affichées.

Cette palette fournit des informations sur l'objet sélectionné : sa position, sa taille, les valeurs chromatiques du fond et du contour. Si le bloc contient une image, la palette indiquera la résolution, l'espace colorimétrique et le format du fichier importé. De la même manière, s'il s'agit d'un bloc texte, le nombre de caractères, de lignes ou de paragraphes sera calculé.

La palette Calques

Pour afficher ou masquer la palette Calques : Fenêtre > Calques (F7).

Tout document créé contient un calque par défaut. Il est conseillé, pour un meilleur confort, de travailler avec plusieurs calques, à plus forte raison si la mise en pages est riche en blocs, en graphiques ou en textes. En fait, les calques pourraient s'apparenter à des feuilles transparentes superposées, les zones vides laissant apparaître les objets de la feuille précédente.

Chaque calque a une couleur spécifique, qui est aussi celle du cadre de sélection de ses blocs, ce qui permet de savoir immédiatement à quel calque appartient un bloc.

Tous les éléments d'un calque peuvent être à tout moment verrouillés ou masqués. Pour sélectionner par exemple un objet situé en arrière-plan de plusieurs éléments graphiques placés dans d'autres calques, il est parfois nécessaire de verrouiller les calques du premier plan afin d'activer plus rapidement le bloc voulu.

La palette Liens

Pour afficher ou masquer la palette Liens : Fenêtre > Liens (⌘ + ⇧ + D).

Tous les fichiers images importés dans InDesign sont répertoriés dans cette palette. Un fichier manquant est signalé par l'icône , un fichier modifié (entre autres dans Photoshop) par et un fichier incorporé dans InDesign par .

Un double-clic sur le nom d'un fichier dans la palette Liens affiche une fenêtre regroupant toutes les informations de ce fichier : résolution, mode colorimétrique, taille, format, emplacement, etc.

La palette Contour

Pour afficher ou masquer la palette Contour : Fenêtre > Contour (⌘ + F10).

Cette palette permet de définir l'épaisseur et le style de contour pour tout type d'objet (texte ou graphique), mais aussi de paramétrer les extrémités des blocs (en pointe, en arrondi ou en biseau) et des tracés (en arrondi ou en flèche).

La palette Nuancier

Pour afficher ou masquer la palette Nuancier : Fenêtre > Nuancier (F5).

Cette palette permet de créer des couleurs, des dégradés ou des teintes de couleur, et de les appliquer aux objets d'un document. Si la composition d'une couleur est corrigée dans le nuancier, la modification affecte l'ensemble des objets auxquels elle est appliquée.

Les couleurs stockées dans le nuancier ne sont associées qu'au document actif. Mais il est toutefois possible d'importer les couleurs d'un autre document par la commande Charger un nuancier du menu déroulant de la palette.

La palette Styles d'objet

Pour afficher ou masquer la palette Styles d'objet : Fenêtre > Styles d'objet (⌘ + F7).

Les styles d'objet sont des feuilles de styles associées à des blocs images ou texte qui permettent, à l'instar des feuilles de styles de paragraphes ou de caractères, d'appliquer rapidement une mise en forme à tous les blocs. Ils portent notamment sur les paramètres de contour, de couleur, de transparence, d'ombre portée, d'habillage, etc.

La palette Couleur

Pour afficher ou masquer la palette Couleur : Fenêtre > Couleur (F6).

Bien que le nuancier soit recommandé pour créer et enregistrer des couleurs, il est néanmoins possible de les concevoir directement à partir de cette palette.

La palette Effets

Pour afficher ou masquer la palette Effets : Fenêtre > Effets (⌘ + ⇧ + F10).

La palette Effets permet de régler l'opacité ou le mode de fusion d'un bloc, mais aussi de lui appliquer un effet de transparence. Avec la dernière version d'InDesign, il est désormais possible de limiter la portée de ces effets à un texte, un contour ou un fond.

> ***Les effets***
>
> *Ils sont accessibles depuis la palette Contrôle.*

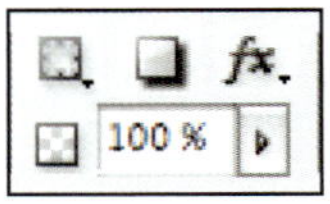

La palette Dégradé

Pour afficher ou masquer la palette Dégradé : Fenêtre > Dégradé.

Il est recommandé de créer et d'enregistrer des dégradés dans le nuancier, mais vous pouvez aussi les définir directement à partir de cette palette.

Les palettes Caractère, Paragraphe et Tableau

Pour afficher ou masquer la palette Caractère : Fenêtre > Texte et tableaux > Caractère (⌘ + T).

Pour afficher ou masquer la palette Paragraphe : Fenêtre > Texte et tableaux > Paragraphe (⌘ + alt + T).
Pour afficher ou masquer la palette Tableau : Fenêtre > Texte et tableaux > Tableau (⇧ + F9).

Ces trois palettes mettent en forme les paragraphes, les caractères et les tableaux. N'oubliez pas que toutes les options de ces palettes figurent également dans la palette Contrôle qu'il est préférable d'utiliser au lieu d'afficher trois palettes supplémentaires.

Les palettes Styles de caractère, de paragraphe, de tableau, et de cellule

Pour afficher ou masquer la palette Styles de caractère : Fenêtre > Texte et tableaux > Styles de caractère (⇧ + ⌘ + F11).
Pour afficher ou masquer la palette Styles de paragraphe : Fenêtre > Texte et tableaux > Styles de paragraphe (⇧ + F11).
Pour afficher ou masquer la palette Styles de tableau : Fenêtre > Texte et tableaux > Styles de tableau.
Pour afficher ou masquer la palette Styles de cellule : Fenêtre > Texte et tableaux > Styles de cellule.

Ces palettes de styles permettent de mémoriser la mise en forme des paragraphes, des caractères, des tableaux ou des cellules d'un tableau. De la même manière que pour le nuancier, un changement dans une feuille de styles affecte tous les textes et tableaux auxquels elle est appliquée.

La palette Habillage de texte

L'habillage du texte

Il est accessible depuis la palette Contrôle.

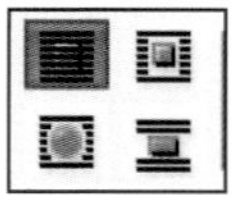

Pour afficher ou masquer la palette Habillage de texte : Fenêtre > Habillage de texte (⌘ + alt + W).

Cette palette premet de créer une zone autour d'un objet pour qu'un texte puisse épouser sa forme.

La palette Alignement

Pour afficher ou masquer la palette Alignement : Fenêtre > Objet et mise en page > Alignement (⇧ + F7).

La palette Alignement permet d'aligner et de distribuer, horizontalement ou verticalement, plusieurs objets sélectionnés, mais aussi de paramétrer une valeur d'espacement entre ces derniers. Avec la dernière version d'InDesign, il est aussi possible, de positionner un ou plusieurs objets sur les marges d'un document, au centre d'une page ou d'une double page.

> **Les icônes d'alignement**
>
> *Elles sont accessibles depuis la palette Contrôle.*
>
> 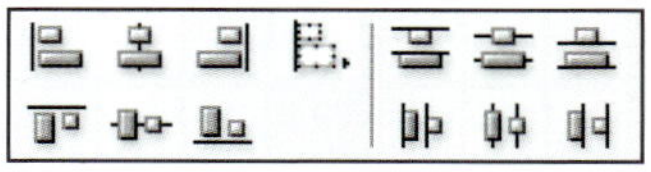
>
> *Si ces icônes ne s'affichent pas, cela signifie que la résolution de votre écran n'est pas suffisante. Choisissez une résolution plus élevée en allant dans les préférences de votre ordinateur.*

La palette Pathfinder

Pour afficher ou masquer la palette Pathfinder : Fenêtre > Objet et mise en page > Pathfinder.

Cette palette permet de convertir plusieurs objets en une seule forme dont l'aspect dépend de l'icône activée. Un objet peut être également modifié en une forme établie (rectangle, rond, triangle...), les paramètres de l'objet tels que le contour, la couleur ou l'ombre portée lui restant appliqués.

La palette Glyphes

Pour afficher ou masquer la palette Glyphes : Fenêtre > Texte et tableaux > Glyphes.

Les polices actives sont répertoriées dans cette palette, qui permet de visualiser tous les caractères, y compris les caractères spéciaux (dont certains ne sont pas saisissables au clavier) : il est ainsi très facile de choisir et d'insérer un caractère dans un document. Cette palette offre aussi la possibilité de créer un jeu de caractères personnalisé. Tous les caractères couramment utilisés pourront être stockés dans ce jeu qui, enregistré dans les préférences d'InDesign (c'est-à-dire sur le disque dur), sera accessible à tout moment et pour tout type de document.

La palette Index

Pour afficher ou masquer la palette Index: Fenêtre > Texte et tableaux > Index.

Pour les documents longs ou techniques, cette palette permet de générer automatiquement un index avec des mots-clés préalablement choisis.

Personnalisation de l'espace de travail

L'espace de travail d'InDesign n'est pas figé, et encore moins dans la version CS3 ! En effet, vous pouvez désolidariser certaines palettes, en ancrer à gauche de l'écran, voire en ajouter pour les regrouper autrement. Vous pouvez également masquer l'intitulé des palettes et les afficher sous forme d'icônes afin de réduire l'encombrement de l'espace de travail. Bien évidemment, vous pouvez ensuite enregistrer cette réorganisation.

❶ Pour changer la position d'une palette ou la déplacer dans un autre groupe, manipulez-la par son onglet. Une barre bleue indique l'endroit où elle va se positionner.

❷ Pour déplacer un groupe de palettes, cliquez sur la partie supérieure grise de la fenêtre.

❸ Pour afficher sous forme d'icônes les palettes ancrées à droite de l'écran, réduisez leur largeur en cliquant sur l'icône .

❹ Pour développer tous les groupes de palettes, cliquez sur la double flèche .

❺ Comme vous pourrez le remarquer, une seule palette latérale peut être affichée à la fois. Si vous désirez afficher une palette de manière constante, glissez-la à droite du groupe des palettes : une barre bleue verticale indique alors sa nouvelle position. Dans la capture ci-après, la palette Pages a ainsi été placée à droite de l'écran, les autres palettes étant affichées sous forme d'icônes. C'est un exemple d'espace de travail qui s'avère très pratique pour un long document qui nécessite de nombreuses activations de la palette Pages.

Les trois espaces de travail proposés par défaut

Dans le menu Fenêtre > Espace de travail, il est possible de choisir entre trois espaces de travail : Espace de travail par défaut, Impression et vérification et Principes de base.

Préférences de l'interface

Lorsque vous activez une palette, celle-ci se masque automatiquement dès le premier clic sur le document. Pour que la dernière palette utilisée reste affichée, allez dans le menu InDesign (ou le menu Édition pour PC) > Préférences > Interface et décochez l'option Réduire automatiquement les panneaux d'icônes.

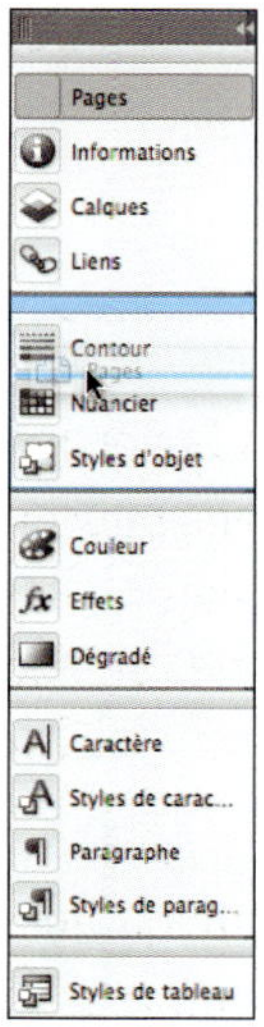

❶

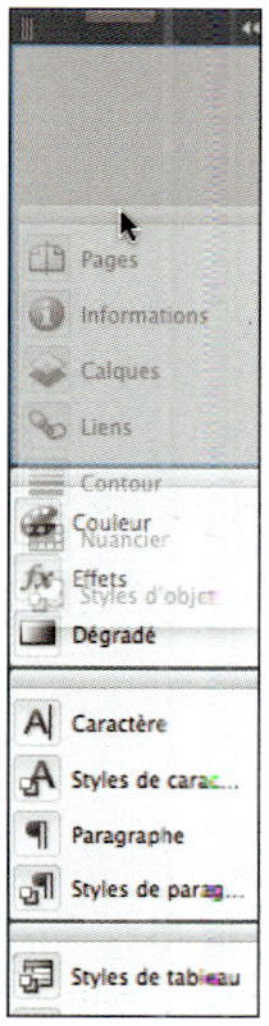

❷

❸

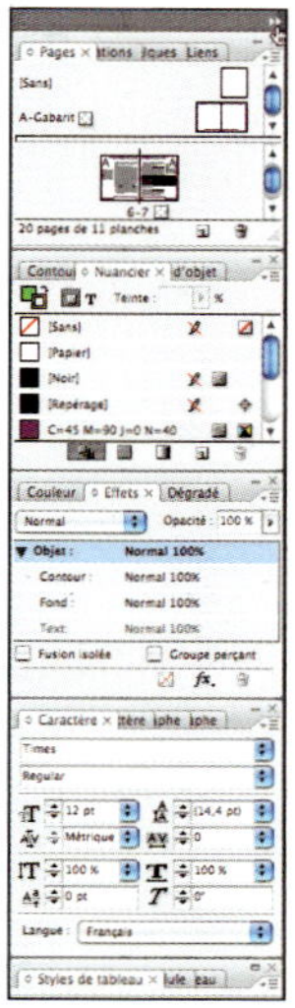

❹

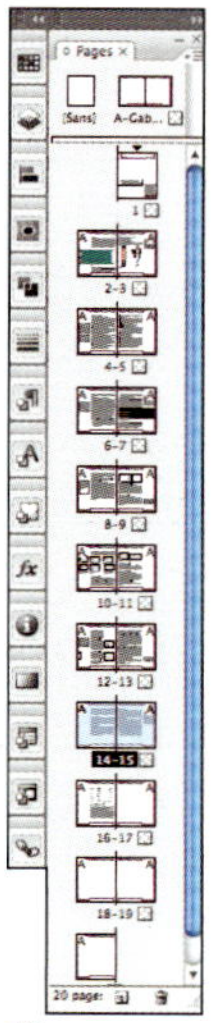

❺

Comme le but de l'espace de travail est de gagner du temps et de l'espace dans InDesign, optez pour la présentation des palettes en icônes (elles sont facilement reconnaissables), en ancrant les palettes les plus utilisées. La disposition des palettes terminée, enregistrez votre espace de travail via le menu Fenêtre > Enregistrer l'espace de travail.

Les raccourcis clavier

Pour ceux qui ont des années de pratique d'XPress, sachez qu'il est possible de récupérer les raccourcis clavier de ce logiciel. Toutefois, il est préférable d'utiliser ceux d'InDesign, car vous retrouverez des raccourcis communs aux logiciels Adobe (Photoshop, Illustrator).

Affichez la fenêtre Raccourcis clavier via le menu Édition. Dans la zone Ensemble, choisissez les raccourcis que vous désirez utiliser.

Pour éditer les raccourcis d'InDesign

Dans la fenêtre Raccourcis clavier, cliquez sur Afficher l'ensemble. La liste complète (et très longue) des raccourcis s'ouvre sur TextEdit (ou sur Bloc-notes pour PC). Voir aussi l'annexe Raccourcis clavier en fin d'ouvrage.

Atelier 2

PAYSAGISTES

Entretien et création de jardins, espaces verts
Cours pratiques pour jardiniers ou amateurs

L mactaines s

FRANCE DELVORS
AURORE FABIEN

14 rue des Champs 75012 Paris
01 53 45 75 85 • 06 53 45 75 86
lesmactounes@hotmail.fr / www. lesmactounes.fr

Réaliser une…

carte de visite

Dans ce deuxième atelier, vous allez faire vos premiers pas avec InDesign, en créant une carte de visite dont le logo et le texte sont fournis. Vous préparerez ensuite son imposition sur un document au format A4, en vue d'imprimer cette carte sur votre imprimante de bureau ou par les soins d'un imprimeur.

> ***Pour afficher l'écran de bienvenue***
>
> *Il est possible d'accéder à l'écran de bienvenue à tout moment en allant dans le menu Aide > Écran de bienvenue.*

> ***Pour uniformiser toutes les marges d'un document***
>
> *Pour obtenir un document avec des marges identiques, saisissez la valeur souhaitée dans l'un des champs Marges de la fenêtre Nouveau document, puis cliquez sur l'icône (qui se transforme en) pour laisser InDesign uniformiser les autres marges.*

Paramétrer les dimensions de la carte de visite

Rappelez-vous, au lancement d'InDesign CS3, un écran de bienvenue s'affiche dans lequel vous pouvez créer directement un nouveau document ou accéder à vos fichiers récents. Si vous n'avez pas fermé cette fenêtre, cliquez sur Document ; dans le cas contraire ou si vous avez une version antérieure à CS3, allez dans le menu Fichier > Nouveau > Document (⌘ + N).

Dans la fenêtre Nouveau document, décochez la case Pages en vis-à-vis ❶ pour obtenir une page simple, définissez le format de la carte (90 × 55 mm) ❷, et ajustez les marges comme indiqué ❸. À la validation, la page s'affiche à la taille maximale de l'écran ❹.

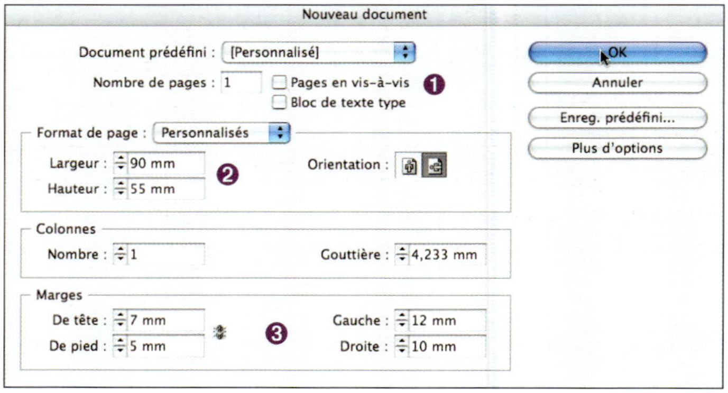

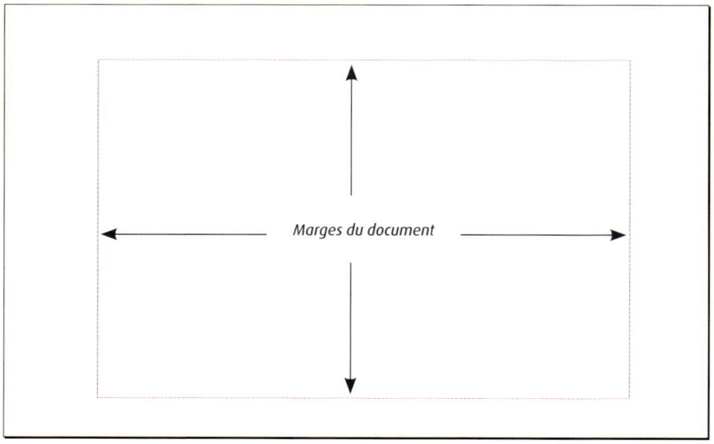

❹

Copier ou importer le logo

Pour commencer, vous allez placer sur le document le logo qui a été créé dans Illustrator. Si vous possédez ce logiciel, il vous suffira d'effectuer un copier/coller : le logo fera alors partie intégrante du fichier InDesign et n'aura plus de liens avec le fichier natif. À l'aide de l'outil Sélection directe, il vous sera alors possible de le sélectionner, de le modifier ou de changer sa couleur comme si l'illustration avait été réalisée dans InDesign.

Si vous ne n'avez pas Illustrator, vous devrez importer le logo, qui deviendra ainsi un fichier image, impossible à modifier dans InDesign.

Copier/coller le logo d'Illustrator dans InDesign

Ouvrez le fichier logo.ai dans Illustrator. Sélectionnez tous les éléments du logo en allant dans le menu Sélection (⌘ + A), et copiez-les par le menu Édition (⌘ + C). Retournez dans InDesign et collez le logo via le même menu (⌘ + V). Vous noterez que tous les éléments de l'illustration sont automatiquement groupés dans InDesign. Comme ci-dessous, calez le logo dans la marge de gauche et sur la marge de pied avec l'outil Sélection activé.

Importer le logo

Contrairement au logiciel XPress, il n'est pas nécessaire dans InDesign de créer ou de sélectionner au préalable un bloc pour importer un élément : celui-ci se crée automatiquement dans les dimensions du visuel importé.

Affichez la fenêtre Importer par le menu Fichier, sélectionnez-y le fichier logo.ai : à la validation, le curseur change de forme et affiche un mini-aperçu de l'élément prêt à être importé. Cliquez à l'endroit où vous souhaitez placer le logo (dans la marge de gauche), puis calez-le sur la marge de pied avec l'outil Sélection ▶.

> ***Importation des nuances d'Illustrator***
>
> *Dès qu'une illustration au format Illustrator natif (.ai) est copiée ou importée dans InDesign, ses couleurs sont automatiquement ajoutées dans la palette Nuancier.*

Mettre en forme le texte

Glisser/déposer le fichier texte

Il existe plusieurs manières de placer un texte dans InDesign : par un glisser/déposer du fichier sur le document InDesign, par une importation, ou encore par un copier/coller entre le logiciel bureautique et InDesign. Pour cet atelier, où le texte est très court, vous allez opter pour le glisser/déposer.

❶ À partir de l'Explorateur Windows ou du Finder Mac OS, localisez le fichier texte carte.rtf, cliquez sur son icône et glissez-la dans le document InDesign en dehors du plan de montage (à l'extérieur de la page). Le texte s'importe automatiquement dans un nouveau bloc ❷. Vous remarquez que celui-ci n'est pas assez grand pour contenir tout le texte. Vous pourriez l'agrandir à l'aide de l'outil Sélection ▶, mais comme vous allez à présent mettre en forme le texte, ne vous en préoccupez pas pour l'instant.

> ***Visualiser un débord de texte***
>
> *Si les caractères masqués sont affichés via le menu Texte (⌘ + alt + I), l'icône ⊞ apparaissant en bas à droite d'un bloc texte indique que le bloc ne peut contenir tout le texte.*

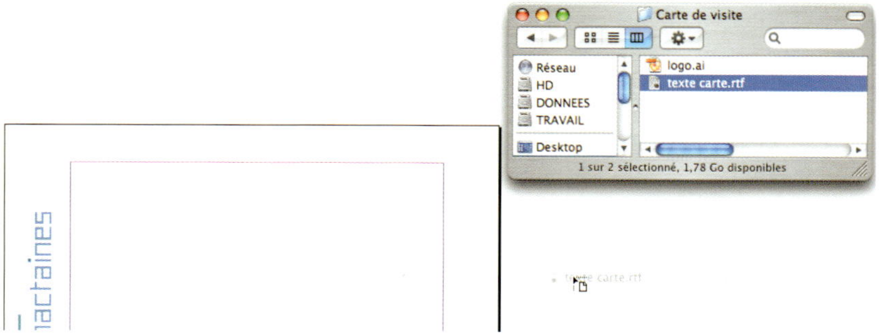

❶

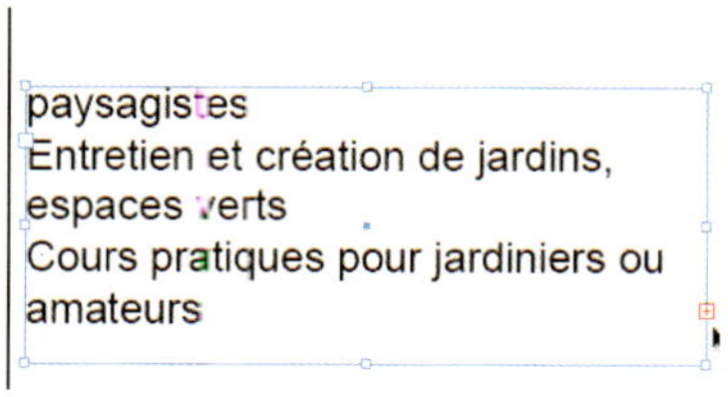

❷

Modifier les attributs du texte

Dans un premier temps, vous allez modifier la police, le corps et l'alignement de l'ensemble du texte. Ensuite, vous effectuerez un couper/coller de ce texte dans trois blocs distincts : un pour le nom des paysagistes, un deuxième pour leurs coordonnées, et le dernier pour la description de leurs compétences.

Rappelez-vous (voir atelier 1) qu'il n'est pas utile de faire appel à des palettes pour l'enrichissement du texte puisque tous les attributs sont paramétrables dans la palette Contrôle. Activez l'outil Texte [T] et sélectionnez le texte via le menu Édition > Tout sélectionner ([⌘] + [A]). Dans la palette Contrôle Commandes de mise en forme des caractères [A] (ou Commandes de mise en forme des paragraphes [¶]), choisissez la police Gill Sans Light ❶, diminuez son corps à 6,5 pt ❷ et alignez le texte au fer à droite en activant l'icône [≡] ❸.

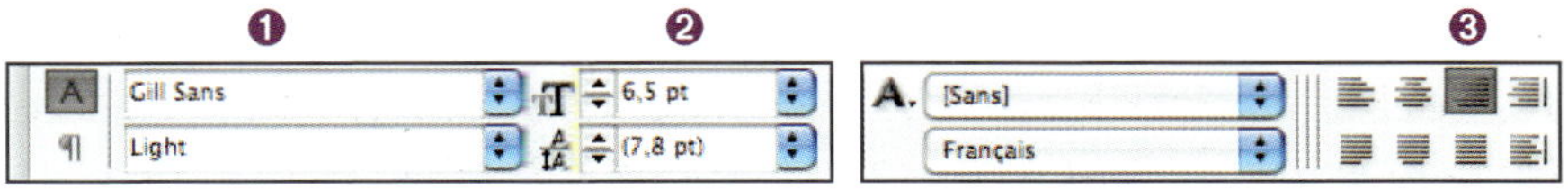

Sélectionnez ensuite les trois premières lignes du texte et coupez-les par le menu Édition ([⌘] + [X]) puis, toujours avec l'outil Texte activé, tracez un bloc sur la marge du haut et collez le texte par le même menu ([⌘] + [V]).

Effectuez la même opération pour les noms des paysagistes et leurs coordonnées. Ne vous souciez pas pour l'instant de la disposition de ces trois blocs : vous les alignerez quand la mise en forme du texte sera terminée.

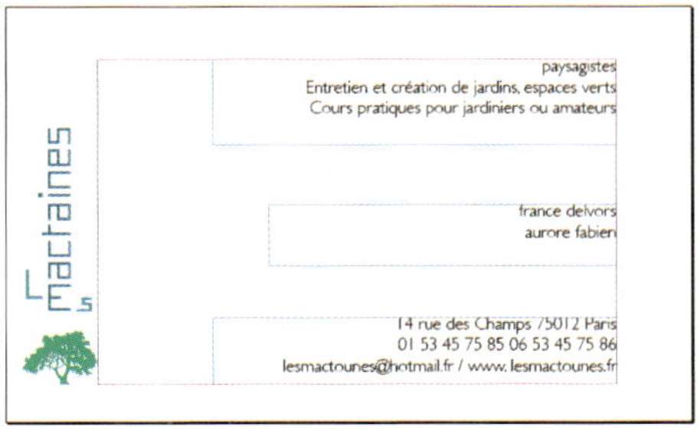

Pour activer une police

Si vous connaissez d'avance la police que vous désirez utiliser, sélectionnez la police active dans la palette Contrôle Commandes de mise en forme des caractères et saisissez les premières lettres du nom de la police recherchée. À mesure que vous tapez, InDesign affiche les polices qui correspondent aux premières lettres.

L'approche

Régler l'approche consiste à augmenter ou à réduire l'espace entre chaque caractère pour un texte sélectionné.

Raccourcis clavier :

alt + → *augmente l'approche.*

alt + ← *diminue l'approche.*

Modifier le corps d'une police

⌘ + ⇧ + ; *augmente le corps de la police.*

⌘ + ⇧ + , *réduit le corps de la police.*

Modifier l'incrément d'un raccourci clavier

Lorsque vous réglez le corps d'une police ou l'interlignage d'un texte par le raccourci clavier approprié, vous avez pu constater que les valeurs proposées allaient de 2 pt en 2 pt. Pour modifier cet incrément de 2 pt, il vous suffit d'aller dans le menu InDesign > Préférences > Unités et incréments. Attention, la modification ne portera que sur le document ouvert : pour l'appliquer par défaut dans InDesign, fermez auparavant tous les documents.

Finaliser la mise en forme du texte

Sélectionnez le mot paysagistes puis, dans la palette Contrôle Commandes de mise en forme des caractères [A] (ou Commandes de mise en forme des paragraphes [¶]), changez le corps à 18 pt ❶, et modifiez la casse en capitales en cliquant sur l'icône [TT] ❷. Pour terminer, augmentez l'espace entre les caractères en réglant l'approche à 425 ❸. Pour les deux lignes suivantes, changez uniquement le style de la police en Light italic.

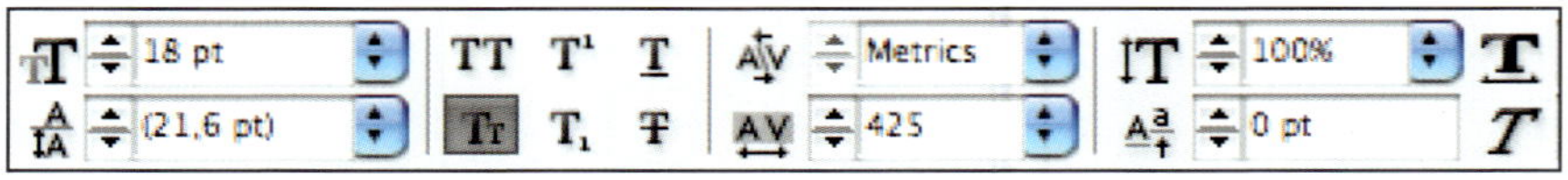

Sélectionnez ensuite le texte du deuxième bloc (le nom des paysagistes), augmentez le corps de la police à 8 pt, choisissez le Bold, modifiez la casse en petites capitales [Tr] et réglez l'approche à 50. Enfin, diminuez à 80 % la teinte de la couleur Noir dans la palette Nuancier.

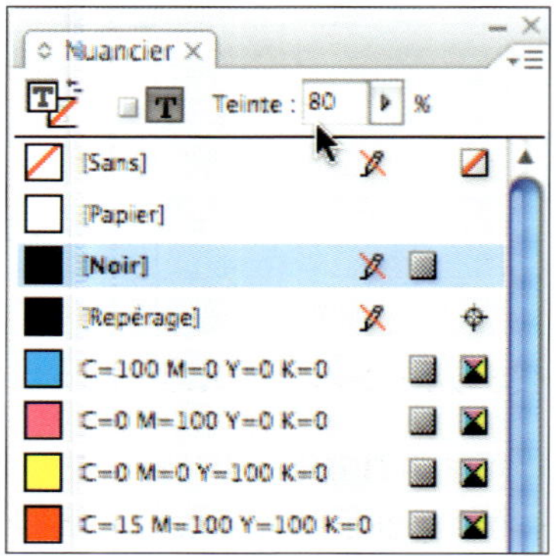

Dans le dernier bloc (coordonnées), modifiez le corps à 6 pt. Ajoutez une puce en plaçant le curseur texte entre les deux numéros de téléphone puis, dans le menu Texte, choisissez Insérer un caractère spécial > Symboles > Puce.

Créer le dégradé

Vous allez maintenant créer un dégradé du blanc au noir dans la palette Nuancier, que vous appliquerez ensuite à deux filets placés sous le mot PAYSAGISTES et les adresses web.

❶ Créez un nouveau dégradé par le menu déroulant de la palette Nuancier.
❷ La fenêtre d'options qui s'affiche permet de choisir les couleurs de départ et d'arrivée du dégradé. Dans le cas présent, il n'y a rien à modifier dans cette fenêtre puisque les deux couleurs par défaut sont le noir et le blanc. Validez pour mémoriser ce nouveau dégradé dans la palette Nuancier.

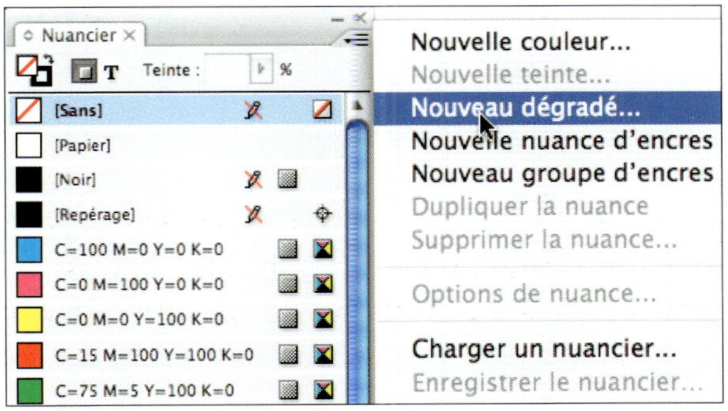

❶

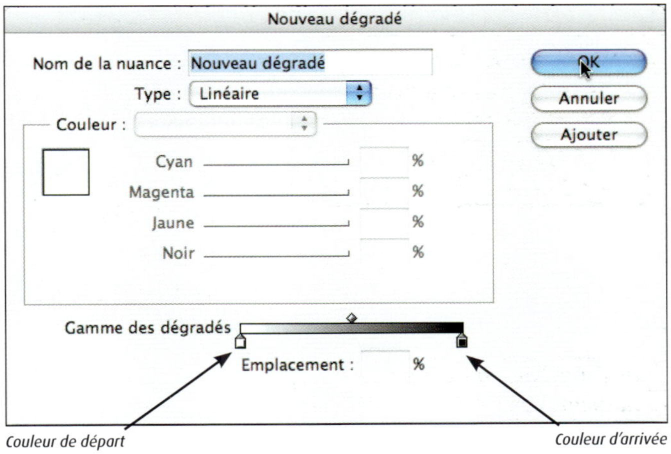

❷

Créer les filets

Placez le curseur sur le mot PAYSAGISTES, puis cliquez sur l'icône [icône] dans le coin supérieur droit de la palette Contrôle pour accéder à son menu déroulant, et choisissez Filets de paragraphe (⌘ + alt + J).

❶ Cochez les cases Filet et Aperçu ❷.
❸ Modifiez l'épaisseur du filet à 0,25 pt. Par défaut, le filet de paragraphe se cale sur la ligne de base du texte ; laissez-le tel quel car le filet doit être collé au mot.

> ***Mise en forme d'un paragraphe***
>
> *Pour modifier les attributs d'un paragraphe, il n'est pas nécessaire d'avoir sélectionné tout le texte au préalable, mais simplement de placer le curseur de la souris dans le paragraphe.*

> ***La case Aperçu ❷ des fenêtres d'options***
>
> *Lorsque vous placez le curseur dans un champ d'une fenêtre d'options et que vous faites varier sa valeur à l'aide des touches ↑ et ↓, vous visualiserez immédiatement le résultat obtenu si la case Aperçu est cochée : très pratique pour déterminer la valeur optimale d'un champ quand on ne la connaît pas d'avance.*

❹ Dans le menu déroulant Couleur, sélectionnez le dégradé créé précédemment dans la palette Nuancier.

❺ Pour que le filet se positionne sous le mot PAYSAGISTES, choisissez Texte dans le menu Largeur. Puis rallongez le filet à gauche en saisissant une valeur négative (–25 mm) dans le champ Retrait à gauche ❻.

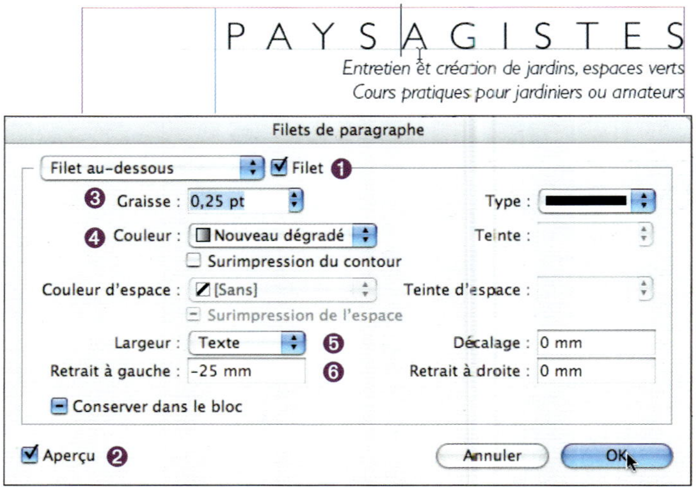

> ***Ajuster un bloc à son texte***
>
> *Pour qu'un bloc s'ajuste parfaitement à son texte, supprimez l'éventuel retour à la ligne après le dernier mot. Si vous affichez les caractères masqués via le menu Texte (⌘ + alt + I), InDesign indique la fin du texte par le dièse # placé après le dernier caractère. Le retour à la ligne est symbolisé par ¶.*
>
> 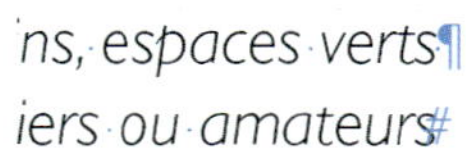
>

Effectuez la même opération pour les adresses web mais avec un retrait à gauche de –40 mm. Pour que le filet ne soit pas trop collé au texte, demandez un léger décalage de 0,3 mm.

Équilibrer l'espacement entre les trois blocs texte

Les trois blocs texte mis en forme, vous allez maintenant répartir un espace régulier entre eux à l'aide de la palette Alignement. Mais il est nécessaire auparavant de caler la hauteur de chaque bloc au texte qu'il contient. Pour cela, vous allez utiliser une icône de la palette Contrôle qui permet d'ajuster un bloc à l'encombrement de son texte. N'hésitez pas à l'employer, c'est une commande très pratique qui contentera bien des maquettistes appréciant que leurs blocs texte soient à la bonne dimension !

L'outil Sélection activé, sélectionnez les trois blocs (en maintenant la touche ⇧ enfoncée), puis cliquez sur l'icône de la palette Contrôle, ou choisissez le menu Objet > Ajustement > Ajuster le bloc au contenu (⌘ + alt + C).

Il ne reste plus qu'à répartir un espace régulier entre les trois blocs. Vérifiez tout d'abord que le premier et le dernier sont calés aux marges de tête et de pied. Sélectionnez ensuite les trois blocs, affichez la palette Alignement par le menu Fenêtre > Objet et mise en page > Alignement puis, dans la zone Répartition de l'espacement, cliquez sur l'icône qui va aligner les blocs verticalement à une distance égale.

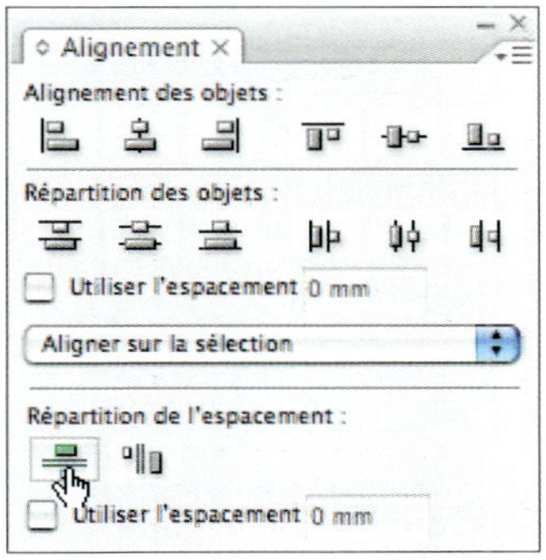

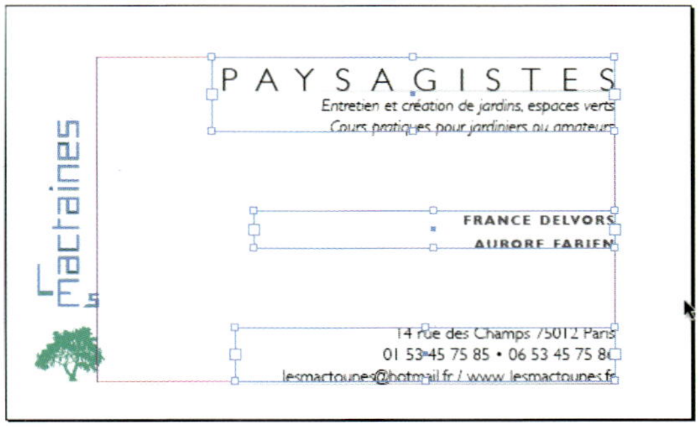

Caler le logo

Dernier détail à régler avant de finaliser cette carte de visite : vous allez aligner le logo sur la dernière ligne du premier bloc texte. Pour ce faire, vous allez vous aider d'un repère.

❶ Cliquez/glissez dans la règle horizontale du document pour descendre un repère que vous positionnerez sur la ligne « Cours pratiques ».

❷ Sélectionnez ensuite le logo avec l'outil Sélection et, à l'aide d'une des poignées d'angle du cadre de sélection, réduisez sa taille jusqu'au repère en maintenant les touches ⌘ + ⇧ enfoncées pour que la mise à l'échelle soit homothétique.

Couleur des repères

Les repères sélectionnés sont de la couleur du calque dans lequel ils sont placés.

La couleur des repères est par défaut en cyan, mais elle peut être modifiée dans le menu Page > Repères de règle. Si aucun repère n'est sélectionné dans le document, la nouvelle couleur choisie s'appliquera aux prochains repères qui seront créés.

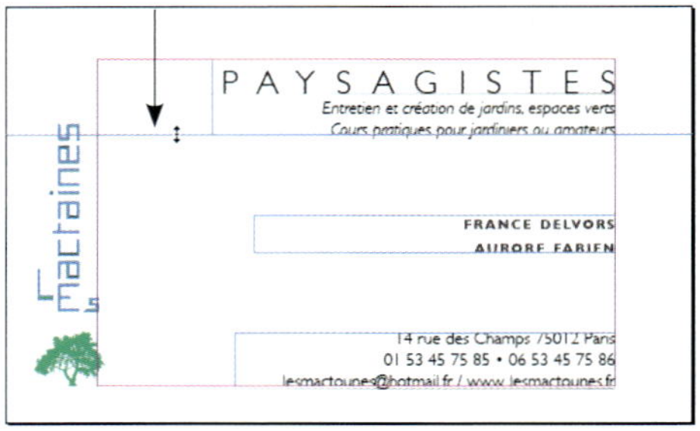

❶

❷

Coordonnées X et Y d'un bloc

Tous les blocs d'un document peuvent être repérés par leurs coordonnées X et Y dans la page. Ces coordonnées sont calculées par rapport au point de référence, qui correspond par défaut à l'angle supérieur gauche de la page. Pour modifier ce point de référence ou positionner un bloc à l'aide de ses coordonnées, allez dans la palette Contrôle.

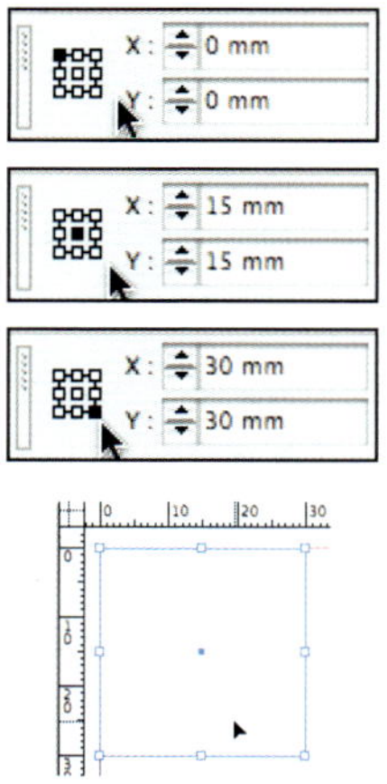

Préparer l'imposition sur un document A4

Il se peut que votre imprimeur vous demande d'effectuer vous-même l'imposition : dans cet exemple, vous devrez lui fournir un document au format A4 comprenant huit cartes avec des traits de coupe sur chacune d'elles. Pour paramétrer ces traits de coupe, vous allez utiliser un script fourni dans InDesign.

Positionner les traits de coupe

Pour positionner les traits de coupe, il est indispensable de tracer un bloc correspondant au format de la carte.

Activez l'outil Rectangle de la palette d'outils. Un bloc sans contenu étant paramétré par défaut avec un contour noir de 1 pt, tracez un bloc en prenant soin de régler son épaisseur à 0 pt ❶ dans la palette Contrôle (ce bloc ne servant qu'à positionner les traits de coupe, il doit rester « invisible »). Ajustez ses dimensions (90 × 55 mm) ❷, ainsi que ses coordonnées X et Y, qui doivent être chacune à 0 mm avec le point de référence supérieur gauche activé ❸.

❶

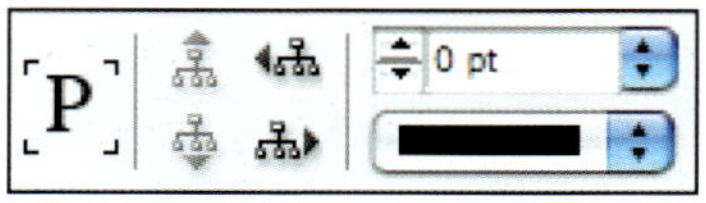

❸ ❷

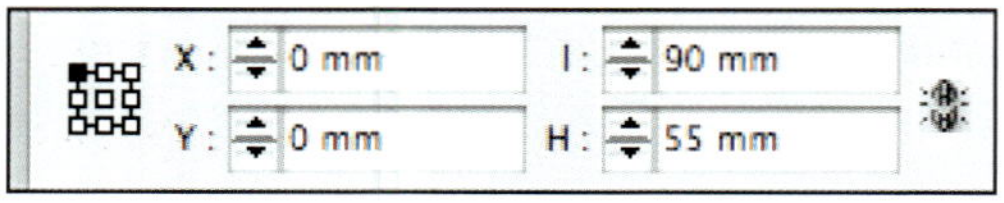

Affichez la palette Scripts via le menu Fenêtre > Automatisation > Scripts.

❶ Le bloc sélectionné, double-cliquez sur le script CropMarks.jsx (Application > Samples > JavaScript). Dans la fenêtre d'options qui s'affiche, laissez les valeurs par défaut dans CropMarks (position des traits de coupe) ; en revanche, décochez la case Registration Marks (repères de montage). Validez.
❷ Les traits de coupe se positionnent automatiquement autour de la carte et se placent dans un nouveau calque nommé myCropMarks ❸.

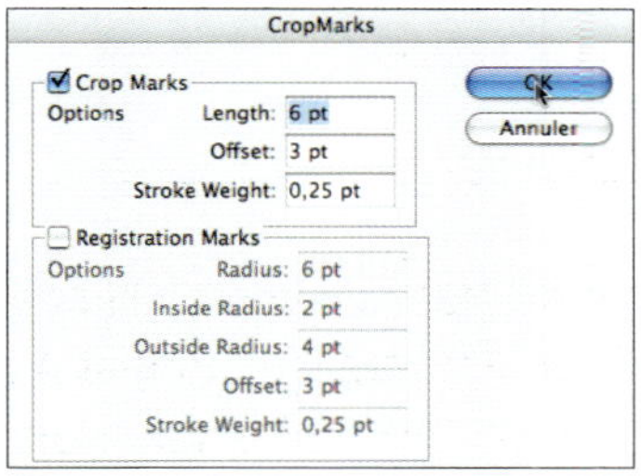

❶

❷

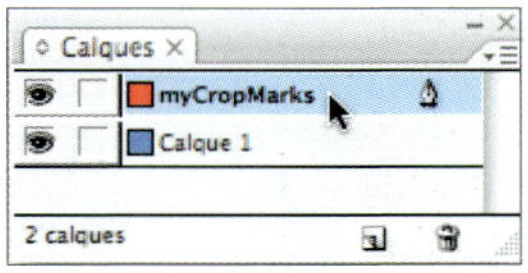

❸

Sélectionnez à présent tous les objets de la carte via le menu Édition > Tout sélectionner (⌘ + A). Pour faciliter le déplacement de tous ces éléments, groupez-les par le menu Objet > Associer (⌘ + G) : ils se placent alors sur un seul et même calque, à savoir celui qui se trouve au premier plan : CropMarksLayer. Le cadre de sélection devient rouge qui est la couleur du calque dans lesquels ils se sont placés. Copiez ensuite ce groupe par le menu Édition (⌘ + C).

Coller et dupliquer la carte sur le document A4

Créez un nouveau document via le menu Fichier > Nouveau > Document (⌘ + N). Modifiez toutes les marges à 10 mm. Collez maintenant votre sélection sur le nouveau document en allant dans le menu Édition > Coller (⌘ + V). Avec l'outil Sélection [outil Sélection], positionnez la carte sur les marges supérieures gauches.

Contraindre le déplacement d'un bloc à l'horizontale ou à la verticale

Lorsque vous déplacez ou dupliquez un bloc, maintenez la touche [⇧] enfoncée pour contraindre son déplacement à l'horizontale ou à la verticale.

❶ Dupliquez la carte verticalement avec l'outil Sélection en la glissant avec la souris, tout en maintenant la touche [alt] enfoncée. Le curseur se dédouble, preuve que la duplication s'effectue.

❷ Dupliquez ainsi manuellement trois fois la carte sur la page A4, calez la dernière sur la marge de pied, puis ajustez l'espace entre les cartes à l'aide de la palette Alignement en cliquant sur l'icône qui répartit l'espace verticalement. Pour terminer, dupliquez horizontalement toutes les cartes sur la marge de droite.

❶

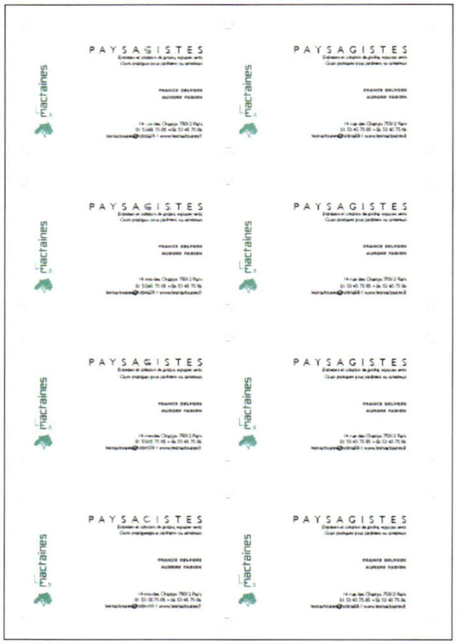

❷

La fonction Modifier la mise en page du menu Page

Modifier les marges d'un document en cours de travail demande toujours une réorganisation (parfois fastidieuse) des éléments selon la nouvelle mise en page. Heureusement, la fonction Modifier la mise en page du menu Page se charge de repositionner automatiquement les blocs (mais attention, ceux-ci ne doivent pas dépasser des marges).

Attention : si en imprimant ce document sur votre imprimante de bureau, vous constatez que les deux premières ou les deux dernières cartes n'ont pas été imprimées en totalité, cela signifie que votre imprimante possède des marges supérieures à celles de votre document. Dans ce cas, modifiez les marges de tête ou de pied dans le menu Page > Marges et colonnes.

Réaliser une...

affiche

Cet atelier, consistant à réaliser une affiche de 300 × 400 mm pour un festival de cinéma asiatique, va vous donner l'occasion d'importer, de recadrer et de déformer des images. Vous découvrirez également dans cet exercice les effets de transparence apparus dans la version CS3 d'InDesign, effets qui jusqu'ici ne pouvaient être créés qu'avec Photoshop.

> ***Le fond perdu***
>
> *Le fond perdu est une zone de sécurité (en général de 5 mm) que l'on ajoute de chaque côté des pages pour tout document destiné à être imprimé. Les éléments placés en bordure du document (photo, aplat de couleur…) doivent inclure cette zone pour qu'ils ne soient pas rognés lors du massicotage (qui présente une marge d'erreur de 2 à 5 mm, en plus ou en moins).*

Créer le nouveau document

Créez un nouveau document en passant par l'écran de bienvenue d'InDesign ou par le menu Fichier > Nouveau > Document (+ N). Décochez la case Pages en vis-à-vis pour obtenir une page simple, et définissez les dimensions de l'affiche (300 × 400 mm). Les marges n'ayant aucune utilité dans cet atelier, remplacez toutes les valeurs par 0 mm. Avant de valider, cliquez sur le bouton Plus d'options pour ajouter autour du document une zone de fond perdu de 5 mm.

Mettre en place les images

Créer les blocs images

Comme l'affiche comporte beaucoup d'éléments (fond, photos, texte…), il sera plus pratique de travailler avec des calques. Affichez la palette Calques (F7), double-cliquez sur le Calque 1 (calque par défaut) et renommez-le « Photos ».

> ***Le choix d'un type de bloc***
>
> *Le choix d'un type de bloc (image, texte, ou sans contenu) est sans importance dans InDesign puisqu'un un bloc change de contenu selon l'outil activé. Par exemple, si vous cliquez avec l'outil Texte dans un bloc image, ce dernier se transformera automatiquement en bloc texte. Inversement, un bloc tracé avec l'outil Texte deviendra un bloc image dès l'importation d'une image.*

Vous pourriez tracer manuellement le premier bloc et modifier ensuite ses proportions dans la palette Contrôle, mais sachez que vous pouvez aussi définir ses dimensions avant de le créer (solution plus appropriée quand elles sont connues d'avance). Avec l'outil Rectangle ☒ activé, cliquez à l'endroit où vous désirez placer les blocs (à environ 1/3 du haut de la page et sur son bord gauche) puis, dans la fenêtre d'options qui s'affiche, saisissez ses dimensions (100 × 55 mm). Le bloc se crée après la validation par le bouton OK.

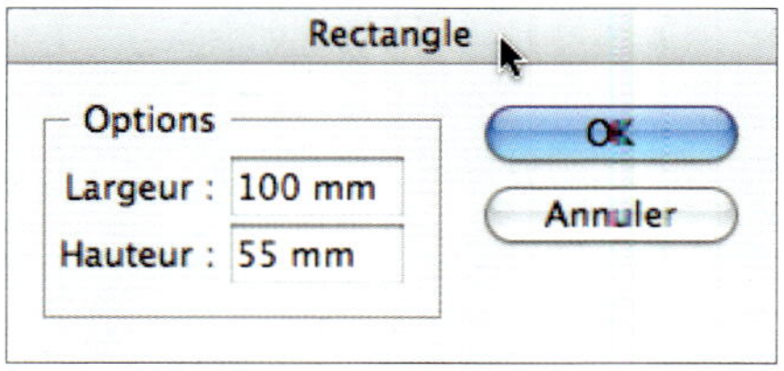

Comme les autres blocs que vous devez créer sont de mêmes dimensions que ce premier bloc, vous allez dupliquer ce dernier grâce à la commande Exécuter et répéter.

Sélectionnez le bloc avec l'outil Sélection, puis, dans le menu Édition, choisissez Exécuter et répéter (⌘ + alt + U). Dupliquez-le une première fois avec un décalage horizontal de 105 mm (cette valeur correspondant à la largeur du bloc à laquelle s'ajoutent 5 mm d'espace entre les deux blocs).

Décalages horizontal et vertical

Dans la fenêtre Exécuter et repéter, une valeur positive de décalage vertical duplique un blocs vers le bas, une valeur négative vers le haut.

Pour le décalage horizontal, une valeur positive duplique le bloc à droite, une valeur négative à gauche.

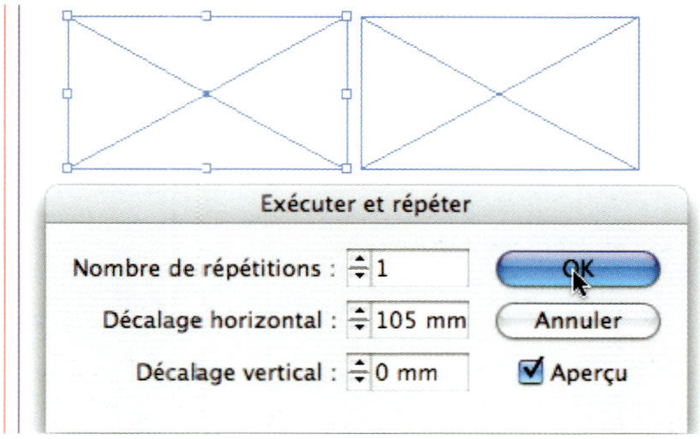

Sélectionnez ensuite ces deux blocs en maintenant la touche ⇧ enfoncée puis, avec la commande Exécuter et répéter, dupliquez-les trois fois avec un décalage vertical de 60 mm. Sélectionnez enfin les deux blocs à droite en bas et dupliquez-les une fois avec la même valeur de décalage horizontal que précédemment (105 mm).

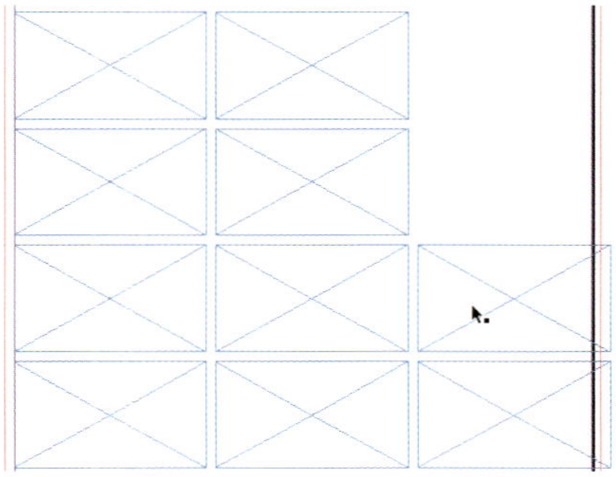

Répéter une transformation

InDesign garde en mémoire toutes les transformations d'un bloc : déplacements, mises à l'échelle, rotations, effets de symétrie, ajustements… Pour appliquer les mêmes transformations à un autre objet, allez dans le menu Objet > Répéter la transformation (⌘ + alt + ").

Incliner les blocs images

❶ Commencez par appliquer une déformation aux deux blocs du haut. Sélectionnez-les avec l'outil de Sélection, (en maintenant la touche ⇧ enfoncée) et pour que la déformation s'effectue par le centre, vérifiez que le point de référence est bien activé au centre dans la palette Contrôle. Paramétrez une déformation de – 25° via l'icône de cette même palette.

❷ Pour les deux blocs situés en dessous, effectuez la même opération mais avec un angle de déformation de 25°.

❸ Procédez de la même manière pour les blocs encore en dessous en appliquant un angle de – 25° et, pour ceux situés tout en bas, un angle de 25°.

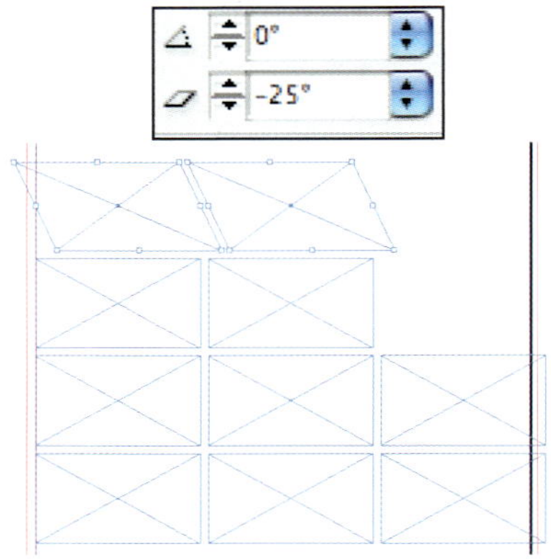

❶

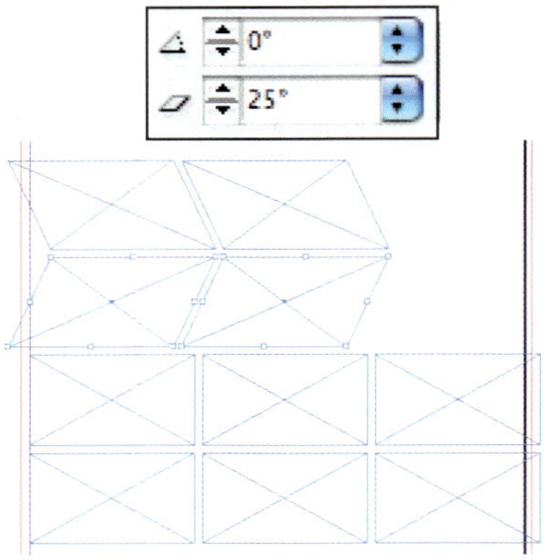

❷

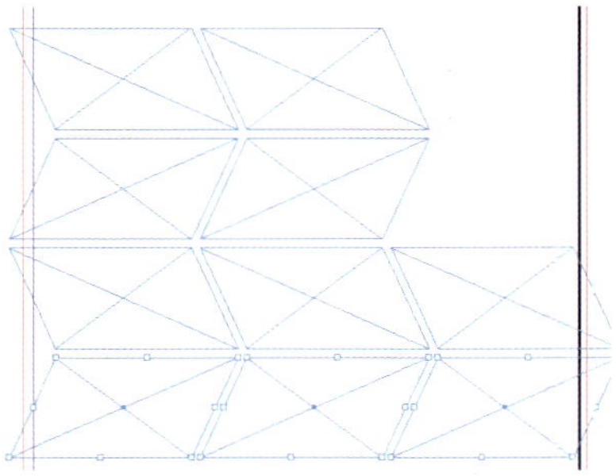

❸

Importer les images

Sur cette affiche, quatre photos vont être importées dans quatre blocs distincts. Il vous faudra ensuite les recadrer, puis les copier/coller dans les blocs situés en dessous. Si vous avez InDesign CS3, vous aurez l'occasion d'utiliser une nouvelle fonction, qui permet de sélectionner plusieurs photos et de les importer dans un document de manière groupée. En revanche, si vous possédez une version antérieure, il vous faudra importer ces photos une à une.

❶ Sans sélectionner de bloc au préalable, lancez la commande Importer du menu Fichier (⌘ + D). Sélectionnez (en maintenant la touche ⌘ enfoncée) les photos suivantes : Three Times.jpg, Last Life.jpg, 2046.jpg, The Host.jpg. Après avoir cliqué sur le bouton OK, le curseur change d'aspect et affiche une miniprévisualisation des images chargées. Placez le curseur sur l'un des blocs et cliquez pour y insérer la première photo. Si ce n'est pas celle que vous devez importer (voir ci-dessous), utilisez l'une des flèches de direction ↑ ou ↓ pour naviguer parmi les images gardées en mémoire.

❷ Importez les autres images comme indiqué.

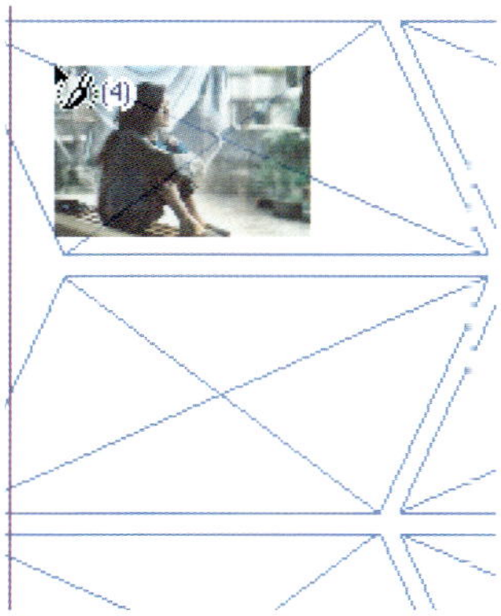

❶

❷

Formats d'image acceptés dans InDesign

InDesign est capable d'importer les formats natifs de Photoshop (.psd) et Illustrator (.ai), ainsi que les fichiers d'extensions .tif, .eps, .jpg et .pdf.

Dernière nouveauté de la version CS3 : il est désormais possible d'importer une page InDesign d'un autre document, comme si c'était une image.

Importation d'une image

Il n'est pas nécessaire de sélectionner le bloc dans lequel vous désirez importer une image, car le curseur est capable de détecter sa présence. Si bloc vide il y a, le curseur du placement d'image ajoute des parenthèses à l'icône pinceau, et l'image s'importe automatiquement dans ce bloc dès que vous cliquez. S'il n'y a pas de bloc, plus de parenthèses autour de l'icône : l'image s'importe alors dans un nouveau bloc à ses dimensions.

Recadrer et dupliquer les images

Avant de recadrer les images, rappelez-vous qu'elles ne s'activent qu'avec l'outil Sélection directe. À la sélection, le curseur se transforme en main, tandis que le cadre de sélection, qui représente l'encombrement total de l'image, change de couleur. Si vous maintenez le bouton de la souris enfoncé, InDesign affiche en surimpression les parties rognées de la photo.

Pour annuler l'importation d'une image

Pour stopper le processus d'importation d'une image, appuyez sur la touche [esc] dès que cette image apparaît au bout du curseur (les chiffres entre parenthèses indiquant le nombre d'images en mémoire).

Avec l'outil Sélection directe, sélectionnez l'image Tree Times.jpg et, tout en maintenant le bouton de la souris enfoncé, recadrez-la en la glissant vers la gauche et en la remontant légèrement.

L'outil sélection directe étant activé, copiez cette image via le menu Édition ([⌘] + [C]). Sélectionnez le bloc situé en dessous avec l'un des deux outils de sélection et collez-y l'image par la commande Coller dedans du même menu ([⌘] + [alt] + [V]). Le raccord entre les deux photos est presque parfait, mais l'angle de déformation appliqué au bloc agit également sur l'image collée. Pour atténuer cet effet trop marqué, vous allez redresser cette dernière. Toujours avec l'outil Sélection directe, sélectionnez l'image collée et modifiez son angle de déformation à 0° dans la palette Contrôle (avec le point de référence centré). Si vous souhaitez reprendre le cadrage de ces deux photos, il suffit pour cela de les sélectionner (avec l'outil Sélection directe en maintenant avec la touche ⇧ enfoncée) et, comme précédemment, de les glisser avec la souris. Effectuez les mêmes opérations pour l'image The Host.jpg afin d'aboutir au résultat suivant.

L'image 2046.jpg

Cette photo devant être à cheval sur quatre blocs, vous allez transformer ces derniers en deux grands blocs à l'aide des tracés transparents.

❶ Sélectionnez les deux blocs supérieurs et créez un tracé transparent par le menu Objet > Tracés. Ces deux blocs fusionnent alors en un seul dans lequel apparaît la photo. Si vous sélectionnez l'image avec l'outil Sélection directe, vous constatez que son encombrement est trop important par rapport à la taille du bloc, aussi une mise à l'échelle s'impose. Toujours avec cet outil activé, réglez les proportions de la photo à 63 % via les champs Mise à l'échelle horizontale et Mise à l'échelle verticale de la palette Contrôle. Puis recadrez-la en la remontant et en la glissant sur la gauche afin que les deux personnages apparaissent au centre des deux blocs.

❷ Créez un deuxième tracé transparent pour les deux blocs inférieurs. Copiez/collez l'image dans ce nouveau grand bloc, et appliquez-lui un angle de déformation de 0°.

Raccourcis clavier de mise à l'échelle

⌘ + alt + ; augmente la mise à l'échelle de 5 %.

⌘ + ; augmente la mise à l'échelle de 1 %.

⌘ + alt + , réduit la mise à l'échelle de 5 %.

⌘ + , réduit la mise à l'échelle de 1 %.

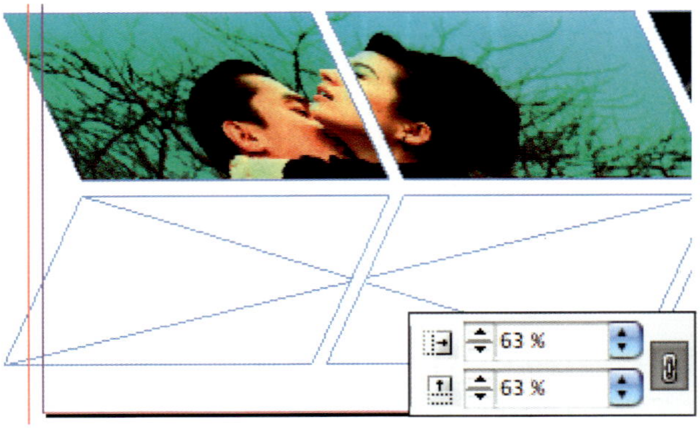

❶

❷

L' image Last Life.jpg

> ***Afficher les proportions d'une image***
>
> *Pour que la palette Contrôle affiche les proportions d'une image, celle-ci doit être sélectionnée avec l'outil Sélection directe .*
>
> *Lorsqu'est activée l'icône chaînage, située à droite des champs de mise à l'échelle, les proportions d'un bloc ou d'une image sont conservées si l'on modifie l'un de ces champs.*
>
> 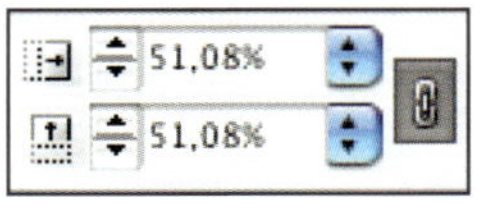
>

Contrairement aux autres, cette photo présente une angle de prise de vue qui ne permet pas d'appliquer la méthode précédente (copie et redressement de l'image). Cette fois, créez un tracé transparent pour les deux blocs devant accueillir la photo. Recadrez l'image en la glissant sur le côté gauche et ajustez ses proportions à 90 %. Pour que le visage du personnage ne soit pas trop au bord de la page, appliquez à la photo un angle de rotation de 25° via l'icône de la palette Contrôle.

Incliner les blocs

Sélectionnez tous les blocs avec l'outil Sélection (en maintenant la touche enfoncée) ou passez par le menu Édition > Tout sélectionner (+ A), puis saisissez un angle de rotation de 15° via l'icône de la palette Contrôle.

Pour finir, positionnez l'ensemble à un emplacement Y de 395 mm et un emplacement X de –32 mm (en ayant activé au préalable le point de référence sur le point inférieur gauche).

Placer les deux images situées en haut de l'affiche

Pour placer les deux photos figurant en haut de l'affiche, vous allez d'abord créer les blocs qui les contiendront, puis leur appliquer la commande Remplir le bloc proportionnellement, apparue dans InDesign CS3, qui permet d'ajuster automatiquement une image à un bloc lors de son importation. Si l'image et le bloc ont des proportions différentes, elle remplira tout le bloc en hauteur ou en largeur, le reste de l'image étant rognée. Ainsi, il suffira de quelques clics de souris pour parfaire le recadrage de ces deux photos. Pour ceux qui n'ont pas InDesign CS3, l'ajustement devra s'effectuer manuellement à l'aide d'icônes de la palette Contrôle ou par le menu Objet > Ajustement.

Effets de symétrie dans InDesign CS2

Ces effets ne sont accessibles que par le menu déroulant de la palette Contrôle.

❶ Activez l'outil Bloc rectangulaire et tracez en haut de la page un bloc de 255 × 160 mm. Dupliquez-le à l'horizontal (avec la touche alt enfoncée). Sélectionnez les deux blocs avec l'outil Sélection, puis allez dans le menu Objet > Options d'ajustement de bloc. Dans la fenêtre qui s'ouvre, choisissez Remplir le bloc proportionnellement dans le menu déroulant Ajustement sur un bloc vide. Cliquez sur le bouton OK.

❷ Importez les deux images 2046a.jpg et 2046b.jpg (+ D), qui s'ajustent ainsi à leur contenant. Si vous maintenez le bouton de la souris enfoncé sur l'une d'elles avec l'outil Sélection directe activé, vous constaterez qu'elle est est plus large que son bloc et qu'une partie a été rognée.

❸ Appliquez un effet de symétrie aux deux photos en les sélectionnant avec l'outil Sélection directe, puis en cliquant sur l'icône Symétrie axe vertical de la palette Contrôle (avec le point central de référence activé).

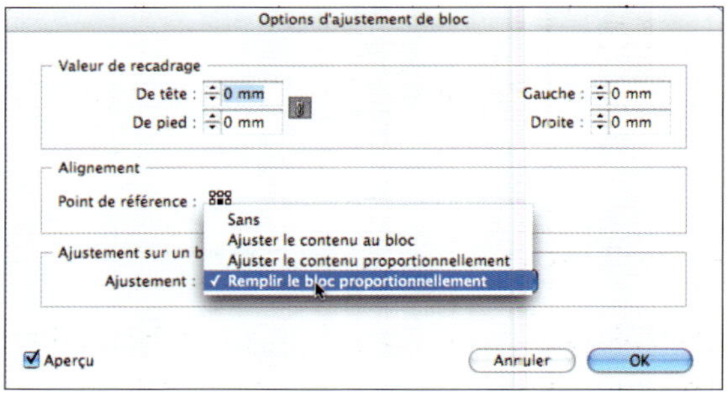

❶

❷

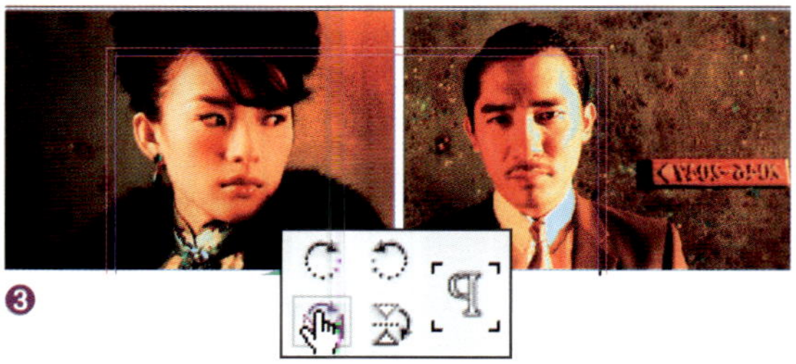

❸

Comme précédemment, vous allez appliquer un angle de rotation aux blocs et un angle de déformation aux images.

Sélectionnez les deux blocs avec l'outil Sélection et appliquez-leur un angle de rotation de 15° via l'icône de la palette Contrôle. Sélectionnez ensuite leur contenus avec l'outil Sélection directe et attribuez-leur un angle de déformation de –25 ° via l'icône de cette même palette. Recadrez les images pour obtenir un résultat approchant de la capture ci-après.

Créer le fond et appliquer des effets de transparence

Vous allez maintenant créer un fond pour l'affiche en lui attribuant une couleur prélevée sur une photo. Puis vous appliquerez des effets de transparence (si vous avez InDesign CS3) aux deux images du haut afin qu'elles s'intègrent mieux au fond. Pour ceux qui possèdent une version antérieure d'InDesign, il vous faudra utiliser Photoshop pour parvenir au même résultat.

Créez un nouveau calque via le menu déroulant de la palette Calques (F7), nommez-le «Fond» et glissez-le sous le calque Photos.

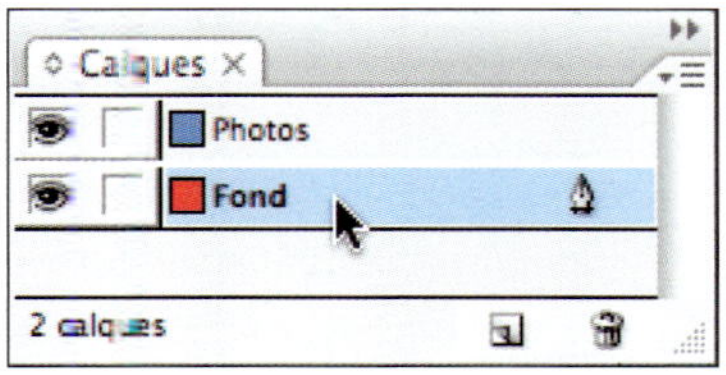

Avec l'outil Rectangle, tracez un bloc qui recouvre toute la page à la limite du fond perdu. Avant de prélever une couleur avec l'outil Pipette, assurez-vous dans la palette Nuancier (ou dans la palette d'outils) que l'icône Fond est active : si ce n'est pas le cas, cliquez dessus. Activez l'outil Pipette, puis cliquez sur la fourrure du personnage féminin, situé en haut à gauche du document : la pipette change de sens et son extrémité devient noire, preuve qu'elle est remplie. Si le bloc du fond est sélectionné, la couleur s'appliquera automatiquement ; dans le cas contraire, cliquez sur le bloc avec l'outil Pipette.

Pour que les deux images du haut s'intègrent au fond noir que vous venez de créer, vous allez leur appliquer deux effets : un contour progressif simple et un contour progressif dégradé.

❶ Sélectionnez les deux blocs associés à ces images avec l'outil Sélection, cliquez sur l'icône de la palette Contrôle ou Effets, puis choisissez Contour progressif simple dans la liste des effets. Dans la fenêtre d'options, fixez à 20 mm l'épaisseur du contour progressif.

❷ Activez ensuite l'effet Contour progressif dégradé dans la liste des effets située à gauche de la fenêtre. Choisissez un dégradé radial et améliorez le rendu du dégradé en déplaçant les deux curseurs noir et blanc comme ci-après.

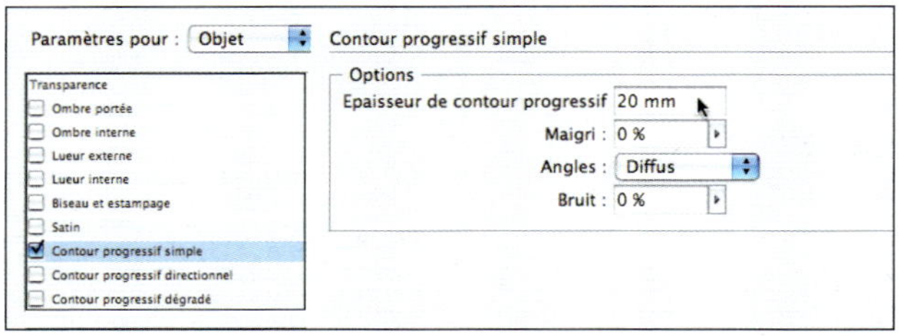

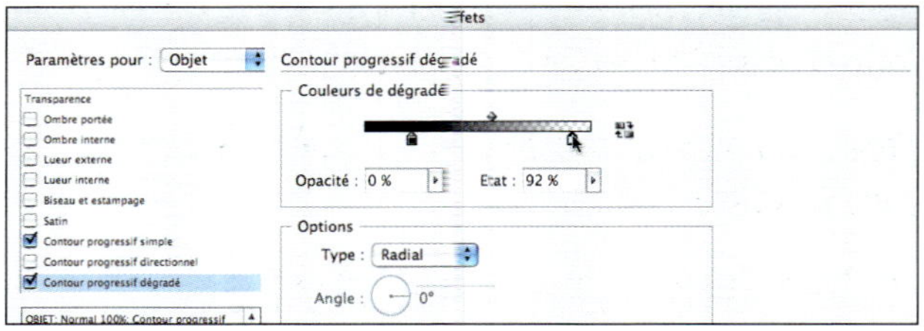

❷

❶

Le contour progressif dégradé du personnage masculin mérite d'être amélioré. Sélectionnez le bloc image avec l'outil Sélection, retournez dans la fenêtre précédente et choisissez un dégradé linéaire. Inversez la couleur de départ et d'arrivée en cliquant sur l'icône, puis affinez le rendu du dégradé en déplaçant les curseurs comme ci-après. Les images et le fond mis en place, verrouillez les calques Photos et Fond.

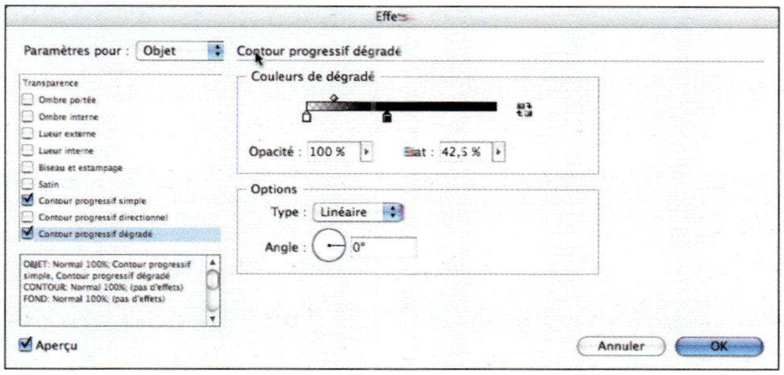

Mettre en forme le texte

Sur l'affiche, la lettre T du mot FESTIVAL a été prolongée : pour obtenir cet effet, vous allez vectoriser ce mot, c'est-à-dire le convertir en tracé, afin que chaque lettre puisse être manipulée et modifiée.

Créez un nouveau calque via le menu déroulant de la palette Calques et nommez-le « Texte ».

En dehors du plan de montage (c'est-à-dire à l'extérieur de la page), tracez quatre blocs distincts pour y saisir en majuscules « FESTIVAL », « FILM », « ASIATIQUE », et en minuscules, « du ». Sélectionnez ensuite chaque mot avec l'outil Texte T et, dans la palette Contrôle, changez la police en Gill Sans Light avec un corps de 64 pt pour FESTIVAL et FILM, de 88 pt pour ASIATIQUE et de 25 pt pour « du ».

Vous allez maintenant appliquer une couleur à ces mots mais, au lieu de les sélectionner un à un avec l'outil Texte, vous allez utiliser l'outil Sélection, ce qui vous permettra de remplacer la couleur du texte pour tous ces blocs en un seul clic.

Sélectionnez (en maintenant la touche ⇧ enfoncée) les trois blocs FESTIVAL, « du » et FILM avec l'outil Sélection. Cliquez sur l'icône Texte de la palette Nuancier, assurez-vous que la couleur va bien être appliquée au fond de la police et non à son contour, puis choisissez la couleur jaune présente par défaut dans cette palette. Pour finir, passez la teinte de la couleur à 50 %. Procédez de même pour le mot ASIATIQUE en lui attribuant la couleur rouge avec une teinte à 100 %.

Vectoriser le mot FESTIVAL

Sélectionnez le bloc FESTIVAL avec l'outil Sélection et vectorisez-le via le menu Texte > Vectoriser (⌘ + ⇧ + O).

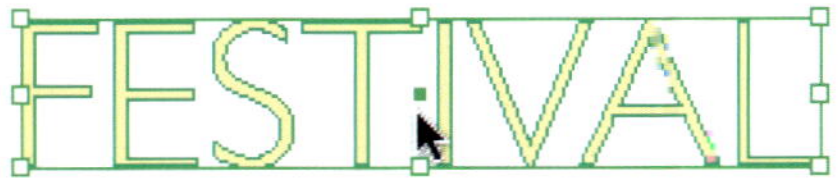

❶ Sélectionnez le mot FESTIVAL avec l'outil Sélection directe, et cliquez sur l'un des deux points d'ancrage du bas de la lettre T, puis sur le second, tout en pressant la touche ⇧. Ces points doivent alors devenir pleins.

❷ Glissez ensuite la barre du T vers le bas, tout en maintenant la touche ⇧ enfoncée pour contraindre la déformation.

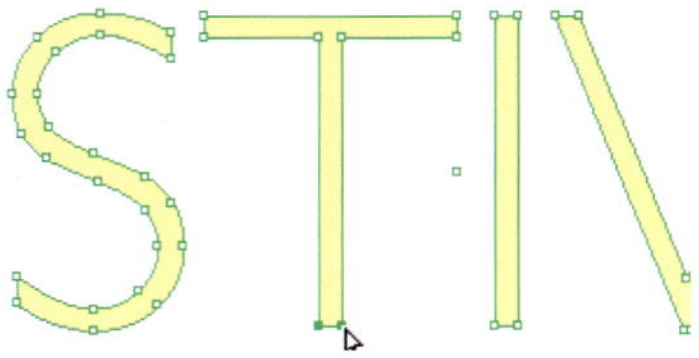

❶

❷

Positionnez alors ces blocs texte sur l'affiche, entre les deux photos du haut. Vous allez maintenant leur appliquer le même angle de rotation et de déformation qu'à ces images.

Attribuez une déformation de 25° aux blocs FESTIVAL et ASIATIQUE, et de – 25° aux blocs « du » et FILM, ainsi qu'une rotation de 15° à l'ensemble. Positionnez ces blocs comme ci-dessous.

Appliquer des effets au titre

Dupliquez le bloc FESTIVAL par la commande Exécuter et répéter (⌘ + alt + U) du menu Édition, et appliquez un décalage vertical et horizontal de –1 mm. Passez la couleur du texte en noir (la teinte étant à 100 %) et positionnez le bloc en arrière-plan via le menu Objet > Disposition > Arrière-plan (⌘ + ⇧ +]). Effectuez la même opération pour les blocs ASIATIQUE et FILM mais en supprimant pour ce dernier le décalage horizontal.

Un deuxième effet d'ombre va être appliqué aux blocs texte situés en arrière-plan. Commencez par le bloc FESTIVAL : cliquez une première fois dessus (vous sélectionnez alors celui qui est au premier plan), puis cliquez une deuxième fois en maintenant la touche ⌘ enfoncée afin d'activer celui placé en arrière-plan. Dans la palette Contrôle ou Effets, cliquez sur l'icône *fx* et activez l'effet Ombre portée (⌘ + alt + M). La couleur par défaut de l'ombre portée étant le noir, vous devez la remplacer, sinon l'ombre sera à peine visible sur le fond sombre de l'affiche. Activez la couleur Papier (blanc) en cliquant sur le petit carré noir et choisissez le mode Superposition. Ajustez l'ombre portée en réglant la distance et l'angle.

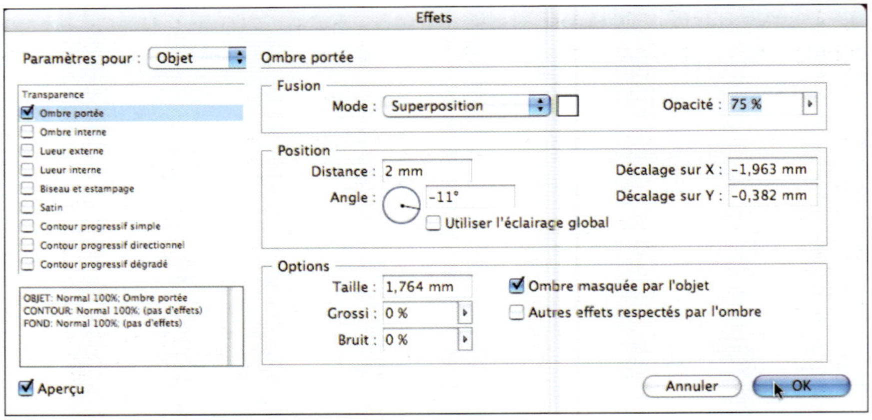

Effectuez la même opération pour les deux autres blocs texte situés en arrière-plan.

Pour finir, vous allez ajouter un léger halo au mot ASIATIQUE.

Créez un nouveau calque nommé « Halo » et glissez-le sous le calque Texte. Tracez un bloc au-dessus du mot ASIATIQUE en lui appliquant un angle de rotation de 15°. Remplissez-le de la couleur jaune et réglez son opacité à 70 % via l'icône [icône] de la palette Contrôle. Dans la liste des effets, choisissez Contour progressif simple : réglez son épaisseur à 20 mm et l'option Maigri à 30 %. Si après avoir défini le contour progressif, le halo est à peine visible, cela signifie que le bloc n'est pas assez grand : dans ce cas, agrandissez-le.

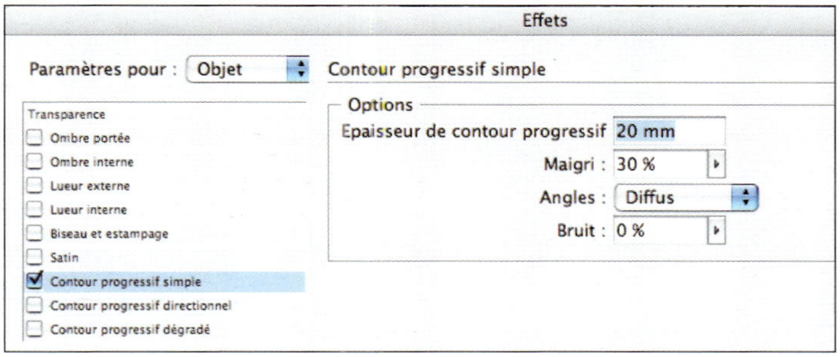

Positionner les dates

Activez le calque Texte et tracez deux blocs texte en dehors du plan de montage avec l'outil texte [T]. Dans le premier, saisissez «14 15 16 17» (avec un retour à la ligne après le chiffre 15), et dans le deuxième «JUIN 2008» (avec un retour à ligne après le mois). Choisissez la police Gill Sans Bold avec un corps de 35 pt et alignez le texte au centre via l'icône [≡] de la palette Contrôle. Le curseur texte placé entre les deux premières dates, insérez une puce via le menu Texte > Insérer un caractère spécial > Symboles > Puce. Répétez l'opération pour les deux dates suivantes.

Appliquez aux deux blocs un angle de rotation de 15°, ainsi qu'un angle de déformation de –25° pour le premier et de 25° pour le second. Prélevez avec l'outil Pipette [pipette] une couleur dans les tons chair sur l'un des deux personnages situés en haut de l'affiche et appliquez-la comme couleur de fond aux blocs. Pour les textes, prélevez une autre couleur (dans les jaunes).

Positionnez ces deux blocs à droite de la photo The Host.jpg (l'homme au fusil) et ajustez leur hauteur. Pour finir, centrez verticalement le texte dans les blocs en les sélectionnant avec l'outil Sélection, puis en cliquant sur l'icône [≡] de la palette Contrôle.

Pour vider et remplir l'outil Pipette

La pipette pleine, cliquez sur une autre couleur de l'image tout en appuyant sur la touche [alt] : la pipette se vide et se remplit avec cette nouvelle couleur.

Avec la nouvelle version d'InDesign, il est désormais possible d'appliquer des effets soit à l'ensemble d'un objet, soit uniquement au texte, au contour ou au fond. Dans cet exemple, seul le fond sera concerné. Pour les possesseurs d'une version antérieure, vous devrez créer deux blocs distincts : un pour le texte et un pour le fond.

❶ Pour plus de facilité, vous allez paramétrer la transparence dans la palette Effets. Sélectionnez Fond dans la liste puis, en bas de la palette, cliquez sur l'icône *fx* et affichez la fenêtre du contour progressif directionnel.

❷ Paramétrez une largeur de 5 mm sur tous les côtés du bloc.

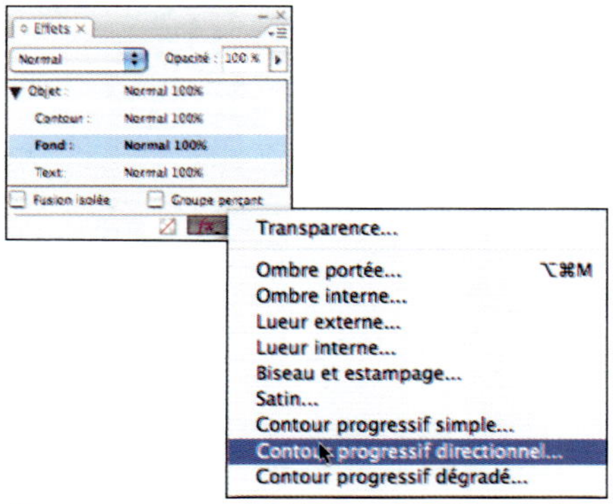

❶

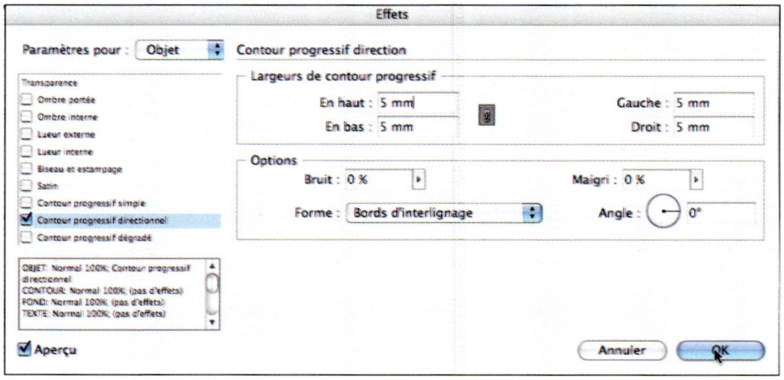

❷

❸ Dans la même fenêtre, activez la rubrique Contour progressif dégradé. Choisissez un dégradé radial, puis affinez son rendu en déplaçant les curseurs.

❹ Après validation, la palette Effets indique qu'une transparence a été appliquée au fond par l'icône *fx* située à droite. Si besoin, modifiez l'opacité du fond dans cette palette.

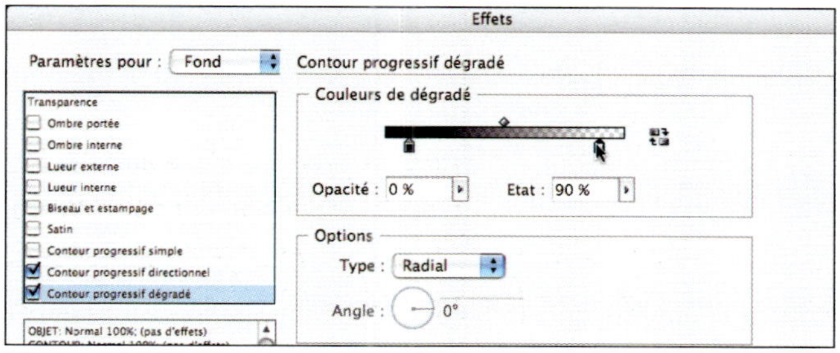

❸

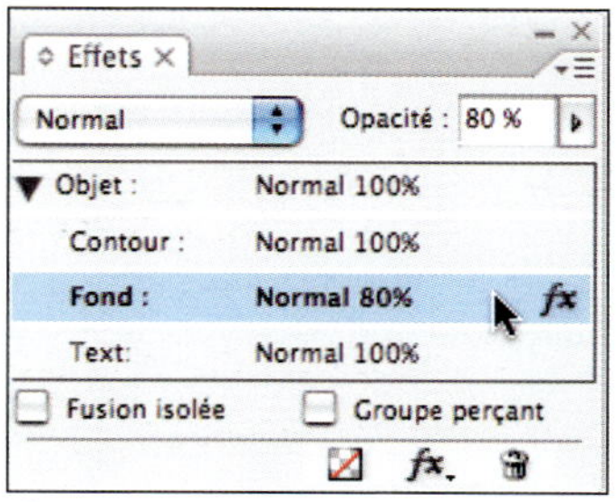

❹

Placer le bloc Renseignements

Tracez un bloc texte avec l'outil texte T et saisissez-y le texte figurant en bas à droite de l'affiche finale. Passez sa couleur en Papier et la police en News Gothic Std avec un corps de 26 pt, puis alignez-le à droite via l'icône de la palette Contrôle. Réglez la casse du mot RENSEIGNEMENTS en petites capitales par l'icône Tr et augmentez son corps de 2 pt (⌘ + ⇧ + ;). Puis ajoutez un espace après de 4 mm via l'icône de la palette Contrôle. Passez ensuite la police du texte « Mairie de Paris » en Bold. Diminuez de 2 pt (⌘ + ⇧ + ,) le corps du numéro de téléphone et passez en italique (News Gothic Std Oblique) l'adresse du site.

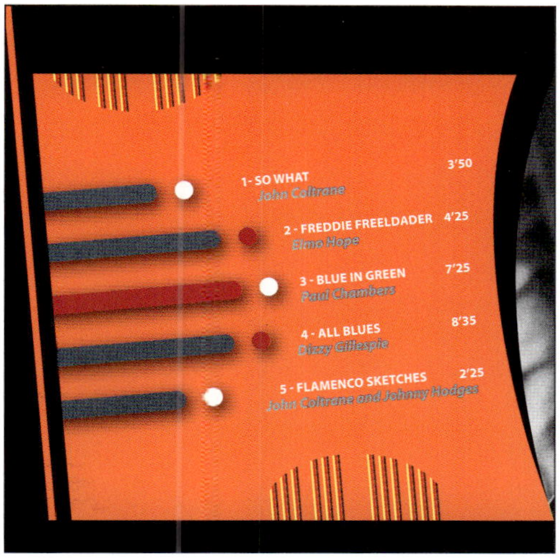

Réaliser une...

pochette CD

Vous allez découvrir dans cet atelier comment concevoir et réaliser une pochette CD. Pour cela, vous ferez appel à certaines fonctionnalités déjà abordées dans les ateliers précédents, mais vous apprendrez surtout à manipuler et dupliquer les formes graphiques.

Configurer le document

Fixer les dimensions de la pochette

Créez un nouveau document via l'écran de bienvenue ou par le menu Fichier > Nouveau document (⌘ + N). Comme la pochette CD comporte deux pages, paramétrez-les directement dans la rubrique Nombre de pages. Décochez la case Pages en vis-à-vis pour obtenir des pages simples. Définissez les dimensions du document (120 × 120 mm). Enfin, entrez une valeur de 15 mm pour la marge de tête et de 7 mm pour la marge de pied. Pour celles de droite et de gauche, les valeurs seront à 0 mm. N'oubliez pas de cliquer sur le bouton Plus d'options pour délimiter les 5 mm de fond perdu.

Modifier les pages simples en planches solidaires

Vous allez placer maintenant côte à côte les deux pages dans la palette Pages (menu Fenêtre > Pages ou ⌘ + F12). Si vous essayez de glisser la page 2 à côté de la page 1, vous allez vous rendre compte assez rapidement que l'opération est impossible. Cela s'explique car vous avez demandé à la création du document des pages simples : or, pour InDesign, des pages simples ne peuvent se transformer en doubles pages à moins de cocher une option dans le menu local de la palette Pages.

Les planches solidaires

Les planches solidaires se reconnaissent dans la palette Pages à leurs numéros de page entre crochets.

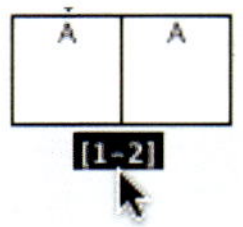

Double-cliquez sur la page 1 dans la palette Pages et décochez dans le menu déroulant l'option Autoriser la réorganisation de la planche sélectionnée. À présent, vous pouvez glisser l'icône de la page 2 à côté de la page 1. Lâchez la souris dès qu'apparaît une flèche sur le curseur Main.

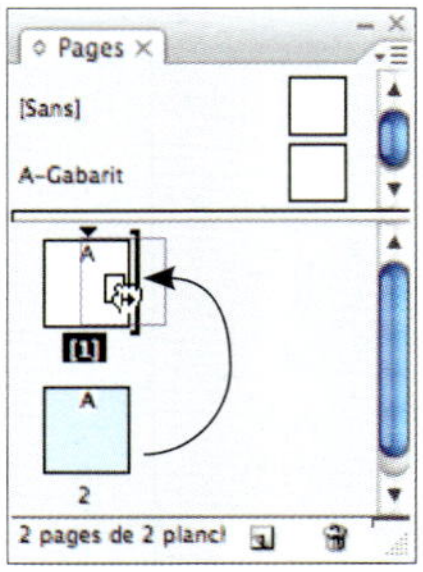

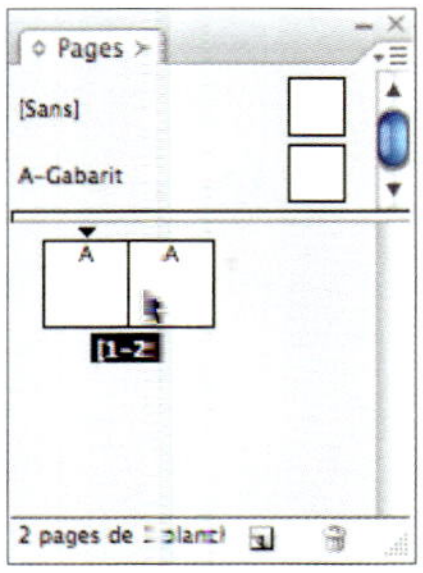

Mettre en place les bandes latérales et le fond

Comme pour l'atelier 3, vous allez travailler avec des calques ce qui, rappelons-le, facilitera la sélection des différents objets (qui sont nombreux dans cette pochette CD !).

Affichez la palette Calques par le menu Fenêtre > Calques (F7). Double-cliquez sur le calque par défaut (Calque 1) et nommez-le « Bandes noires » dans la fenêtre d'options.

> ***Modifier les paramètres par défaut d'InDesign***
>
> *Pour personnaliser les paramètres par défaut (outils, préférences, attributs du texte...), il faut avoir fermé tous les documents dans InDesign.*

Placer les bandes noires

❶ Dans la palette d'outils, activez l'outil Rectangle (n'oubliez pas de supprimer le contour par défaut du bloc). Tracez deux bandes en haut et en bas sur la largeur de la double page, en incluant la zone du fond perdu, et ajustez leur hauteur sur les marges de tête et de pied. Vérifiez dans la palette Contrôle les coordonnées X et Y des deux blocs. Si le point de référence est activé dans le coin supérieur gauche, les coordonnées X et Y doivent être à –5 mm pour les deux blocs sélectionnés ❷.

> ***Sélection des blocs rectangle***
>
> *Si les blocs rectangle (c'est-à-dire les blocs sans contenu) ne possèdent pas de couleur de fond, vous ne pouvez les sélectionner qu'en cliquant sur leur bord.*

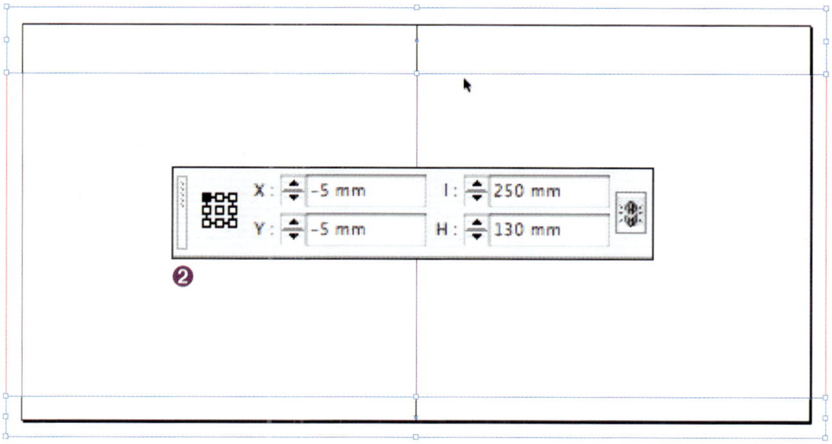

❷

❶

Créer et appliquer les couleurs

Le bouton Ajouter de la palette Nuancier

Ce bouton est très pratique quand vous composez plusieurs couleurs. En cliquant dessus, la nuance nouvellement créée s'ajoute à la palette sans pour autant fermer la fenêtre : vous pouvez ainsi continuer à créer des couleurs sans passer par le menu déroulant.

Vous allez maintenant créer et mémoriser les couleurs noir et orange. Sachez que le noir figurant par défaut dans la palette Nuancier sert uniquement pour le texte. Pour des aplats, il manquera de densité et paraîtra bien fade à l'impression. Pour obtenir un noir plus soutenu, il est donc conseillé de lui ajouter une couleur d'accompagnement (magenta ou cyan).

Affichez la palette Nuancier via le menu Fenêtre > Nuancier (F5).

Choisissez Nouvelle couleur dans le menu déroulant de la palette.

❶ Saisissez les valeurs chromatiques suivantes :
Pour le noir : C : 0 % ; M : 40 % ; J : 0 % ; N : 100 %
Pour l'orange : C : 0 % ; M : 75 % ; J : 95 % ; N : 0 %

❷ Par défaut, InDesign nomme les couleurs par leurs compositions chromatiques, mais si vous le désirez, vous pouvez personnaliser leur nom en décochant la case Nommer selon la valeur chromatique.

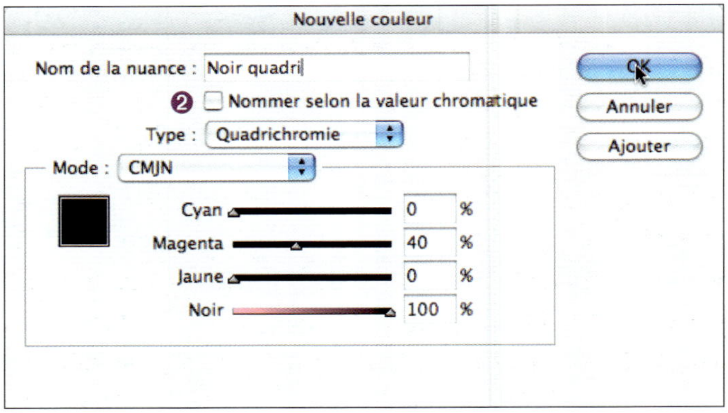

❶

Sélectionnez avec l'outil Sélection les deux blocs en maintenant la touche ⇧ enfoncée. Vérifiez dans la palette d'outils ou dans la palette Nuancier que le fond est actif, puis cliquez dans la palette Nuancier sur la couleur noire quadri créée précédemment pour l'appliquer aux blocs sélectionnés.

Placer le fond

Créez un nouveau calque par le menu déroulant de la palette Calques et nommez-le « Fond ». Placez-le en arrière-plan en le glissant sous celui intitulé Bandes noires ❶. Le calque Fond toujours actif, tracez un bloc avec l'outil Rectangle sur toute la largeur des deux pages, puis remplissez-le de la couleur orange. Verrouillez-le ensuite dans la palette Calques ❷.

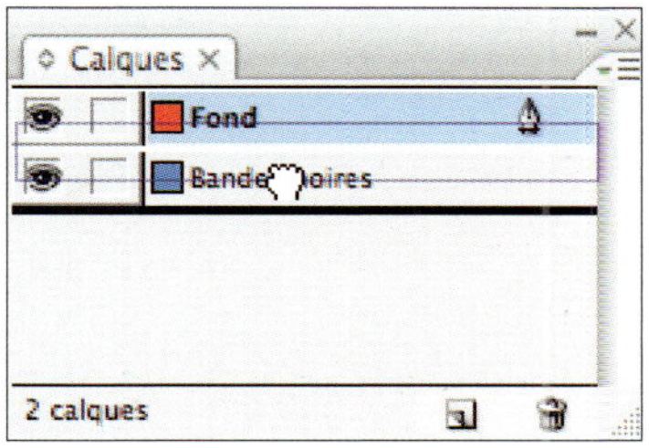

❶

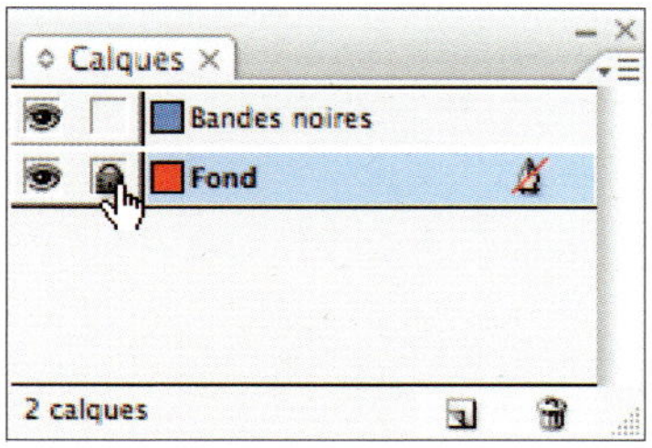

❷

Placer les bandes latérales

Vous allez créer les bandes latérales noires et oranges sur la page 1, les déformer, les dupliquer sur la page 2 et enfin, leur appliquer une symétrie.

Pour cela, placez-vous sur la page 1 et sur le calque Bandes noires. Activez l'outil Rectangle et cliquez dans l'angle supérieur gauche du document (au niveau du fond perdu). Dans la fenêtre d'options qui s'ouvre, saisissez les dimensions du bloc (15 mm de largeur et 130 mm de hauteur). Après avoir validé, l'objet se positionne à l'endroit où vous avez cliqué. Vérifiez, par sécurité, les coordonnées X et Y dans la palette Contrôle qui doivent être à –5 mm, le point de référence supérieur gauche activé.

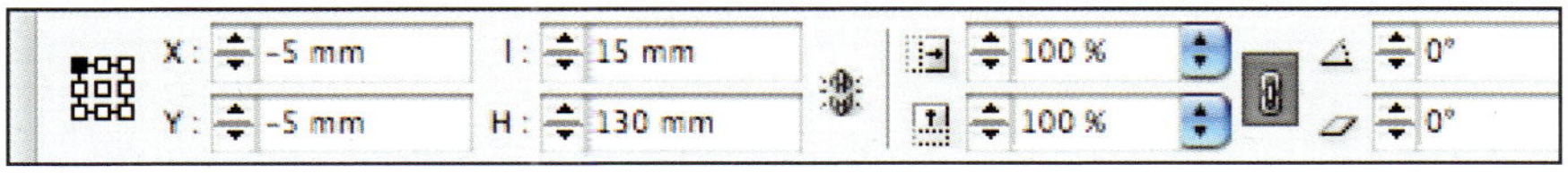

❶ La déformation que vous allez appliquer au bloc devant s'effectuer par le centre, n'oubliez pas d'activer le point de référence central avant de saisir un angle de déformation de –5° dans la palette Contrôle. Remplissez le bloc de la couleur noire quadri. Vous remarquerez qu'il n'est plus calé sur le fond perdu : agrandissez-le avec l'outil Sélection en tirant sur l'une des poignées du cadre de sélection ❷.

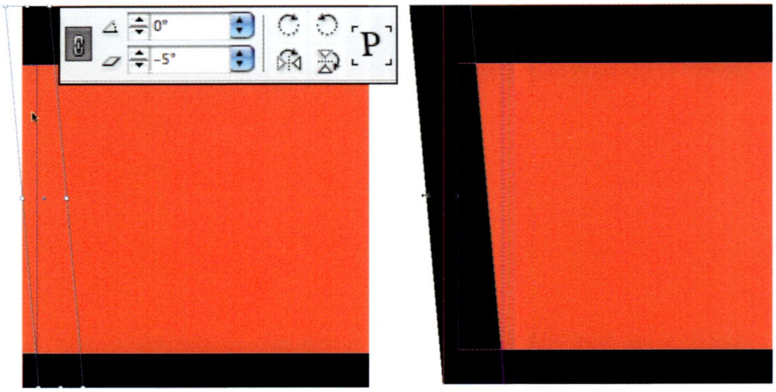

❶ ❷

Si vous souhaitez que la bande noire ne dépasse pas du fond perdu, vous pouvez utiliser une commande de la palette Pathfinder. Mais sachez toutefois que ce débord n'a aucune incidence, puisqu'il s'agit d'une zone non imprimable. La manipulation suivante est donc plutôt réservée aux maquettistes pointilleux qui n'apprécient pas de voir leurs blocs dépasser de leur mise en page !

Affichez la palette Pathfinder via le menu Fenêtre > Objet et mise en page > Pathfinder.

❶ Tracez avec l'outil Bloc rectangulaire un nouveau bloc par-dessus la bande noire et placez-le au niveau des marges extérieures du fond perdu (inutile de lui appliquer une couleur). Sélectionnez-le avec la bande latérale noire en maintenant la touche enfoncée.

❷ Dans la palette Pathfinder, cliquez sur l'icône Soustraction. Le bloc du premier plan « gomme » ainsi celui placé en arrière-plan : il ne reste qu'un seul bloc parfaitement calé sur le fond perdu ❸.

Manipuler un objet situé en arrière-plan

Pour sélectionner un objet placé en arrière-plan, cliquez sur le ou les blocs en maintenant la touche enfoncée jusqu'à atteindre cet objet.

Pour déplacer un objet placé en arrière-plan, manipulez-le par son point central (point visible lorsque l'objet est sélectionné).

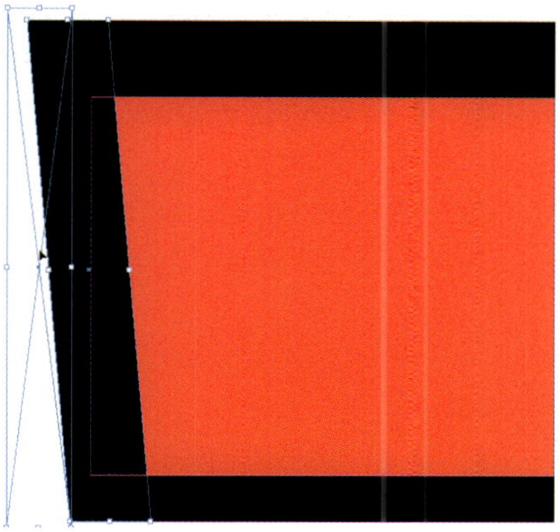

❶

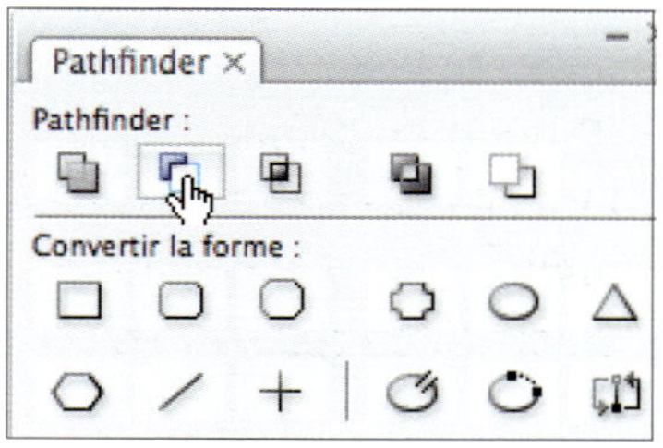

❷

❸

Vous allez procédez de même manière pour la bande orange, mais en plaçant le bloc plus près du bord de la page.

❶ Comme précédemment, avec l'outil Rectangle activé, cliquez sur le haut de la bande noire au niveau du fond perdu. Entrez ensuite une largeur de 1,5 mm et une hauteur de 118 mm dans la fenêtre d'options. Dans la palette Contrôle, activez le point de référence sur le coin supérieur droit, puis positionnez le bloc à 6 mm pour X et –5 mm pour Y. Remplissez ce bloc de la couleur orange.

❷ Pour terminer, activez le point de référence au centre et paramétrez un angle de déformation de –5 mm.

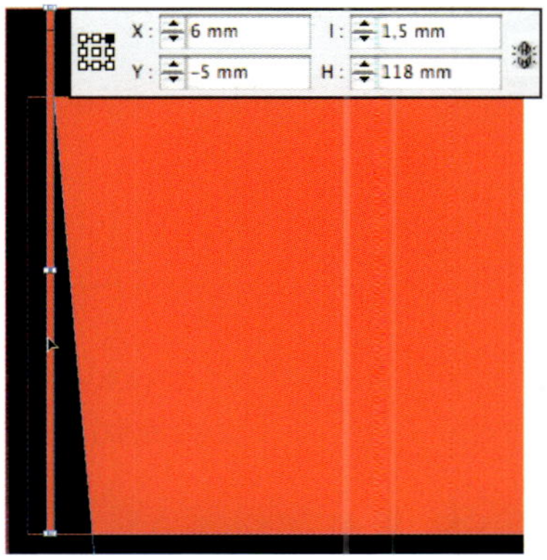

❶

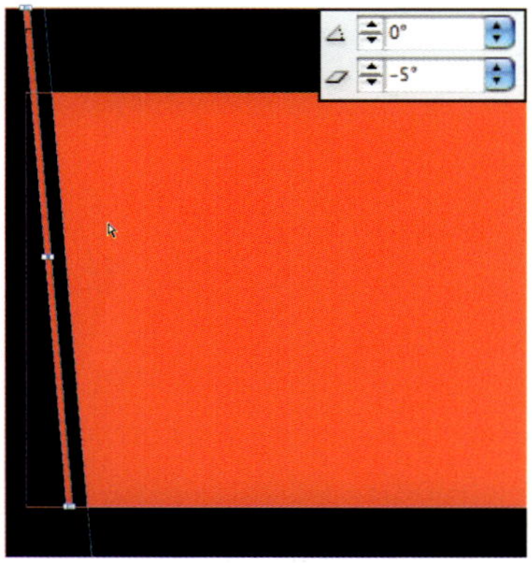

❷

Une astuce pour modifier la hauteur ou la largeur d'un bloc

L'outil Sélection permet de réduire ou d'agrandir un bloc, mais dans certains cas (comme celui de la bande orange qui possède une faible largeur), il se peut qu'en ajustant manuellement la hauteur du bloc, vous modifiiez également sa largeur : vous seriez donc obligé de redéfinir les bonnes dimensions ! Heureusement, il existe une autre solution plus rapide et plus efficace : dans la palette Contrôle, désactivez l'icône chaînage, activez le point de référence adéquat (afin que le bloc se modifie par rapport à ce point), puis saisissez une valeur ou utilisez les flèches de direction pour augmenter ou diminuer l'incrément de 1 pt.

Groupez ensuite les deux bandes via le menu Objet > Associer (⌘ + G). Dupliquez ce groupe en maintenant la touche alt enfoncée (rappelez-vous, le curseur se double, preuve que la duplication s'effectue) et amenez-le au bord droit de la page 2.

❶ Vérifiez que le point de référence est centré et saisissez un angle de rotation de 180° (ou cliquez deux fois sur l'icône Rotation de la palette Contrôle).

❷ Dégroupez les deux blocs via le menu Objet > Dissocier (⌘ + ⇧ + G). Ajustez la bande orange sur la marge de tête.

Une fois ces bandes mises en place, pensez à verrouiller le calque Bandes noires.

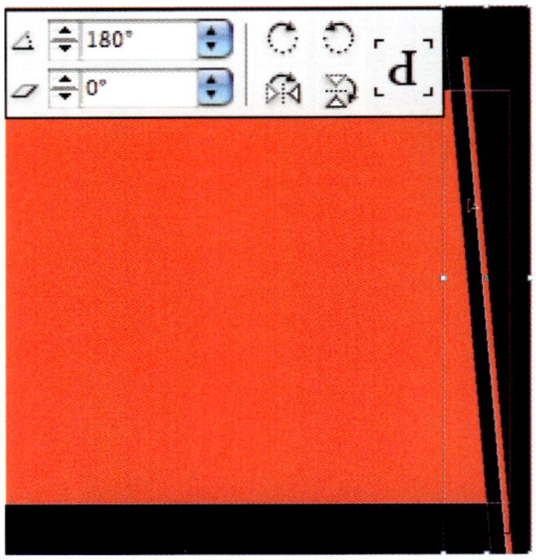

❶

❷

Importer et mettre en place la photo

Vous allez maintenant importer l'image du saxophone dans un bloc, l'ajuster à ce contenant et enfin déformer légèrement ce dernier pour lui donner une forme arrondie.

Importer la photo

Créez un nouveau calque et nommez-le « Photo ». Sur le bord gauche de la page 2, à l'intérieur des marges de tête et de pied, tracez un bloc avec l'outil Bloc rectangulaire et donnez-lui une largeur de 66 mm dans la palette Contrôle (si vous avez bien positionné le bloc dans les marges, sa hauteur doit être de 98 mm).

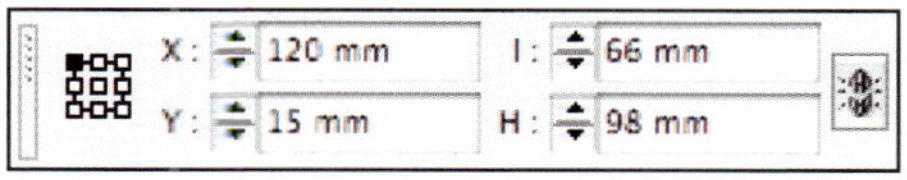

Le bloc toujours sélectionné, allez dans le menu Fichier > Importer (⌘ + D) et choisissez la photo Saxo.tif.

❶ L'image importée étant trop grande par rapport au contenant, vous allez l'ajuster proportionnellement à la taille du bloc.

❷ L'image toujours sélectionnée, activez l'icône Remplir le bloc proportionnellement de la palette Contrôle : la photo s'adapte ainsi au bloc. Pour parvenir au même résultat, vous pouvez aussi aller dans le menu Objet > Ajustement (⌘ + ⇧ + alt + C).

❶

❷

> ***Pour passer rapidement d'un outil de sélection à l'autre***
>
> *Quand un bloc est sélectionné avec l'un des deux outils de sélection, il n'est plus nécessaire dans InDesign CS3 de passer par la palette d'outils pour activer l'autre outil de sélection. Un double-clic sur le bloc transforme automatiquement la flèche noire en flèche blanche et vice versa.*

Arrondir le bloc image

Une fois le bloc image sélectionné avec l'outil Sélection, changez d'outil de sélection afin d'activer les tracés du bloc (représentés par quatre poignées). Dans la palette d'outils, effectuez un clic long sur l'outil Plume, puis activez dans le menu déroulant l'outil Conversion de point directeur.

❶ Placez-vous sur le point supérieur gauche du bloc et cliquez-glissez vers le bas ❷. Le point se transforme en deux lignes directrices appelées courbes de Bézier. L'une va permettre d'arrondir le bloc, l'autre sera glissée sur le point d'ancrage afin d'obtenir un angle droit à cet endroit.

❸ Activez de nouveau l'outil Sélection directe, puis cliquez-glissez la ligne directrice du haut jusqu'au point d'ancrage pour la faire disparaître. Si l'arrondi ne vous semble pas parfait, cliquez-glissez la ligne directrice restante vers le bas ❹.

❺ Il ne reste plus qu'à ajuster l'image dans le bloc à l'aide de l'icône Remplir le bloc proportionnellement de la palette Contrôle ou par le menu Objet > Ajustement (⌘ + ⇧ + alt + C) .

❶ *Avec l'outil Conversion de point directeur, placez-vous sur le point d'ancrage.*

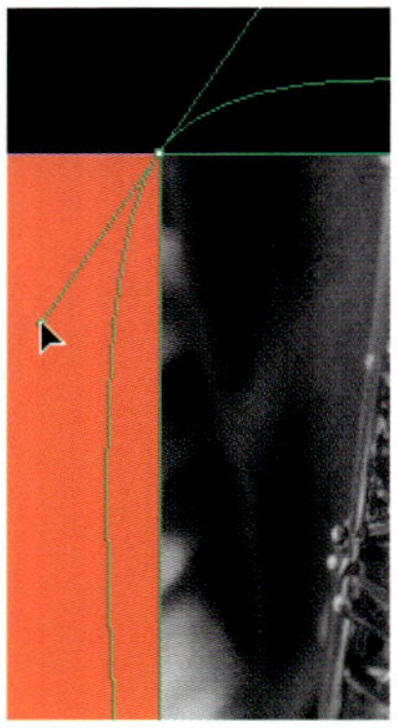

❷ *Cliquez et glissez la ligne directrice vers le bas.*

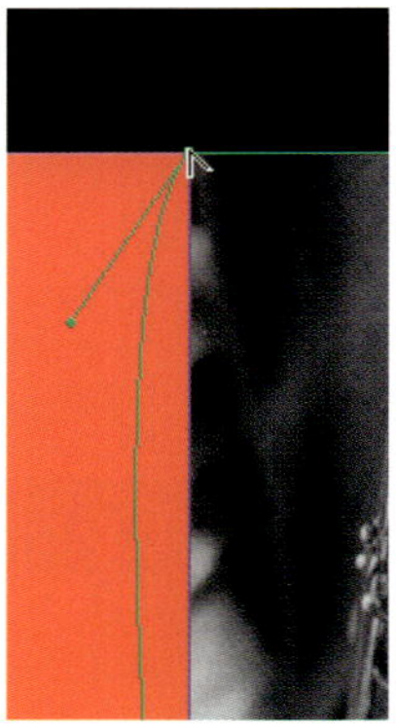

❸ *Placez-vous sur la ligne directrice du haut, glissez-la jusqu'au point d'ancrage pour obtenir un angle droit.*

❹ *Pour parfaire l'arrondi, glissez la ligne directrice restante vers le bas.*

❺

Créer le bloc noir arrondi

Vous allez maintenant dupliquer le bloc image, supprimer son contenu, le remplir avec la couleur noire, le placer en arrière-plan et, pour terminer, lui appliquer une légère déformation.

Sélectionnez le bloc photo avec l'outil Sélection, déplacez-le et dupliquez-le tout en maintenant la touche alt enfoncée. Changez d'outil de sélection et supprimez l'image avec la touche ⌦.

❶ Remplissez le bloc vide avec la couleur noire quadri.

❷ Positionnez-le en arrière-plan via le menu Objet > Disposition > Arrière-plan (⌘ + ⇧ +)).

❸ Activez l'angle supérieur gauche comme point de référence et appliquez au bloc un angle de déformation de −5° via l'icône de la palette Contrôle. Ajustez la position du bloc avec les flèches de direction ↑, ↓, ← et →.

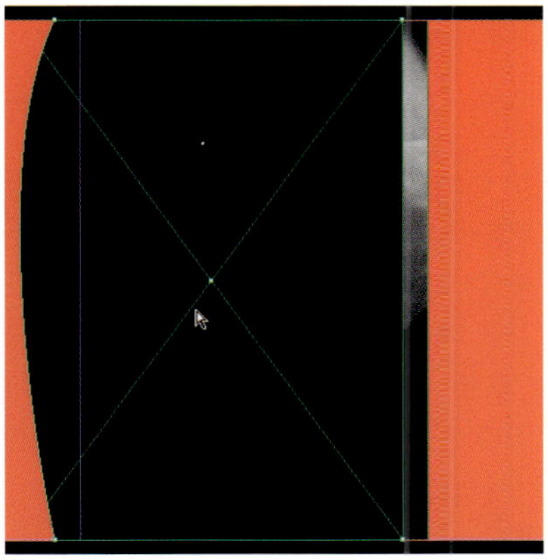

❶

❷

❸

Incliner le bloc photo

Comme précédemment, sélectionnez le bloc image du saxophone avec l'outil Sélection, puis activez l'outil Sélection directe. Placez le curseur sur le point d'ancrage supérieur droit et tirez-le vers la gauche pour incliner le bloc.

Mettre en forme les cartouches

Créer le premier cartouche

Verrouillez le calque Photo, puis créez un nouveau calque nommé « Cartouches ».

Sur la page 1, créez un nouveau bloc de 4 mm de hauteur et 50 mm de largeur avec l'outil Bloc rectangulaire (l'endroit où vous le placez sur le document importe peu pour l'instant). Appliquez-lui une couleur de fond quelconque (noir, par exemple) : vous lui attribuerez plus tard une nouvelle nuance. Convertissez cette forme rectangulaire en arrondi : pour cela, allez dans le menu Objet > Options d'arrondis, sélectionnez l'effet Arrondis dans le menu local Effet et paramétrez sa taille à 2 mm.

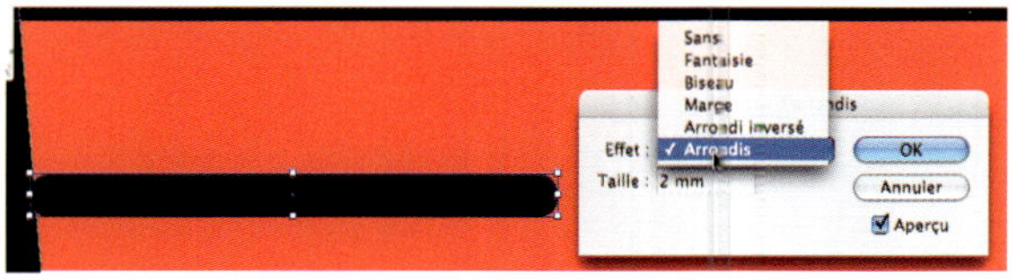

Avec l'outil Ellipse, tracez ensuite un cercle de 4 mm de diamètre. Comme pour la forme rectangulaire arrondie, choisissez une couleur de fond quelconque.

Les valeurs de déplacement des touches de direction

Par défaut, les touches de direction permettent de déplacer un bloc d'une distance de 0,25 mm, mais vous pouvez modifier cette valeur en allant dans le menu InDesign > Préférences > Incréments clavier > Touche curseur.

Si vous choisissez un faible incrément, certains déplacements risquent de vous paraître laborieux : dans ce cas, utilisez la touche ⇧ pour multiplier par dix la valeur de l'incrément.

La palette Alignement va maintenant permettre d'aligner le bloc arrondi et le cercle sur le même axe, mais également de fixer la distance qui les sépare.

Affichez la palette Alignement via le menu Fenêtre > Objet et mise en page (⇧ + F7).

❶ Sélectionnez les deux formes en maintenant la touche ⇧ enfoncée puis, dans la palette Alignement, cliquez sur l'icône qui aligne les blocs par leurs bords inférieurs.

❷ Pour appliquer une distance précise entre les deux blocs, cochez la case Utiliser l'espacement, située en bas de la palette, attribuez-lui une valeur de 4 mm et validez en cliquant sur l'icône Répartir l'espace horizontal.

Les icônes d'alignement d'objets

Ces icônes d'alignement apparaissent dans la palette Contrôle quand au moins deux blocs sont sélectionnés.

❶

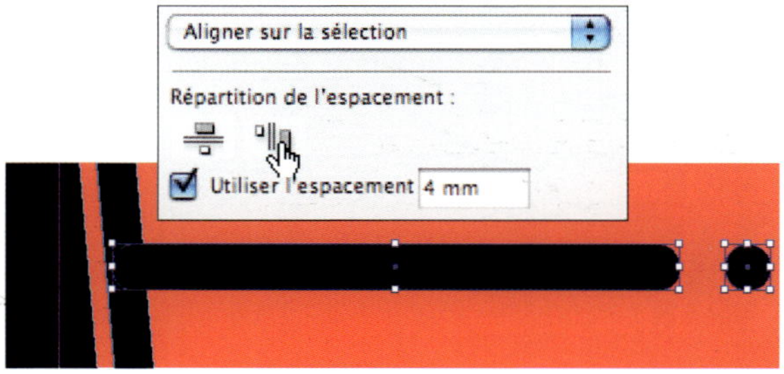

❷

Dupliquer le cartouche

Groupez les deux blocs via le menu Objet > Associer (⌘ + G). Dupliquez quatre fois le cartouche en maintenant la touche alt enfoncée. Inutile de vous soucier pour l'instant de leur espacement, vous les réglerez ultérieurement grâce à la palette Alignement.

Sur la pochette CD, les cartouches se positionnent sur un arrondi qu'il vous faut maintenant dessiner. Cet arrondi servira de repère pour l'emplacement des formes et fera plus tard l'objet d'un habillage. Afin de faciliter la sélection des cartouches, vous allez créer un bloc arrondi sur un nouveau calque que vous verrouillerez ensuite.

Avec l'outil Ellipse, créez un ovale d'une largeur de 60 mm et d'une hauteur de 55 mm. Positionnez-le à un emplacement X de 0 mm et un emplacement Y de 40 mm, en ayant activé l'angle supérieur gauche comme point de référence.

❶ Calez le premier et le dernier cartouches sur le cercle en les plaçant sur une même droite verticale (en vous aidant, si besoin est, de l'icône Alignement des bords gauches de la palette Contrôle ou Alignement).

❷ Sélectionnez ensuite les cinq cartouches. Dans la zone Répartition de l'espacement de la palette Alignement, décochez la case Utiliser l'espacement, puis validez en cliquant sur l'icône Répartir l'espace vertical. Avec cette option décochée, l'espacement entre les blocs sera partout le même.

❸ Calez les autres cartouches sur le cercle, comme indiqué.

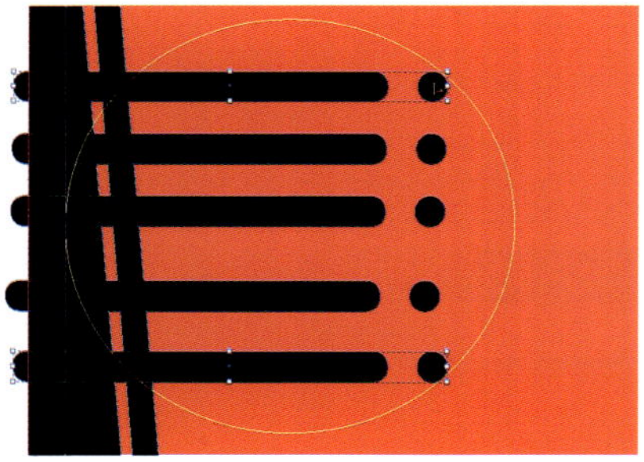

❶

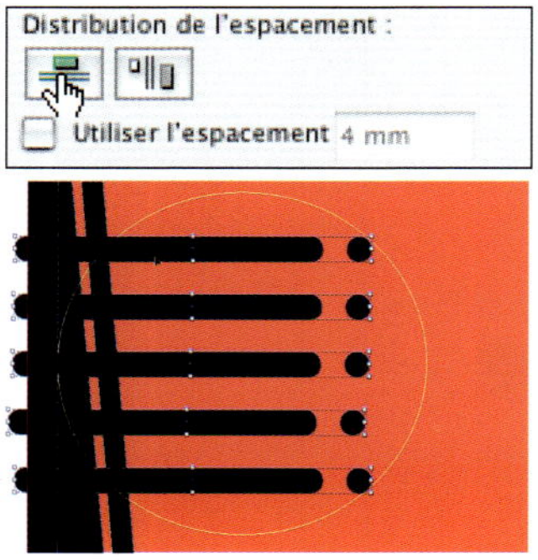

❷

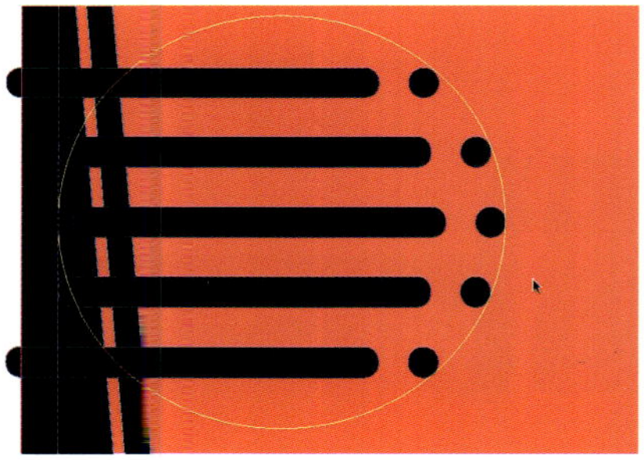

❸

Colorer les cartouches

Pour colorer ces cartouches, vous avez besoin de blanc, de gris et de rouge. La couleur blanche se trouve par défaut dans la palette Nuancier, il s'agit de la nuance Papier. Vous devez donc créer deux nouvelles couleurs dans la palette Nuancier :

Gris : C : 30 % ; M : 0 % ; J : 0 % ; N : 70 %
Rouge : C : 30 % ; M : 100 % ; J : 100 % ; N : 0 %

Appliquez la couleur aux cartouches comme illustré ci-dessous. Groupez ensuite tous les cartouches via le menu Objet > Associer (⌘ + G), activez le point central comme point de référence, puis saisissez dans la palette Contrôle un angle de rotation de 5°. Pensez également à placer le calque Cartouches sous le calque Bandes noires.

Si vous êtes un maquettiste pointilleux, n'oubliez pas que vous pouvez réduire très facilement la longueur des cartouches qui dépassent du document (voir encadré p. 56).

Pour sélectionner un objet dans un groupe d'objets

Pour déplacer individuellement un objet ou pour appliquer une couleur à un objet faisant partie d'un bloc groupé, sélectionnez-le avec l'outil Sélection directe.

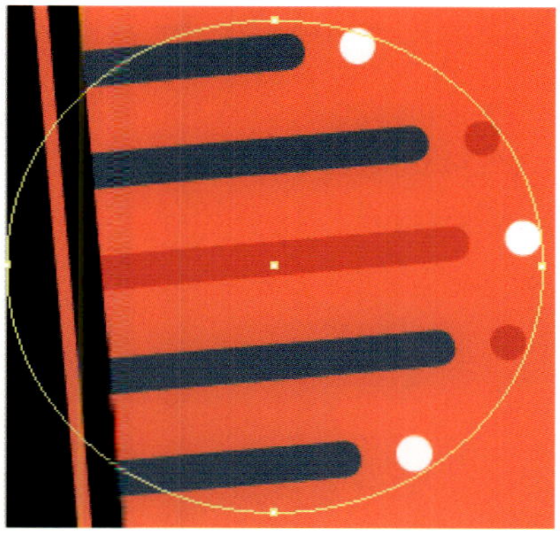

Paramétrer l'ombre portée

Sélectionnez les cinq cartouches et affichez la fenêtre d'options de l'ombre portée en cliquant sur l'icône des effets de la palette Contrôle ou en allant dans le menu Objet > Effets > Ombre portée (⌘ + alt + M).

Réglez la distance et la taille de l'ombre portée comme sur la capture suivante.

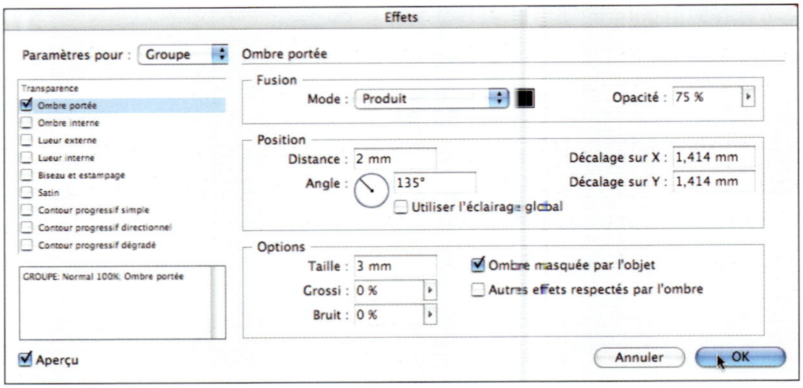

Dupliquer les cartouches de la page 1 à la page 2

Déplacez et dupliquez les cinq cartouches (en maintenant la touche alt enfoncée) de la page 1 vers la page 2. Appliquez-leur une symétrie en cliquant deux fois sur l'icône de la palette Contrôle. Positionnez-les pour l'instant comme ci-dessous.

Créer le motif jaune

Vous allez maintenant créer un bloc ovale sur lequel vous tracerez des traits. Vous collerez ensuite ces traits dans ce bloc, qui agira comme un pochoir, ne laissant visibles que les portions de traits situées à l'intérieur.

Toujours dans le calque Cartouches et sur la page 1, créez un ovale d'une largeur de 40 mm et d'une hauteur de 25 mm avec l'outil Ellipse. Inutile de vous préoccuper de sa position sur la pochette pour le moment.

Activez l'outil Trait et tracez un trait sur l'ovale. Vérifiez dans la palette Nuancier ou dans la palette d'outils que le contour est activé, puis appliquez au trait la couleur jaune prédéfinie dans la palette Nuancier. Laissez la valeur de l'épaisseur par défaut, c'est-à-dire 1 pt.

Tracer une ligne droite avec l'outil Trait

Maintenez la touche ⇧ enfoncée pour tracer une ligne droite (horizontale, verticale ou inclinée d'un angle multiple de 45°).

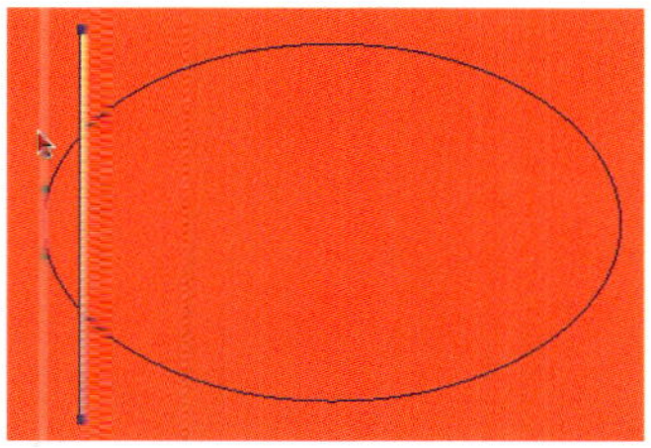

❶ Déplacez et dupliquez le trait deux fois en maintenant la touche alt enfoncée, puis remplacez la couleur de ces deux nouveaux traits par du rouge et du gris. Sélectionnez les trois traits (avec la touche ⇧ enfoncée) et demandez un espacement horizontal de 0,2 mm dans le champ Répartition de l'espacement de la palette Alignement. Validez en cliquant sur l'icône.

❷ Après avoir groupé les traits (+ G), dupliquez ce bloc deux fois en fixant leur espacement à 1 mm.

❸ Pour finir, groupez ces trois blocs, dupliquez-les trois fois mais en les espaçant cette fois de manière aléatoire.

❶

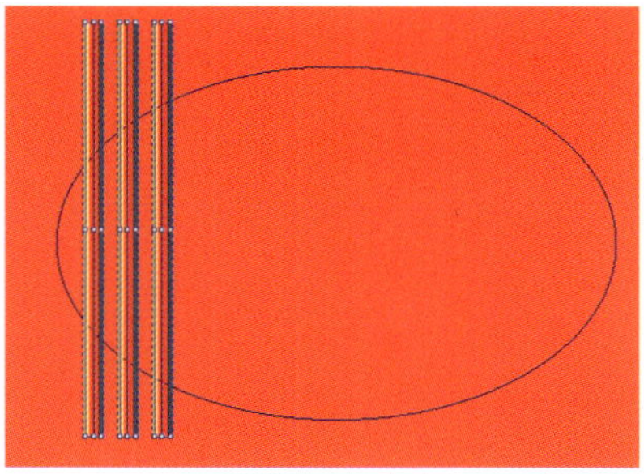

❷

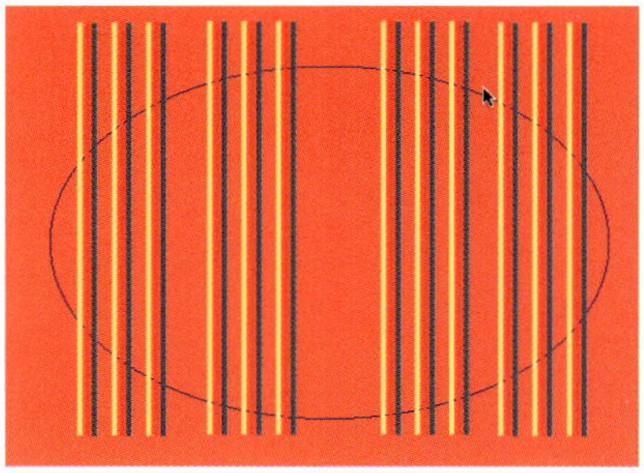

❸

> ***Déplacer un objet avec l'outil Sélection directe***
>
> *Lorsque vous déplacez un objet avec l'outil Sélection directe, manipulez-le par son point central car sinon vous risquez de le déformer en cliquant sur l'un des quatre points d'ancrage.*

Vous allez maintenant appliquer la commande Coller dedans à plusieurs éléments (les quatre blocs de traits), ce qui suppose de les grouper au préalable.

Sélectionnez les quatre blocs de traits et groupez-les à l'aide du menu Objet > Associer (⌘ + G). Attribuez à ce groupe d'objets un angle de rotation de 5° via l'icône de la palette Contrôle. Dans le menu Édition, choisissez la fonction Couper (⌘ + X). Sélectionnez ensuite l'ellipse, puis activez la commande Coller dedans (⌘ + alt + V) du même menu.

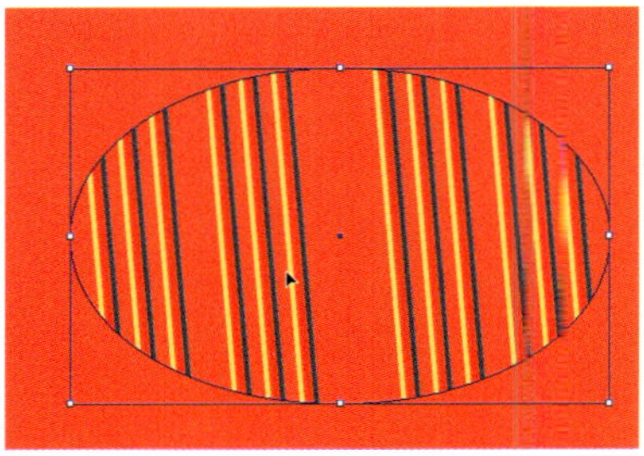

Dupliquez trois fois la forme obtenue et placez les quatre motifs où vous le souhaitez sur la pochette.

Pour finir, glissez le calque Photo sous les calques Bandes noires et Cartouches.

Enrichir le texte

Vous allez enrichir le texte du premier titre de l'album, puis prélever ses attributs (police, corps, couleur, etc.) à l'aide de l'outil Pipette pour les appliquer aux autres titres.

Mettre en forme le texte de la page 1

> ***Coller du texte***
>
> *Lorsque vous collez du texte dans un document, il n'est pas nécessaire d'avoir créé ou sélectionné un bloc pouvant l'accueillir, car le texte se collera automatiquement dans un nouveau bloc.*

Créez un nouveau calque et nommez-le « Texte ». Comme dans l'atelier 2, localisez le fichier Texte CD.txt à l'aide de l'Explorateur (Windows) ou du Finder (Mac OS X), et glissez son icône en dehors de la table de montage.

Effectuez un copier/coller de tous les titres des morceaux sur la page 1.

Sélectionnez tout le texte (⌘ + A). Dans la palette Contrôle Caractères ou Paragraphes, modifiez la police en Myriad Pro Bold avec un corps de 8 pt et appliquez un espace de 3,5 mm après chaque paragraphe via l'icône.

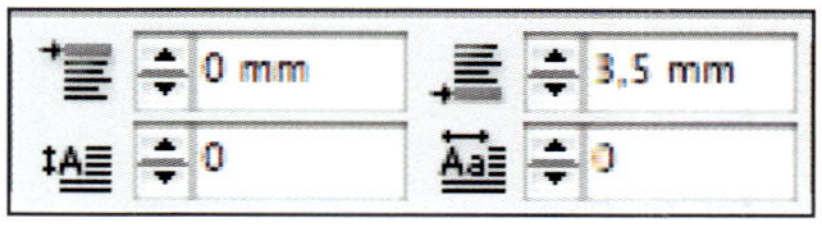

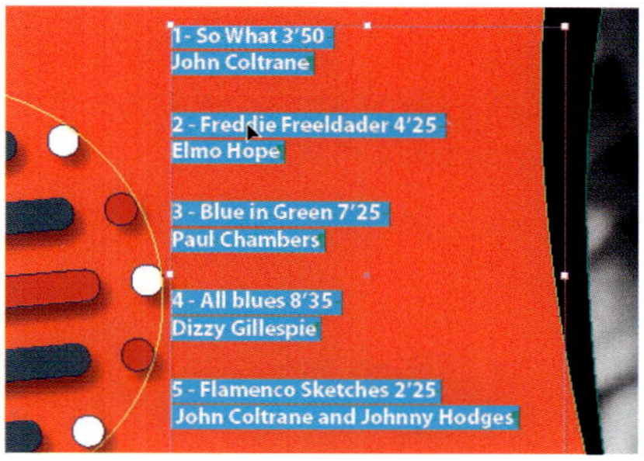

Vous allez maintenant aligner par la droite la durée des titres de l'album. Placez le curseur texte avant la durée du premier morceau et allez dans le menu Texte > Insérer un caractère spécial > Autre > Tabulation de retrait à droite (⇧ + TAB). Effectuez la même manipulation pour les titres suivants.

Créer un habillage

Pour que le texte épouse les deux formes arrondies placées à sa droite et à sa gauche, vous allez leur appliquer un habillage.

Affichez la palette Habillage de texte par le menu Fenêtre (⌘ + alt + W).

> ***Habillage d'un bloc***
>
> *Contrairement à XPress, tous les habillages sont possibles, quelle que soit la nature de l'objet (image, texte, forme), même si celui-ci est placé en arrière-plan.*

> ***Valeurs d'habillage par défaut***
>
> *Accessibles depuis la palette Contrôle (dans InDesign CS3), les icônes d'habillage de texte proposent un retrait par défaut de 3,528 mm autour de l'objet. Pour modifier ce paramétrage, vous devez aller dans la palette Habillage de texte.*

Déverrouillez le calque dans lequel vous avez créé l'ellipse. Sélectionnez-la, puis cliquez sur l'icône Habiller la forme de l'objet de la palette Habillage de texte, et attribuez une valeur de 5 mm de décalage.

Déverrouillez ensuite le calque Photo pour sélectionner le bloc noir situé en arrière-plan de l'image et appliquez-lui le même habillage qu'à l'ellipse.

Si besoin, repositionnez et agrandissez le bloc texte pour que l'habillage agisse sur toutes les lignes du texte.

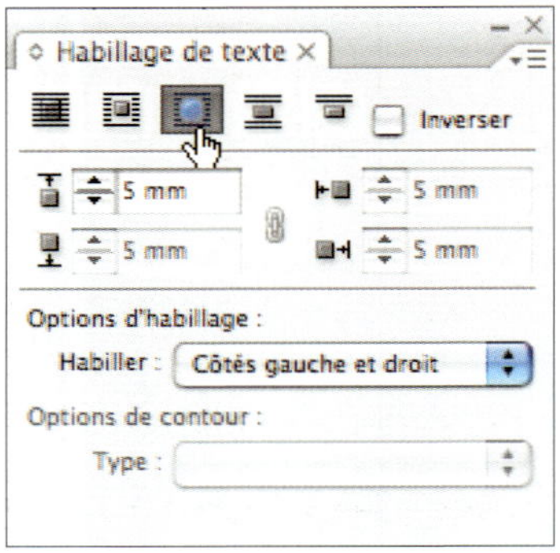

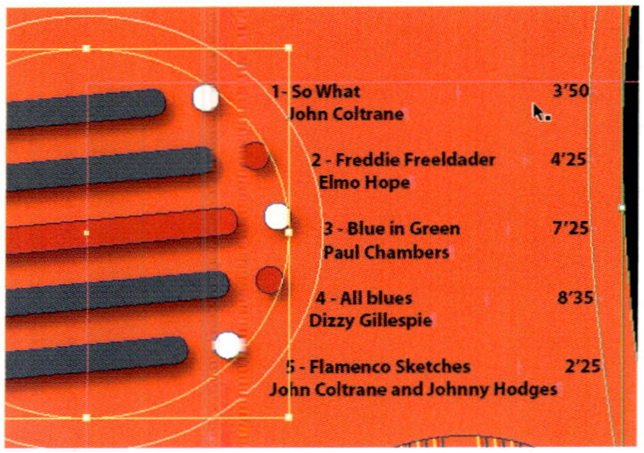

> ***Visualisation de l'habillage***
>
> *L'habillage est symbolisé par un deuxième cadre de sélection en surimpression, visible uniquement quand l'objet est sélectionné.*

Copier les attributs du texte

Vous allez maintenant finaliser l'enrichissement des deux premières lignes, puis appliquer cette mise en forme aux lignes suivantes à l'aide de l'outil Pipette.

Sélectionnez la première ligne et modifiez la casse en capitales en activant l'icône TT de la palette Contrôle Caractères.

Appliquez la couleur Papier en ayant vérifié dans la palette Nuancier que le fond du texte est activé. Sélectionnez ensuite la deuxième ligne, augmentez le corps de la police de 1 pt, et changez son style en Bold italic et sa couleur en gris.

> ***Options de l'outil Pipette***
>
> *En double-cliquant sur l'outil Pipette, vous affichez une fenêtre d'options qui vous permet de désactiver certains attributs que vous ne désirez pas copier.*

❶ Assurez-vous qu'aucun texte n'est sélectionné. Activez l'outil Pipette, cliquez sur l'un des caractères mis en forme (la pipette change de sens et son extrémité devient noire, preuve qu'elle est chargée), puis sélectionnez le texte de destination avec la souris ❷.

❸ Après avoir mis en forme tout le texte, sélectionnez le bloc avec l'outil Sélection, appliquez-lui un angle de rotation de 5° dans la palette Contrôle via l'icône et ajustez sa position à l'aide des flèches de direction ↑, ↓, ← et →.

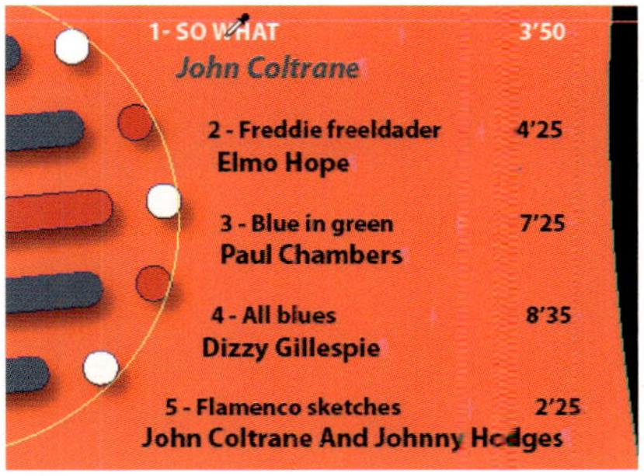

❶

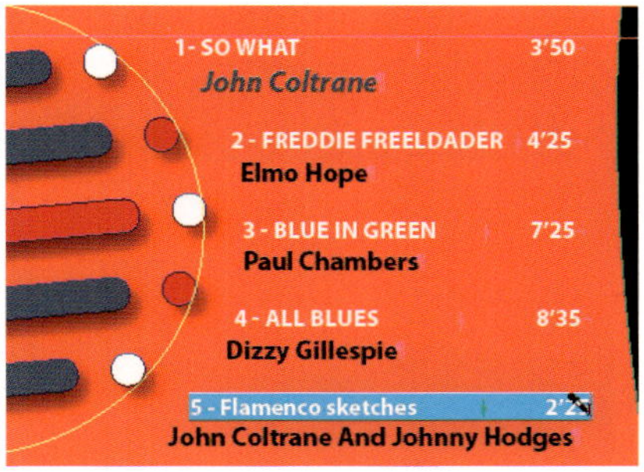

❷

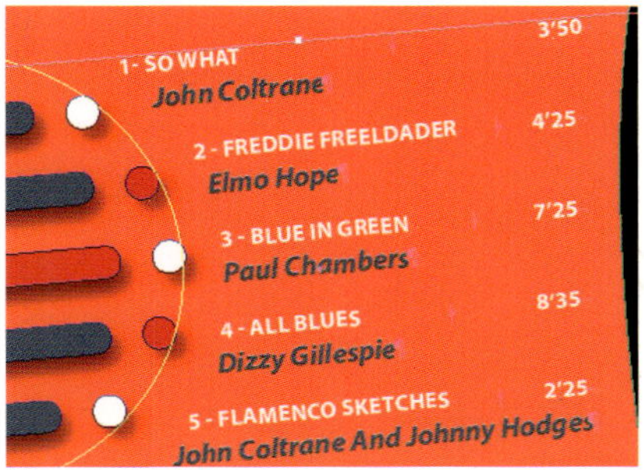

❸

Mettre en forme le texte de la page 2

Commencez par copier/coller le nom du premier interprète, Elmo Hope, sur la page 2.

❶ Dans la palette Contrôle Caractères, choisissez Myriad Pro Bold Condensed avec un corps de 10 pt. Pour que le texte ne soit pas trop collé au bloc à gauche, appliquez-lui un retrait à gauche de 2 mm. Passez la couleur en blanc.

❷ Sélectionnez ensuite ce bloc texte avec l'outil Sélection, vérifiez dans la palette Contrôle que sa hauteur est de 4 mm, appliquez-lui un angle de rotation de 6° via l'icône et centrez verticalement le texte grâce à l'icône de la palette Contrôle ou via le menu Objet > Options de bloc de texte > Justification verticale > Alignement.

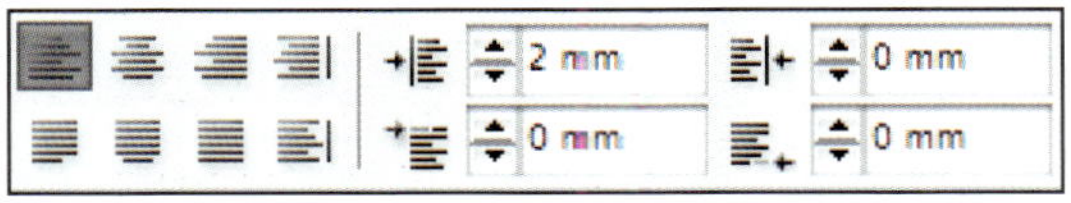

❶

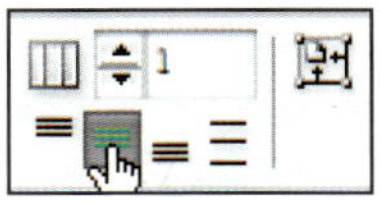

❷

Alignez le bloc au-dessus du premier cartouche. Dupliquez-le ensuite manuellement quatre fois (en maintenant la touche [⌥] enfoncée). Remplacez les quatre « Elmo Hope » par le nom des bons interprètes à l'aide d'un copier/coller, puis utilisez de nouveau l'outil Pipette pour copier la mise en forme du texte du premier cartouche.

Enrichir le titre de la pochette

Pour le titre JAZZ, vous allez travailler sur chaque lettre en appliquant un corps différent, un crénage très élevé et un important décalage vertical (ou parangonnage) pour la lettre Z.

Tracez un bloc avec l'outil Texte [T]. Saisissez le titre JAZZ tout en majuscules. Appliquez au titre la couleur grise et un contour blanc. Vérifiez dans la palette Contour ([⌘] + [F12]) que l'épaisseur est de 1 pt (valeur par défaut). Choisissez dans la palette Contrôle Caractères la police Courier Bold avec un corps de 65 pt.

Une fois le corps de la police augmenté, le texte va certainement chasser, mais agrandir le bloc ne résoudra pas le problème pour autant ! En effet, comme vous avez appliqué un habillage à la forme arrondie noire (rappelez-vous que l'habillage agit même sur les blocs placés en arrière-plan), ce nouveau bloc doit ignorer l'habillage. Pour ce faire, allez dans le menu Objet > Options de bloc de texte (⌘ + B) et cochez la case Ignorer l'habillage, située en bas à gauche de la fenêtre.

Sélectionnez les lettres une par une et augmentez leur corps comme suit : J : 69 pt ; A : 81 pt ; Z : 108 pt ; Z : 68 pt.

Vous allez maintenant régler le décalage vertical de la première lettre Z et modifier le crénage entre chaque caractère.

❶ Sélectionnez la première lettre Z. Saisissez –36 pt dans le champ Décalage vertical [icône] de la palette Contrôle Caractères.

❷ Placez le curseur entre la lettre J et A (le curseur doit clignoter). Dans la palette Contrôle Caractères, saisissez –250 dans la champ Crénage [icône]. Effectuez la même opération pour les deux caractères suivants, mais avec une valeur de –440 pour le premier ❸ et de –335 pour le second ❹.

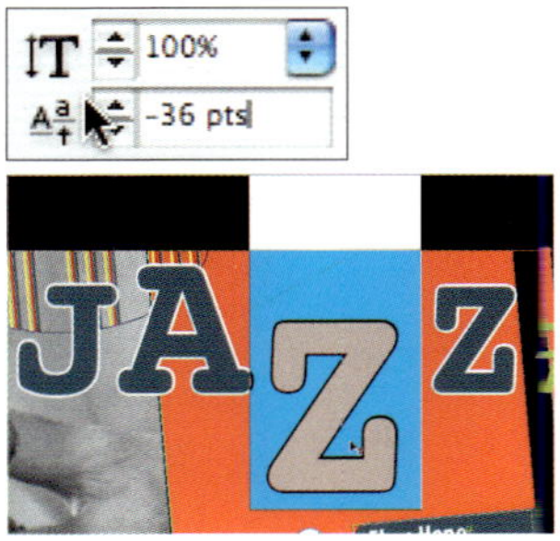

❶

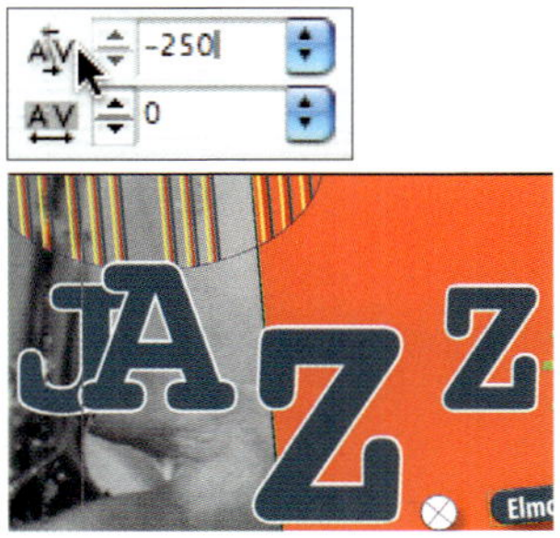

❷

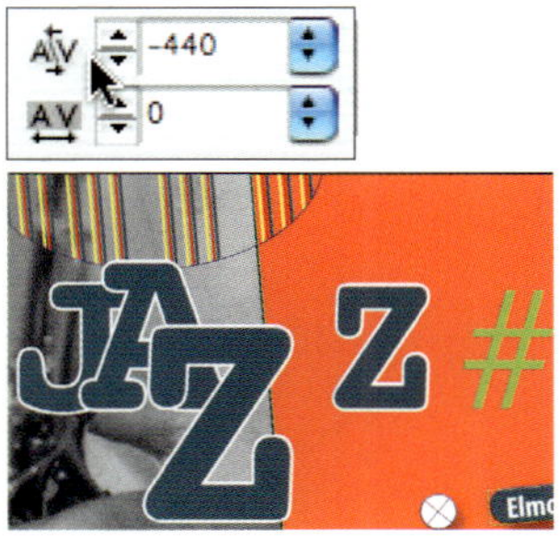

❸

❹

Le décalage vertical

Le décalage vertical permet de décaler le texte sélectionné vers le haut (valeur positive) ou vers le bas (valeur négative).

Pour augmenter le décalage : alt + ⇧ + ↑

Pour diminuer le décalage : alt + ⇧ + ↓

Le pas du décalage vertical se règle dans le menu InDesign > Préférences > Unités et incréments > Incréments clavier > Décalage vertical.

Le crénage

Le crénage est l'ajustement de l'espace entre les lettres d'une police à chasse variable. Par défaut, InDesign utilise les valeurs préconisées par le créateur de la police : c'est le crénage métrique. L'option Optique correspond à un crénage recalculé par InDesign selon la forme des polices.

alt + ← *réduit le crénage.*

alt + → *augmente le crénage*

Ombrer le titre

Pour créer l'ombre blanche sur le titre de la pochette finale, vous allez dupliquer le bloc JAZZ quinze fois en prévoyant un léger décalage vertical entre chaque copie. C'est en effet la juxtaposition des contours blancs des lettres qui produit cet effet ombré.

❶ Sélectionnez le bloc JAZZ avec l'outil Sélection, puis choisissez Exécuter et répéter (⌘ + alt + U) dans le menu Édition. Demandez que le bloc soit dupliqué quinze fois avec un décalage vertical de –0,5 pt. Dans ce cas précis, il vaut mieux choisir une valeur en pt et non en mm pour pouvoir la comparer à l'épaisseur du contour des lettres et vérifier qu'elle est plus petite (sinon, on n'obtiendra pas d'aplat blanc).

❷ Groupez tous les blocs (⌘ + G) puis, dans la palette Contrôle, saisissez un angle de rotation de 5° via l'icône et un angle de déformation de 10° via l'icône. Repositionnez le bloc JAZZ si nécessaire.

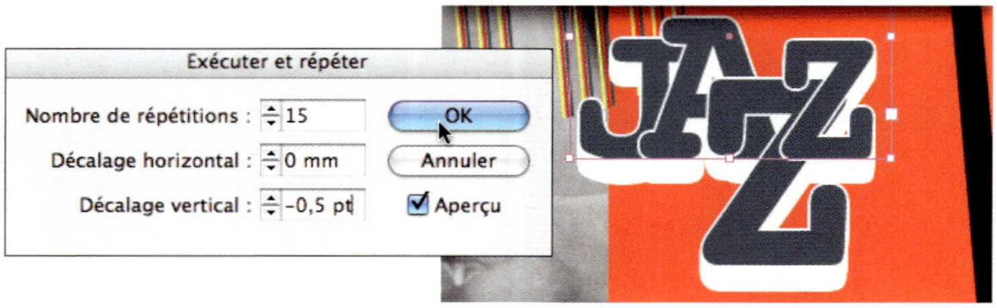

❶

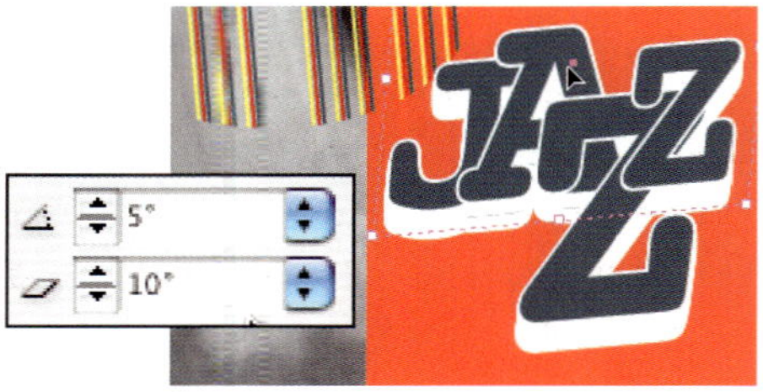

❷

Enrichir le titre de la collection

Vous allez maintenant enrichir le titre de la collection à laquelle appartient le CD. Pour ne pas sélectionner par inadvertance le bloc groupé JAZZ, n'hésitez pas à créer un nouveau calque pour ce titre et pensez à verrouiller le calque Texte !

Tracez un bloc avec l'outil Texte T (sans vous soucier de ses dimensions pour l'instant), saisissez-y les deux dates 1957 et 1958, choisissez dans la palette Contrôle Caractères la police Skia Regular, avec un corps de 12 pt, réglez l'approche à 250 pt et appliquez la couleur Papier. Placez le curseur texte après la première date et insérez une tabulation de retrait à droite via le menu Texte > Insérer un caractère spécial > Autre > Tabulation de retrait à droite (⇧ + TAB). Si le texte chasse, n'oubliez pas de cocher la case Ignorer l'habillage dans la fenêtre Options de bloc de texte du menu Objet (⌘ + B).

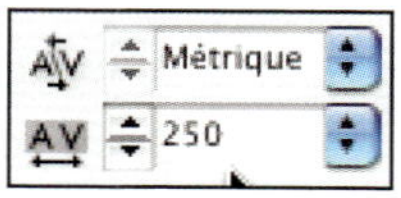

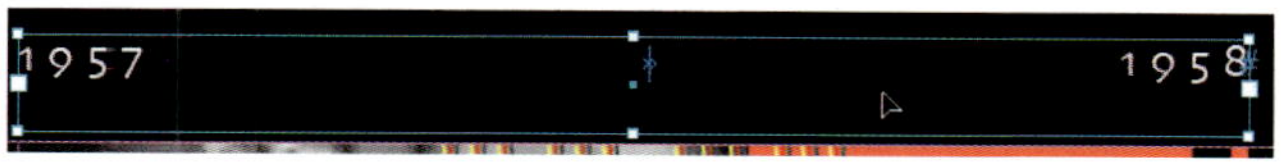

Sélectionnez le bloc avec l'outil Sélection et saisissez dans la palette Contrôle ses dimensions finales : hauteur 6 mm et largeur 105 mm. Remplissez-le avec la couleur orange. Donnez ensuite au bloc un effet d'arrondi de 3 mm (via le menu Objet > Options d'arrondis). Pour terminer, positionnez-le à un emplacement X de 125 mm et à un emplacement Y de 5 mm (en utilisant l'angle supérieur gauche comme point de référence).

Vous remarquerez que les dates ne sont plus centrées verticalement dans le bloc, mais les icônes de la palette Contrôle qui permettent d'y remédier sont devenues inactives ! En effet, l'alignement vertical d'un texte n'est pas possible dans un bloc avec un effet d'arrondi. Il vous faut donc paramétrer un léger décalage vertical du texte via l'icône de la palette Contrôle Caractères (alt + SHIFT + ↓).

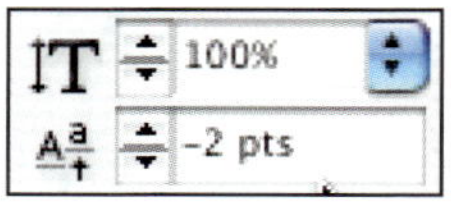

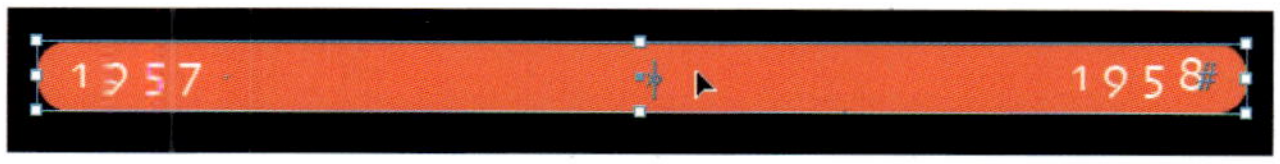

Tracez un nouveau bloc texte et saisissez « LA PÉRIODE PRESTIGE » en majuscules. Dans la palette Contrôle, choisissez la police Skia Regular avec un corps de 17 pt et centrez le titre à l'aide de l'icône. Passez ensuite la couleur du texte en blanc. Sélectionnez le bloc avec l'outil Sélection, puis centrez verticalement le texte en activant l'icône. Si les icônes d'alignement vertical du texte ne sont pas actives, cela signifie que l'habillage du bloc noir, placé sous la photo, agit aussi sur ce bloc : dans ce cas, affichez les options du bloc texte (⌘ + B) et cochez une nouvelle fois la case Ignorer l'habillage.

Remplissez le bloc de la couleur noire quadri et attribuez-lui la même hauteur que celui des dates (6 mm), ainsi qu'une largeur de 70 mm. Sélectionnez ensuite ces deux blocs et alignez-les au centre verticalement et horizontalement à l'aide des deux icônes et de la palette Contrôle ou Alignement.

Il ne vous reste plus qu'à diminuer légèrement la hauteur du bloc pour que le bloc orange placé en arrière-plan donne une impression de contour.

❶ Sélectionnez le bloc contenant le texte LA PÉRIODE PRESTIGE, activez le point de référence au centre et retranchez −2 pt aux 6 mm du champ de la palette Contrôle. Après validation, InDesign convertit la hauteur du bloc en mm ❷ : vous obtenez ainsi un contour orange de 1 pt autour du bloc.

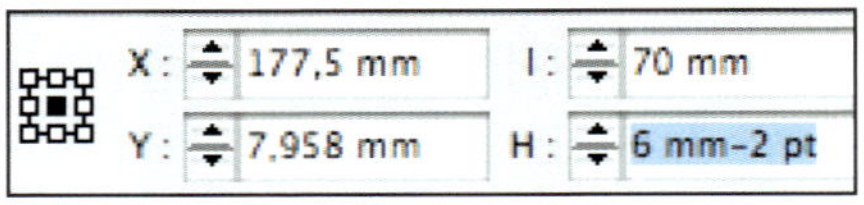

❶

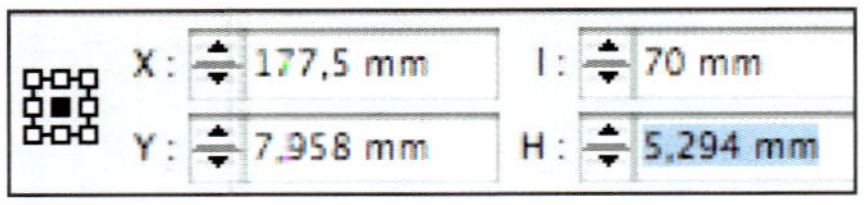

❷

La pochette CD est terminée !

Réaliser une... plaquette

Dans cet atelier, vous allez découvrir comment réaliser une plaquette commerciale de quatre pages comportant des effets de transparence et d'opacité. Vous devrez traiter certaines images détourées dans Photoshop, et en colorer d'autres importées en niveaux de gris. Vous aurez aussi l'occasion d'apprendre à mettre en forme un tableau.

Configurer le document

Pour réaliser cette plaquette, vous allez créer un document composé de pages recto verso : il contiendra donc un gabarit de doubles pages avec à chaque fois une page de gauche (le verso) et une page de droite (le recto). L'utilité d'un gabarit sera abordée dans les ateliers 6 et 7.

Créer le document

Créez un nouveau document par le menu Fichier (⌘ + N).

Laissez la case Pages en vis-à-vis cochée pour obtenir un document en recto verso. Saisissez directement le nombre de pages (4) et le format du document (100 × 200 mm). Lorsque vous créez un document en recto verso, les marges latérales deviennent symétriques par rapport à la reliure. C'est la raison pour laquelle elles se transforment en petit fond (marges intérieures) et en grand fond (marges extérieures). Paramétrez à 10 mm la marge de tête, à 0 mm la marge de pied, à 15 mm celle du petit fond et à 10 mm celle du grand fond. Pour terminer, n'oubliez pas de définir également une zone de fond perdu de 5 mm.

> ***Modifier les paramètres d'un document***
>
> *Vous pouvez à tout moment changer le format d'un document ou ajouter un fond perdu par le menu Fichier > Format de document.*

Réorganiser les pages du document

Si vous affichez la palette Pages (⌘ + F12), vous vous apercevrez que le document commence par la page recto, ce qui est toujours le cas pour un document constitué de pages en vis-à-vis. Or, pour cette plaquette, il vous faut réorganiser la disposition des pages. Mais de la même manière que pour les pages simples, il est impossible de glisser directement la dernière page à côté de la page 1. Pour cela, allez dans le menu local de la palette Pages et décochez l'option Autoriser la réorganisation des pages du document. Sélectionnez ensuite la page 4, glissez-la à côté de la page 1 et lâchez la souris dès qu'apparaît sur le curseur Main une flèche indiquant le positionnement de la page.

> ***Options de présentation de la palette Pages***
>
> *Par défaut, les icônes de la palette Pages se présentent à la verticale, ce qui s'avère peu pratique pour un long document ! Pour qu'elles se positionnent à l'horizontal, allez dans le menu local de la palette, choisissez Options de panneau et décochez la case Afficher verticalement.*

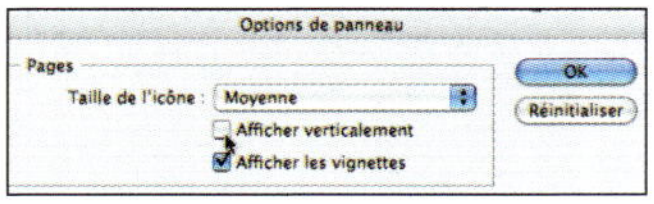

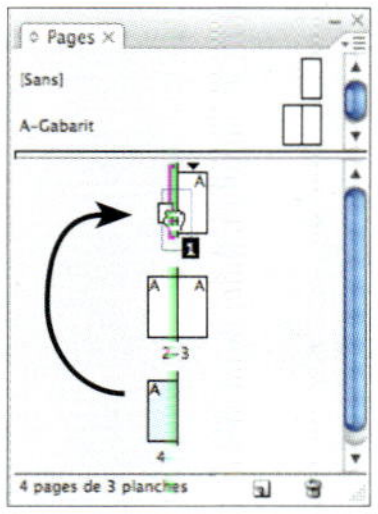

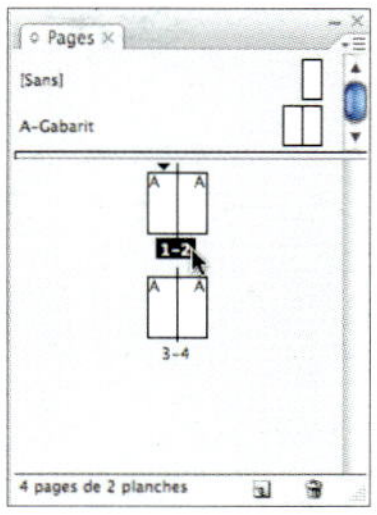

Mettre en place le fond

Placer le fond de la première double page

À présent que vous commencez à connaître le logiciel, il n'est peut-être plus utile de vous préciser que vous allez de nouveau travailler dans cet atelier avec des calques. Affichez la palette Calques et renommez le Calque 1 « Fond ».

❶ Tracez un bloc d'une hauteur de 140 mm avec l'outil Rectangle sur toute la largeur de la page 2, positionné en haut sur le fond perdu.

❷ Dupliquez ce bloc (avec la touche alt enfoncée) pour le placer en bas de la page 1, et modifiez sa hauteur à 70 mm.

Créer un calque tout en ouvrant la fenêtre Options de calque

Cliquez sur l'icône située en bas de la palette Calques tout en maintenant la touche alt enfoncée.

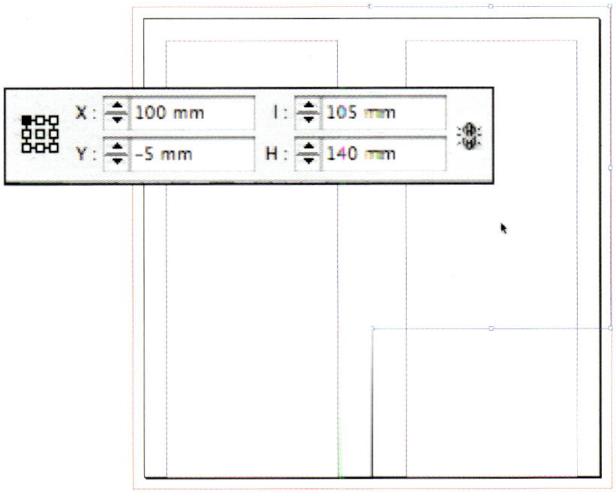

❶

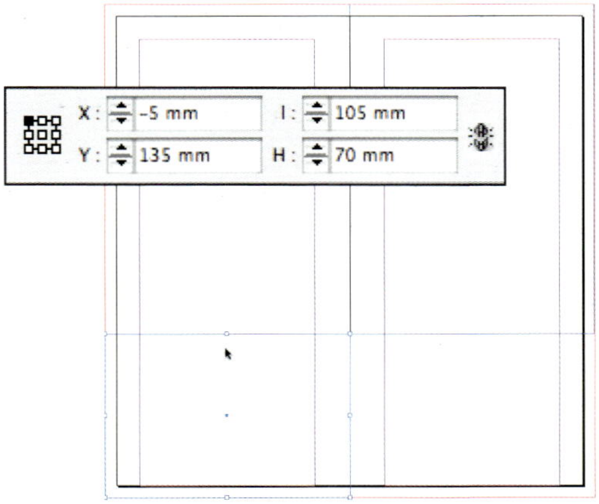

❷

Mémoriser une teinte de couleur

Comme pour la carte de visite de l'atelier 2, vous allez modifier la teinte d'une couleur pour l'appliquer au fond de ces deux blocs, mais cette fois-ci, la teinte sera mémorisée dans la palette Nuancier.

Affichez la palette Nuancier [F5], sélectionnez la couleur jaune (couleur affichée par défaut) puis, dans le menu déroulant de la palette, choisissez Nouvelle teinte. Dans la fenêtre qui s'ouvre, passez la teinte à 20 % (en revanche, vous ne pourrez intervenir sur la composition chromatique du jaune). Si en cours de travail, vous modifiez la couleur originale, c'est-à-dire dans le cas présent le jaune à 100 %, le changement s'appliquera également à la teinte de la couleur mémorisée dans la palette Nuancier. Appliquez cette nouvelle couleur au fond des deux blocs.

Modifier l'ordre des couleurs dans la palette Nuancier

Chaque fois que vous créez une nouvelle couleur ou teinte, celle-ci se positionne toujours en bas de la palette. Toutefois, il est possible de réorganiser les couleurs à votre guise : par exemple, rien ne vous empêche de placer votre teinte jaune sous la couleur jaune. Il suffit de sélectionner cette teinte et de la glisser à la position souhaitée.

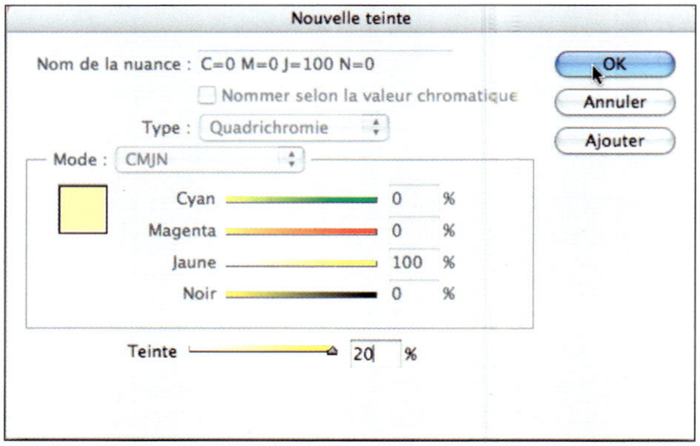

Placer le fond de la deuxième double page

Pour le fond de la deuxième double page, vous allez importer une illustration au format bitmap en niveaux de gris. À l'aide des deux outils de sélection, vous effectuerez ensuite ce que l'on appelle une bichromie (ou une coloration), à savoir l'application d'une couleur pour les niveaux de gris (l'arbre), et une autre pour le blanc (le fond).

❶ Inutile de créer au préalable un bloc, vous le tracerez au moment de l'importation. Lancez la commande Importer via le menu Fichier ([⌘] + [D]) et choisissez le fichier Arbre.tif. Placez le curseur à l'angle supérieur gauche de la page 1 (au niveau du fond perdu), puis effectuez un cliquer/glisser sur toute la double page. Dès que vous relâchez le bouton de la souris, l'image s'importe.

❷ L'arbre étant dans les bonnes proportions, centrez-le sur la double page en cliquant sur l'icône Centrer le contenu de la palette Contrôle, ou en activant la commande Ajustement du menu Objet (⌘ + ⇧ + E).

❶

❷

Coloration de l'illustration

❸ Sélectionnez le bloc avec l'outil Sélection et appliquez au fond la teinte jaune à 20 %. Activez l'image avec l'outil Sélection directe et remplacez sa couleur noire par la couleur verte de la palette Nuancier (C : 75 % ; M : 5 % ; J :100 % ; N : 0 %).

❹ Réglez l'opacité de la couleur verte à 20 % via l'icône de la palette Contrôle. À la différence d'une teinte, diminuer l'opacité d'une couleur permet de la « mélanger » avec la couleur située en arrière-plan. De ce fait, la couleur verte de l'arbre va se fondre avec la couleur du fond, la rendant légèrement plus jaune et surtout plus douce.

Une fois le fond mis en place, pensez à verrouiller le calque.

❸

❹

Placer les images de la première double page

Créer le bloc incurvé

Sur cette page d'ouverture, les photos vont être importées dans des formes obtenues par la palette Pathfinder, qui permet d'additionner ou de soustraire deux blocs. Ici, il s'agira d'un ovale et d'un rectangle.

Affichez la palette Calques [F7]. Créez un nouveau calque et nommez-le « Photos ».

❶ Avec l'outil Bloc rectangulaire, tracez un bloc d'une hauteur de 75 mm sur toute la largeur de la double page, placez-le à 60 mm du haut de la page (emplacement Y) en ayant vérifié que le point de référence est activé sur l'un des angles supérieurs.

❷ Activez maintenant l'outil Bloc elliptique et tracez au-dessus du rectangle un ovale d'une largeur de 310 mm et d'une hauteur de 108 mm. Positionnez-le au centre de la page et sur le fond perdu du haut. Pour repérer avec plus de facilité les blocs, n'hésitez pas à masquer le calque Fond dans la palette Calques.

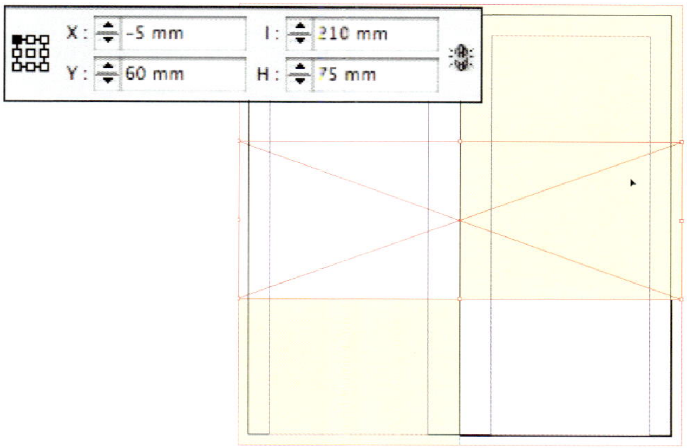

❶

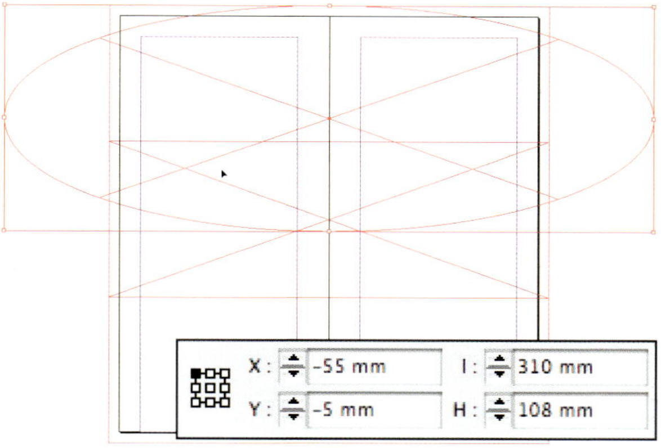

❷

❸ Activez le point de référence au centre, puis appliquez une légère rotation à la forme ovale en saisissant un angle de rotation de –5° via l'icône de la palette Contrôle.

❹ Affichez la palette Pathfinder par le menu Fenêtre > Objet et mise en page. Sélectionnez les deux blocs (avec la touche enfoncée), puis activez l'icône Soustraction. L'objet placé au premier plan a ainsi « perforé » celui situé en arrière-plan et les deux formes se sont transformées en un seul bloc dont un côté est incurvé. Vous allez à présent pouvoir y importer l'image.

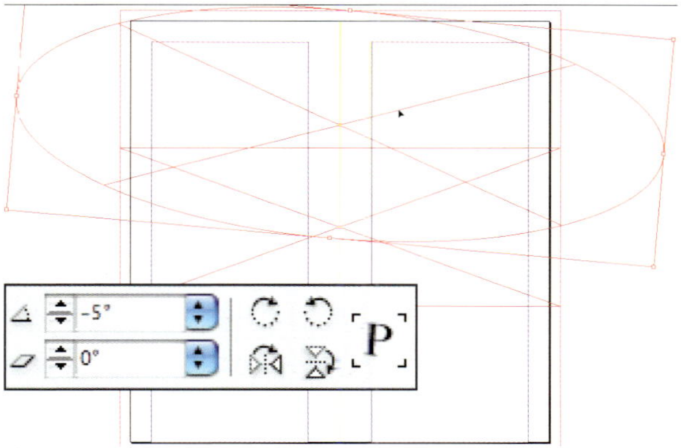

❸

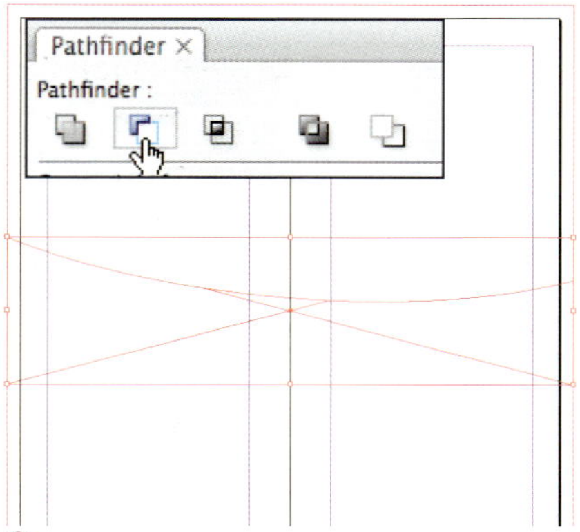

❹

Mise à l'échelle des images

Il est conseillé de ne pas agrandir une image à plus de 110 % dans InDesign si le document est destiné à un imprimeur.

Importer la photo de la fleur

Importez dans le bloc créé précédemment l'image Fleur1.jpg via le menu Fichier > Importer (⌘ + D). Dans la palette Contrôle, cliquez sur l'icône Remplir le bloc proportionnellement ou par le menu Objet > Ajustement (⌘ + ⇧ + alt + C). Puis, avec l'outil Sélection directe, remontez l'image vers le haut de la page sur le fond perdu comme illustré ci-dessous.

Dupliquer la photo de la fleur

La même image (avec le même cadrage mais avec une opacité différente) va être placée dans un bloc rectangulaire en arrière-plan sur la page 1. Pour être rapide et efficace, vous dupliquerez le bloc incurvé (avec la photo recadrée) et exploiterez à nouveau la palette Pathfinder pour convertir ce bloc en rectangle. Il ne vous restera plus qu'à modifier les dimensions de ce dernier.

Sélectionnez le bloc avec l'outil Sélection et copiez-le via le menu Édition (⌘ + C). Puis collez le bloc au même endroit grâce à la commande Coller sur place du même menu (⌘ + alt + ⇧ + V).

❶ Dans la palette Pathfinder, cliquez sur l'icône Convertir la forme en rectangle.

❷ Avec l'outil Sélection, réduisez la largeur du bloc à la marge de gauche de la page 2. Ajustez la hauteur jusqu'au fond perdu du haut. Pour finir, réglez l'opacité de l'image à 30 % via l'icône de la palette Contrôle.

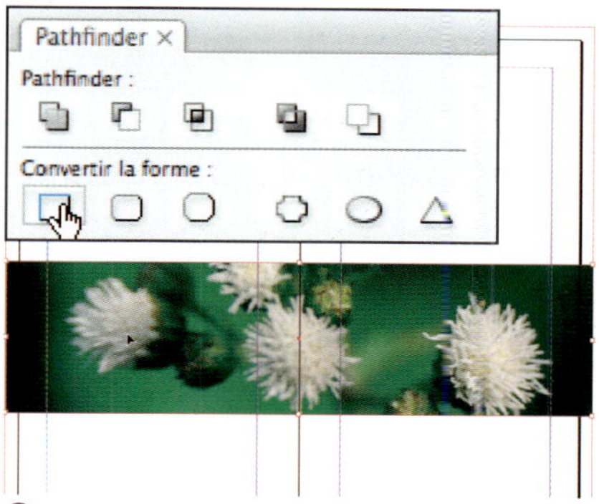

❶

❷

Intégrer l'arrosoir de la page 2

❶ Importez l'image Arrosoir.jpg (directement, sans tracer de bloc).

❷ L'image étant trop grande, vous allez réduire homothétiquement les dimensions du contenant et du contenu, mais cette fois-ci manuellement. Avec l'outil Sélection [▶], effectuez un cliquer-glisser sur l'une des poignées du cadre de sélection, tout en maintenant les touches [⌘] et [⇧] enfoncées pour que la transformation soit homothétique.

❶

❷

Avec l'un des deux outils de sélection, appliquez une symétrie verticale à l'arrosoir en activant l'icône de la palette Contrôle pour InDesign CS3, ou par le menu déroulant de la même palette pour InDesign CS2. Dans cette palette, n'oubliez pas de sélectionner le point central comme point de référence afin que la symétrie s'effectue par le centre, sinon il y aura déplacement du bloc ou de l'image selon l'outil de sélection choisi.

Mémoriser la couleur de l'arrosoir

Avant de supprimer l'image de l'arrosoir, vous allez prélever sa couleur marron et la mémoriser dans la palette Nuancier.

❶ L'outil Pipette activé, cliquez sur la photo. La couleur prélevée s'affiche dans la palette Nuancier sur le fond ou sur le contour, selon l'icône activée lors du prélèvement. Pour mémoriser cette couleur, glissez l'icône du fond ou du contour sur les autres nuances ❷.

Modifier une couleur dans la palette Nuancier

Double-cliquez sur la couleur dans la palette Nuancier pour afficher la fenêtre Options de nuance.

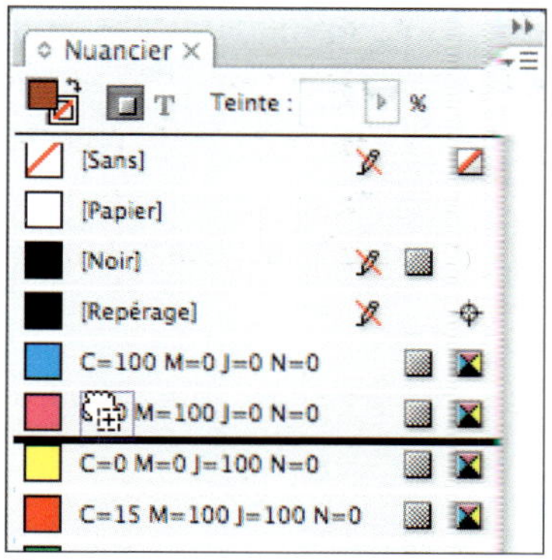

❶

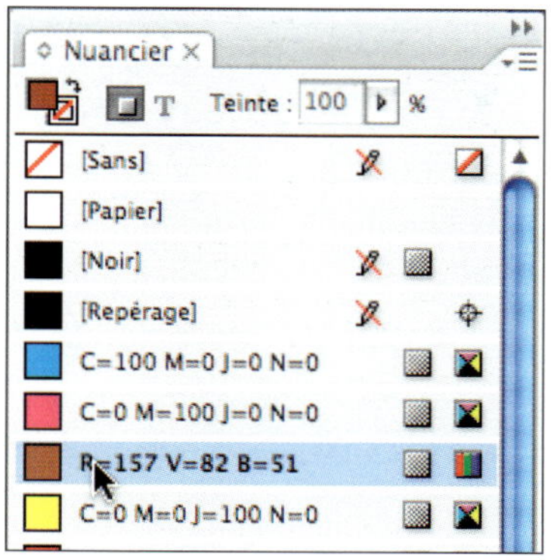

❷

Créer un masque

Autour de l'arrosoir, un tracé a été créé et mémorisé dans Photoshop. Dans InDesign, vous allez convertir ce tracé en masque afin de récupérer l'image détourée.

Sélectionnez le bloc avec l'outil Sélection  et affichez la fenêtre Masque via le menu Objet > Masque > Options. Dans le menu Type, choisissez Tracé Photoshop.

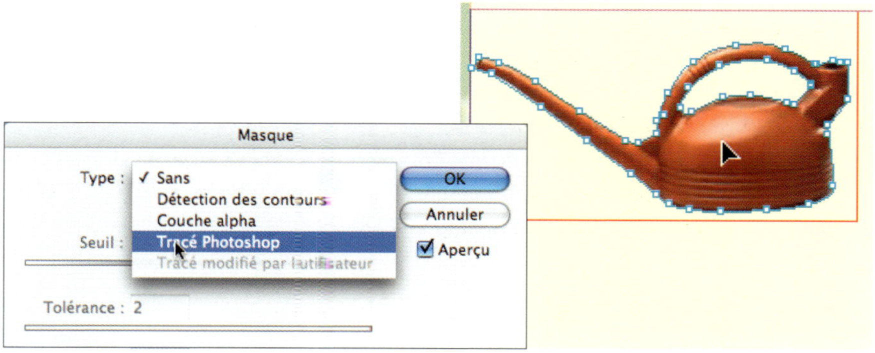

Modifier un tracé Photoshop dans InDesign

Il est possible de modifier dans InDesign un tracé Photoshop grâce à l'outil Sélection directe. Si vous désirez récupérer le tracé d'origine après la modification, retournez dans la fenêtre Masque (via le menu Objet) et activez-le à nouveau.

Convertir le masque en bloc

Une fois le tracé Photoshop récupéré, il ne reste plus qu'à supprimer l'image pour n'en garder que le tracé. La logique voudrait que vous sélectionniez l'image avec l'outil Sélection directe et qu'ensuite vous la supprimiez. Si vous procédez de la sorte, l'image sera en effet supprimée mais le tracé Photoshop aussi : il ne restera plus qu'un bloc rectangulaire ! Vous commencez à le comprendre, InDesign distingue bien le contenu du contenant, et comme le masque est appliqué à l'image, en la supprimant vous supprimeriez inévitablement le tracé !

Pour conserver ce tracé, vous devez convertir le masque en bloc. Dans la version CS2 d'InDesign, la commande permettant d'effectuer cette conversion n'est accessible que par le clic droit de la souris (Ctrl + clic). Dans CS3, cette commande a été ajoutée dans le menu Objet > Masque > Convertir le masque en bloc. Supprimez ensuite l'image avec l'outil Sélection directe.

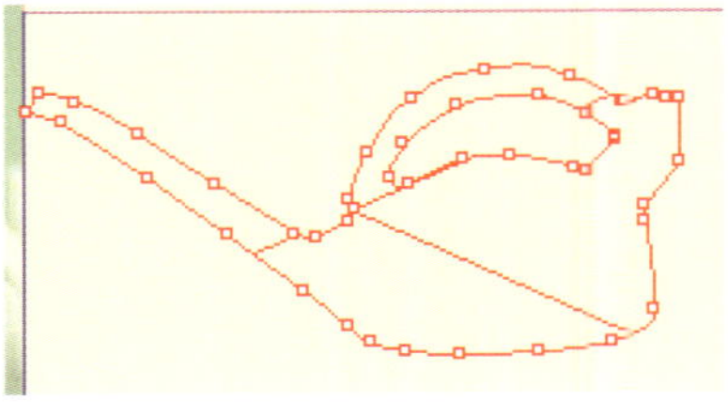

❶ Inclinez manuellement l'arrosoir en activant l'outil Rotation, cliquez à côté du bloc, puis déplacez l'arrosoir avec la souris tout en cliquant jusqu'à ce que vous obteniez le bon angle.
❷ Appliquez au tracé de l'arrosoir la couleur marron prélevée précédemment et ajustez sa position.

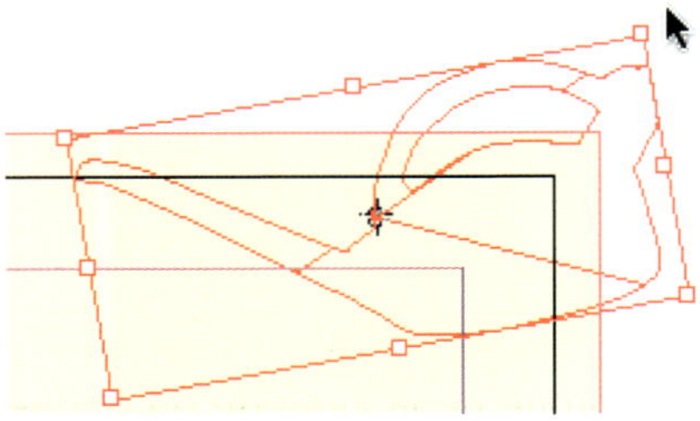

❶

❷

Intégrer l'image des gants

Comme pour l'arrosoir, un tracé autour des gants a été créé et enregistré dans Photoshop. De la même manière : importez l'image Gants.jpg, modifiez si nécessaire ses proportions et créez un masque par le menu Objet > Masque > Options pour récupérer le Tracé 1.

Modifiez l'angle de rotation à 180° en saisissant directement cette valeur via l'icône de la palette Contrôle, ou en cliquant deux fois sur l'une des deux icônes de rotation à 90° ou . Pour l'instant, ne vous souciez pas de la position de l'image, vous l'ajusterez ultérieurement.

Importer les deux fleurs détourées

Vous allez terminer le placement des images de la première double page par les deux fleurs détourées situées au-dessus du bloc incurvé. Cette fois, le détourage n'a pas été réalisé par un tracé, mais par un masque obtenu par une couche alpha (autre manière de masquer un fond dans Photoshop, avec l'avantage d'obtenir des zones plus floues autour de l'image détourée). Vous allez copier/coller sur place le bloc incurvé, le transformer en bloc rectangulaire et importer de nouveau la photo pour récupérer la couche alpha.

Créez un nouveau calque et renommez-le « Fleurs détourées ».

Pour dupliquer le bloc incurvé de la première page au même emplacement dans le nouveau calque Fleurs détourées, vous pourriez utiliser la commande Coller sur place, mais cette fois, vous allez passer par la palette Calques. Sélectionnez ce bloc : un petit carré rouge apparaît alors à droite de la vignette du calque dans lequel il est placé (calque Photos). En maintenant la touche [alt] enfoncée, déplacez ce carré sur le nouveau calque de destination (calque Fleurs détourées) : le bloc se retrouve dupliqué à la même position que l'original.

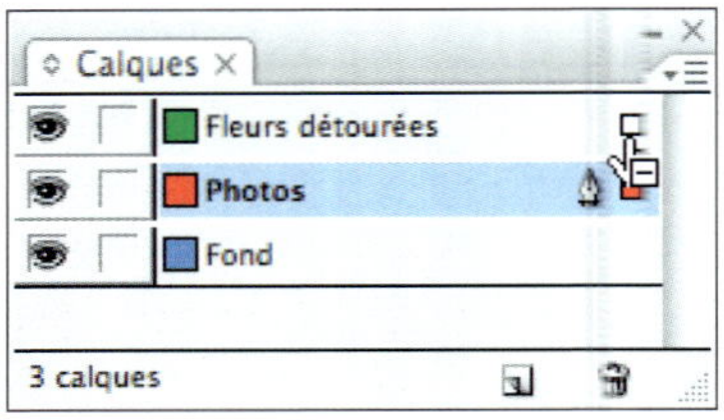

❶ Dans la palette Pathfinder, cliquez sur l'icône qui transforme une forme en rectangle. Importez ([⌘] + [D]) dans ce bloc l'image Fleur1.tif. Avant de valider, cochez la case Afficher les options d'importation, située en bas à gauche de la fenêtre d'importation. Dans la fenêtre d'options suivante, activez l'onglet Image et récupérez dans le menu local la couche Alpha 1. InDesign extrait alors le masque de détourage, la fleur s'importe détourée et se positionne sur la page 2 à la même position que la photo placée en arrière-plan. Réglez sa mise à l'échelle à 70 %. Avec les touches de directions [←] et [→], calez la fleur détourée sur celle de l'arrière-plan.

❷ Dupliquez la fleur détourée à gauche sur l'autre page avec la touche [alt] enfoncée. Appliquez au bloc une symétrie verticale en cliquant sur l'icône de la palette Contrôle (le point de référence doit être centré). Ajustez l'image à 55 % et calez de nouveau cette fleur sur celle d'arrière-plan.

❶

❷

Vous allez améliorer le détourage par un léger contour progressif : les bords des pétales apparaîtront ainsi moins sombres, un peu plus doux...

Sélectionnez les deux blocs avec l'un des deux outils de sélection et choisissez l'option Contour progressif simple dans les effets de la palette Contrôle. Réglez l'épaisseur du contour progressif à 2 mm.

Une fois les deux fleurs intégrées, pensez à verrouiller le calque Fleurs détourées.

Le contour progressif dans InDesign CS2

Il se paramètre via le menu Objet > Contour progressif.

Placer les images de la deuxième double page

Placer les trois photos de la page 3

Comme les calques agissent sur tout le document (et non sur une page précise), placez-vous sur le calque Photos pour importer les images de la deuxième double page.

Avec l'outil Bloc rectangulaire, tracez un bloc d'une largeur de 37 mm et d'une hauteur de 35 mm, positionné sur le coin supérieur de la page 3 (sur la zone du fond perdu).

❶ Importez dans ce bloc l'image Fleur n&b.tif via le menu Fichier > Importer (⌘ + D). Cliquez directement sur l'icône Remplir le bloc proportionnellement de la palette Contrôle (ou via le menu Objet > Ajustement).

❷ Sélectionnez l'image avec l'outil Sélection directe, puis modifiez sa mise à l'échelle à 45 %.

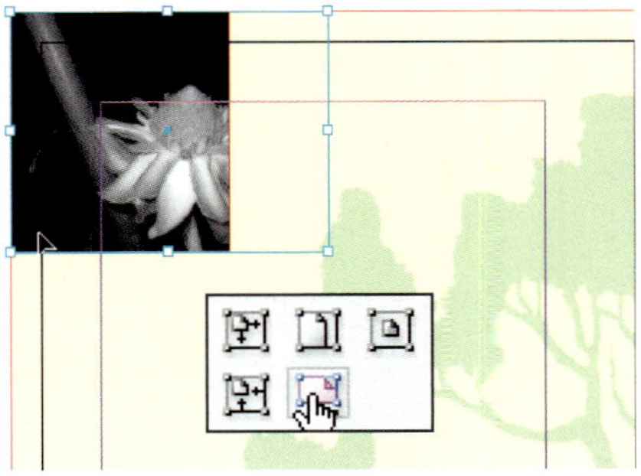

❶

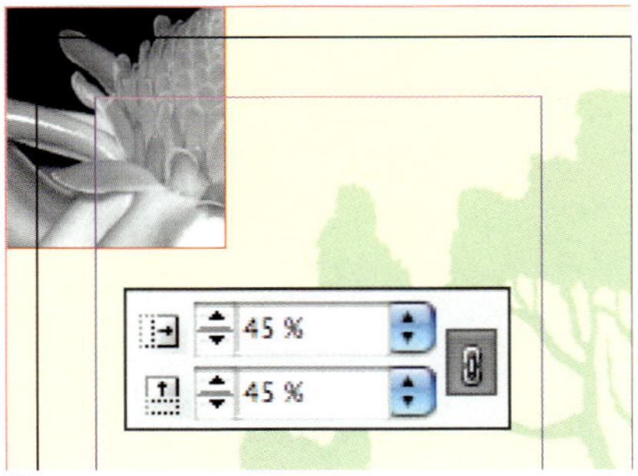

❷

Sélectionnez le bloc avec l'outil Sélection [icône] et dupliquez-le manuellement deux fois dans le sens vertical (en maintenant la touche [alt] enfoncée). Ne vous préoccupez pas pour l'instant du cadrage des photos, ni de l'espacement entre les trois blocs.

Modifiez avec l'outil Sélection directe [icône] les proportions des deux images dupliquées : 30 % pour l'une et 15 % pour l'autre. Sélectionnez les trois blocs et centrez le contenu en activant l'icône [icône] de la palette Contrôle. Affichez ensuite la palette Alignement, cochez la case Utiliser l'espacement et saisissez-y 2 mm. Validez en cliquant sur l'icône Répartir l'espace vertical [icône].

Les icônes d'ajustement de la palette Contrôle

Il est possible d'utiliser les icônes d'ajustement de la palette Contrôle pour un ensemble de blocs sélectionnés.

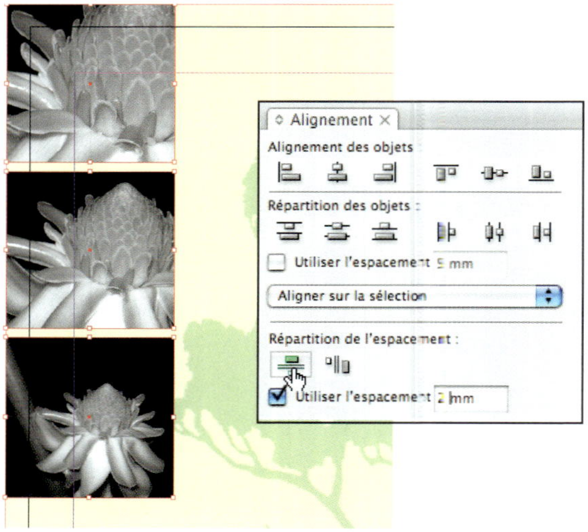

Colorer les trois photos

Vous allez maintenant colorer ces trois images de fleurs qui sont pour le moment en niveaux de gris. Créez trois couleurs dans la palette Nuancier et les renommez-les pour plus de commodité :

Marron : C : 35 % ; M : 45 % ; J : 95 % ; N : 0 %

Orange : C : 0 % ; M : 50 % ; J :100 ; N : 0 %

Rouge : C : 40 % ; M : 100 % ; J :100 % ; N : 0 %

Vérifiez que l'icône du fond est bien active dans la palette Nuancier ou dans la palette d'outils, puis sélectionnez chaque fleur avec l'outil Sélection directe et appliquez-lui une des trois couleurs créées précédemment, comme ci-après.

Placer les trois photos de la page 4

Avec l'outil Bloc rectangulaire, créez sur la page 4 un bloc de 36 × 20 mm placé à un emplacement Y de 60 mm (point de référence activé sur l'angle supérieur gauche). Puis positionnez-le manuellement sur la reliure : si vous avez modifié le point d'origine des doubles pages (voir encadré ci-contre), le bloc sera situé à un emplacement X de 0 mm.

Importez l'image Fleur2n3B.tif dans le bloc. Modifiez ses proportions à 40 % et centrez son contenu en cliquant sur l'icône de la palette Contrôle ou par le menu Objet > Alignement (⌘ + ⇧ + E). Avec l'outil Sélection, dupliquez et déplacez manuellement ce bloc à l'extrémité droite de la page (en maintenant les touches ⌥ et ⇧ enfoncées pour contraindre horizontalement ce déplacement), puis calez-le sur le repère du fond perdu. Dupliquez de nouveau le bloc, placez-le au centre et diminuez sa largeur à 25 mm. Distribuez

Redéfinir l'origine des règles

Par défaut, l'origine des règles est située dans le coin supérieur gauche et la règle horizontale s'étend sur toute la double page. Mais vous pouvez modifier ce paramétrage pour que le point d'origine commence à 0 mm à chaque page. Dans les préférences d'InDesign (⌘ + K), choisissez Unités et incréments et sélectionnez Page dans le menu déroulant Origine.

un espace régulier entre les trois blocs à l'aide de la palette Alignement, en cliquant sur l'icône Répartir l'espace horizontal. Comme dans la capture ci-dessous, modifiez enfin la mise à l'échelle des images et appliquez-leur les mêmes couleurs qu'aux trois images précédentes.

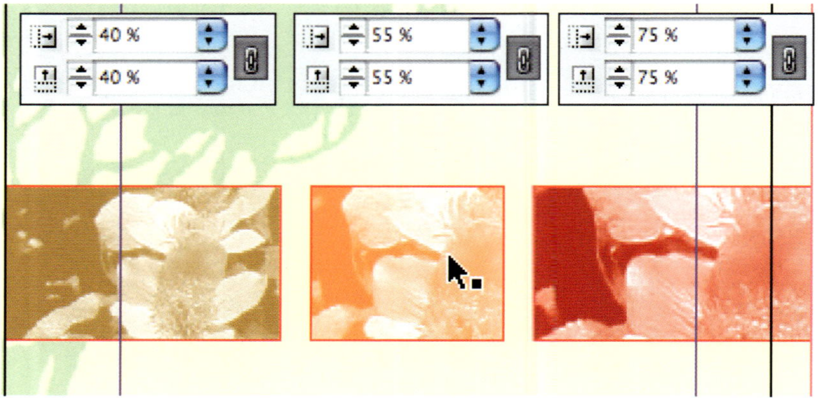

Importer la marguerite détourée

Comme pour la fleur de la première double page, l'image de la margerite a été détourée avec un masque de détourage. Importez (+ D) le fichier Marguerite.tif., sans oublier de cocher la case Options d'importation pour activer la couche alpha. Diminuez ensuite les proportions de la marguerite à 25 %. Ne vous préoccupez pas pour l'instant de sa position ni de son opacité, car vous les modifierez plus tard après la mise en place du texte. Vous pouvez dès à présent verrouiller le calque Photos.

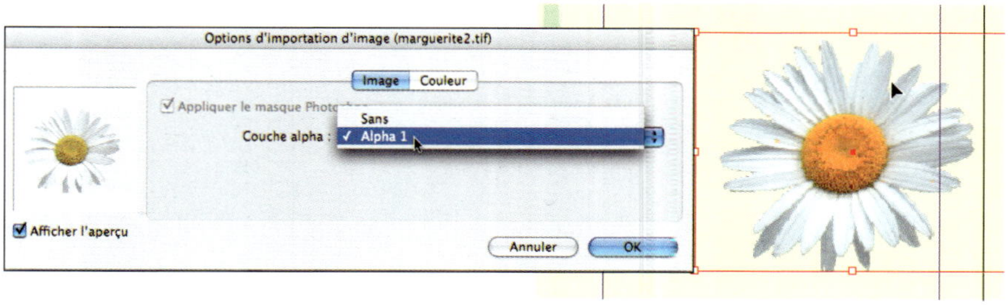

Créer les formes arrondies

Créer la forme arrondie de la première double page

Vous allez maintenant dessiner la forme arrondie située en bas de la première double page. Créez un nouveau calque et renommez-le « Bloc bas ». Comme cette forme arrondie est située en arrière-plan des fleurs détourées, déplacez le calque Bloc bas dans la palette Calques entre les calques Photos et Fleurs détourées.

Activez l'outil Ellipse et tracez un ovale de 310 mm de largeur et de 90 mm de hauteur. Positionnez-le au centre de la double page comme dans la capture ci-après. Prélevez le vert de la photo des fleurs avec l'outil Pipette et appliquez-le comme couleur de fond à l'ovale.

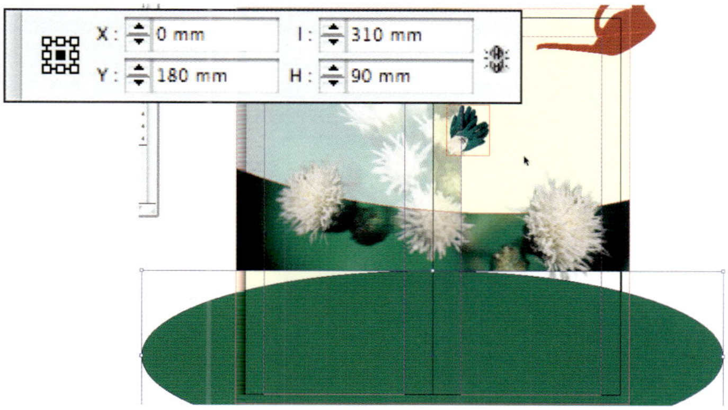

Dans la palette Contrôle, vérifiez que le point de référence est centré, puis inclinez le bloc avec un angle de rotation de 7° via l'icône.

Vous souvenez-vous de l'atelier 4 où vous aviez utilisé la palette Pathfinder pour « gommer » les parties du bloc qui dépassaient du fond perdu ? Vous allez procéder de même pour cette forme ovale.

❶ Tracez trois blocs recouvrant les parties de l'ovale qui « dépassent » du document. Affichez la palette Pathfinder, sélectionnez les quatre blocs (avec la touche [⇧] enfoncée) et cliquez sur l'icône Soustraction : il ne reste plus qu'un seul bloc, parfaitement positionné sur le fond perdu ❷.

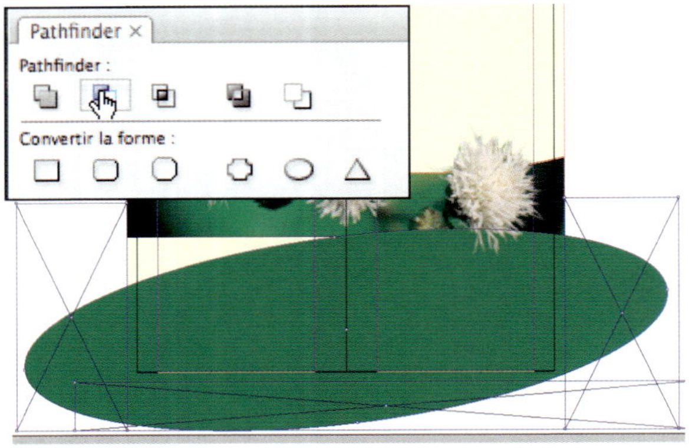

❶

❷

Pour copier/coller manuellement un bloc au même emplacement

Le bloc étant sélectionné, déplacez-le d'un incrément avec l'une des flèches de direction [←] ou [→] tout en maintenant la touche [alt] enfoncée. Repositionnez ensuite le bloc dupliqué avec l'autre touche de direction.

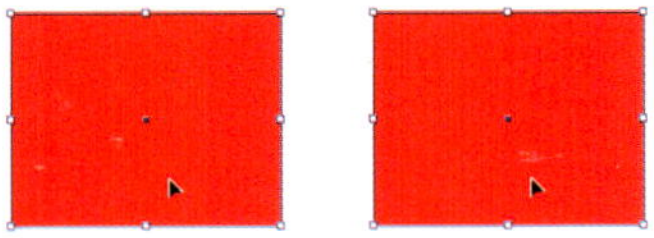

Vous allez à présent dupliquer la forme arrondie. utiliser une fois encore la palette Pathfinder pour couper la forme, et appliquer une couleur différente pour la forme figurant sur la page 1.

Effectuez un copier/coller sur place de l'ovale ([⌘] + [alt] + [⇧] + [V]). Tracez un bloc sur la page 2 qui recouvre la forme arrondie. Sélectionnez les deux blocs (avec la touche [⇧] enfoncée), puis utilisez la commande Soustraction de la palette Pathfinder. Appliquez à ce nouveau bloc la couleur jaune avec une opacité de 50 %.

Créer la forme arrondie de la deuxième double page

Procédez comme précédemment pour dessiner la forme arrondie située en bas de la deuxième double page : avec l'outil Ellipse, tracez un ovale d'une largeur de 315 mm et d'une hauteur de 55 mm. Remplissez-le du même vert que le bloc de la page 2 (si vous n'avez pas mémorisé la couleur, prélevez-la à l'aide de l'outil Pipette). Positionnez ce bloc à un emplacement X de –70 mm et à un emplacement Y de 150 mm (le point de référence activé sur l'angle supérieur gauche), et appliquez à ce bloc un angle de rotation de –5° via l'icône de la palette Contrôle. Là encore, supprimez les parties du bloc arrondi à l'extérieur du fond perdu en utilisant la commande Soustraction de la palette Pathfinder. Comme pour la première double page, copiez ce bloc et collez-le sur place pour le remplir de la couleur jaune avec une opacité de 50 %. Vous pouvez à présent verrouiller le calque Bloc bas.

Mettre en place le texte

Créez un nouveau calque et renommez-le « Texte ». La couleur par défaut de ce calque étant le jaune, vous risquez de rencontrer quelques difficultés à repérer les contours des blocs sur le fond jaune de la plaquette. Choisissez une autre couleur dans le menu déroulant Couleur.

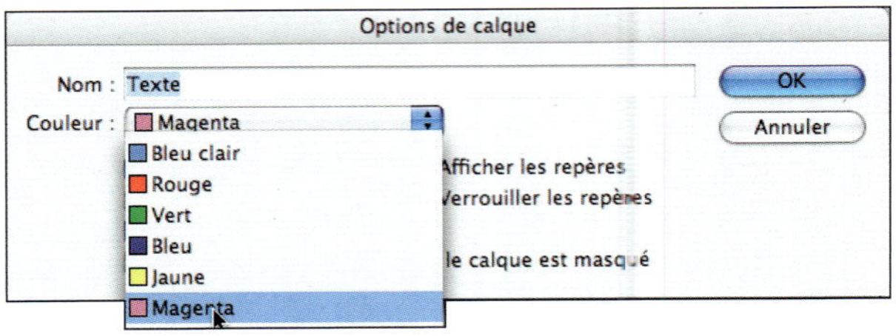

Importer le texte

Cette fois, le texte est un peu plus long que dans les ateliers précédents. De la même manière qu'une image, vous allez l'importer et supprimer toute mise en forme antérieure afin d'obtenir un texte brut dans InDesign.

Lancez la commande Importer du menu Fichier (⌘ + D) et choisissez le fichier Texte plaquette.rtf. Avant de valider, cochez la case Afficher les options d'importation. Dans la fenêtre suivante, cochez l'option Supprimer les styles et la mise en forme du texte et des tableaux. Cliquez sur le bouton OK et importez le texte en dehors du plan de montage.

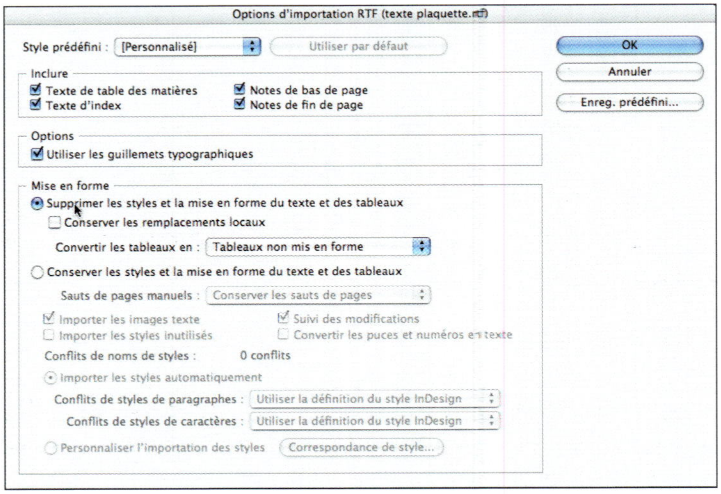

Placer le titre «Prenez en main…»

Vous allez devoir placer le titre de la première double page dans deux blocs distincts pour la simple raison que l'ombre d'un texte s'applique à tout un bloc alors que sur cette plaquette, seul le mot «Jardin» possède une ombre…

Effectuez un copier/coller du texte «Prenez en main votre» sur la page 2 (rappelez-vous qu'il est inutile de créer au préalable un bloc pour coller le texte, car InDesign s'en charge tout seul).

Ajoutez un retour paragraphe après le mot «main». Dans la palette Contrôle, changez la police en Zapfino Regular (ou une police similaire) avec un corps de 24 pt et centrez le texte à l'aide de l'icône de la palette Contrôle. Appliquez à l'ensemble du texte la couleur prélevée sur l'image de l'arrosoir.

Réduisez le corps du mot «votre» à 17 pt dans la palette Contrôle (ou par le raccourci clavier ⌘ + ⇧ + ,).

Pour plus de facilité, vous allez maintenant justifier verticalement le texte dans le bloc, c'est-à-dire espacer les lignes de manière régulière. Comme ici il n'y en a que deux, elle seront donc positionnées en haut et en bas du bloc : par conséquent, il vous suffira de réduire ou d'agrandir le bloc pour déterminer l'espacement idéal entre ces deux lignes.

❶ Sélectionnez le bloc avec l'outil Sélection [icône] et activez l'icône Justifié verticalement [icône] de la palette Contrôle. Si nécessaire, agrandissez ou réduisez le bloc.

❷ Copiez/collez ensuite le mot « Jardin » et modifiez la police en Zapfino avec un corps de 44 pt. Pour la lettre J, dont la taille est plus importante que le reste du texte, paramétrez une lettrine sur deux lignes via l'icône [icône] de la palette Contrôle (comme la lettrine s'applique à un paragraphe, rappelez-vous qu'il n'est pas utile de sélectionner la lettre : le positionnement du curseur texte dans le bloc suffit).

❶

❷

❸ La lettrine s'avérant trop collée à la première lettre du mot, l'espacement entre le « J » et le « a » doit être augmenté. Placez le curseur texte entre les deux lettres, puis saisissez 165 dans la case Crénage [icône] de la palette Contrôle ([alt] + [→]).

❹ Remontez légèrement la lettre « J » : pour cela, sélectionnez-la et saisissez dans la palette Contrôle un décalage vertical de 15 pt via l'icône [icône] ([⌘] + [alt] + [↑]).

❸

❹

Avant d'appliquer une couleur verte au mot « Jardin », vérifiez que l'icône Fond du texte est active dans la palette Nuancier. Activez ensuite l'icône Contour du texte, et donnez au contour la couleur Papier et une épaisseur de 0,5 pt via la palette Contour.

Il ne reste plus qu'à paramétrer l'ombre portée du mot « Jardin ». Sélectionnez le bloc avec l'outil Sélection puis, via l'icône de la palette Contrôle, ouvrez la fenêtre d'options de l'ombre portée et modifiez les valeurs de décalage X et Y à 1 mm.

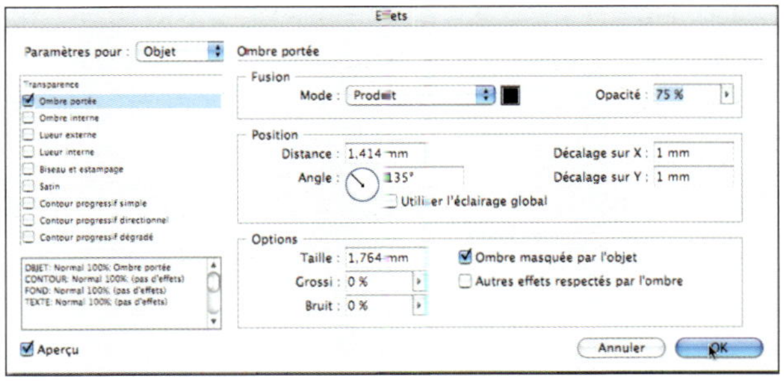

La mise en forme du texte de la page 2 étant terminé, ajustez, si nécessaire, le placement de l'image des gants et des blocs texte pour obtenir un résultat approchant de la capture ci-dessous.

Placer le titre « Apprenez l'art… »

❶ Copiez/collez le titre « Apprenez l'art du Jardinage en quelques cours » sur la page 4, dans quatre blocs distincts.

❷ Sélectionnez le mot « Apprenez » et changez sa police en Zapfino avec un corps de 16 pt. Dans la palette Nuancier, choisissez la couleur rouge. Prélevez cette mise en forme avec l'outil Pipette pour l'appliquer au texte des trois autres blocs.

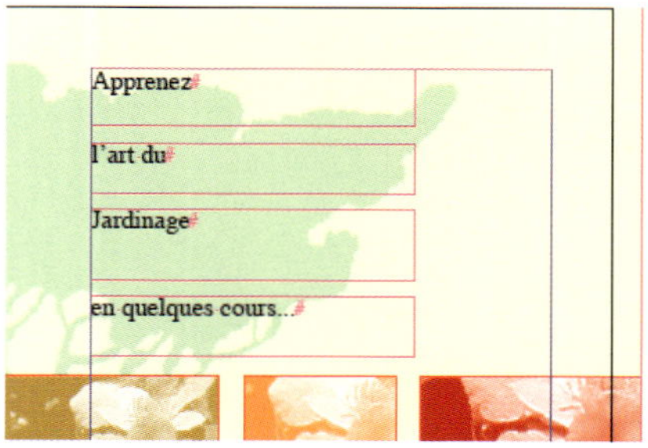

❶

❷

Sélectionnez le mot « Jardinage », augmentez son corps à 40 pt, passez-le en vert et appliquez-lui un contour blanc d'une épaisseur de 0,5 pt. Comme précédemment, ajoutez à ce mot une ombre portée, mais remplacez cette fois la couleur de l'ombre par du vert (en cliquant sur le petit carré noir pour choisir une couleur dans le nuancier). Réduisez ensuite le décalage sur X et Y à 0,5 mm.

La mise en forme terminée, rééquilibrez les espaces entre les blocs pour arriver à un résultat approchant de la capture ci-après.

Enrichir le texte de la page 1

Copiez/collez la première partie du texte « Les Mactaines... » jusqu'au n° de tel sur la page 1. Positionnez le bloc sur les marges de gauche et d'en-tête. Changez la police de l'ensemble du texte en Gill Sans Regular avec un corps de 10 pt.

Sélectionnez le mot « Accès » puis, via la palette Contrôle, modifiez le style de la police en bold, la casse en petites capitales en activant l'icône Tr, et réglez un espace avant le paragraphe de 4 mm grâce à l'icône . Appliquez au texte la couleur verte.

Pour construire le cartouche jaune du titre « Accès » et les autres de la page (voir plaquette finale), vous pourriez être tenté de créer un bloc arrondi placé en arrière-plan et de lui ajouter un trait jaune sur sa gauche. Mais si par la suite, vous deviez corriger le texte de ces cartouches, ils risqueraient de chasser, vous obligeant à les repositionner un par un. En revanche, si vous appliquez à ce titre un soulignement et un filet de paragraphe, plus de problème de calage puisqu'il s'agit d'attributs de texte. Gain de temps assuré !

L'option de soulignement

Après avoir sélectionné le titre « Accès », affichez la fenêtre d'options de soulignement par le menu déroulant ou l'icône Souligné [T] de la palette Contrôle, tout en maintenant la touche [alt] enfoncée. Cochez les cases Souligner et Aperçu, puis paramétrez une épaisseur de 9 pt et un décalage de –3 pt. Comme il n'existe pas de style de soulignement arrondi, activez le style Pointillés et appliquez la teinte du jaune à 20 % à la couleur du soulignement et à celle de l'espace (espace entre les pointillés) : le tour est joué !

Ajoutez enfin un espace supplémentaire avant et après le mot afin que le soulignement ne soit pas trop collé au titre.

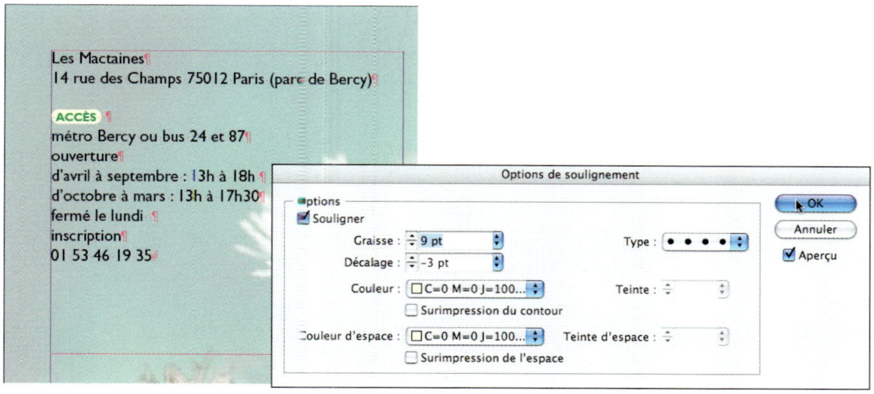

Le filet de paragraphe

❶ Affichez la fenêtre d'options des filets de paragraphe par le menu déroulant de la palette Contrôle (+ alt + J). Cochez les cases Filet et Aperçu, puis paramétrez une épaisseur de 3 pt dans la même couleur que le soulignement (le jaune à 20 %). Choisissez Texte dans l'option Largeur pour que la largeur du filet se positionne par rapport au texte et non à la largeur de la colonne, fixez un décalage de 0,5 mm et enfin un retrait à gauche de –15 mm.

❷ Avec l'outil Pipette, prélevez cette mise en forme et appliquez-la aux titres « Ouverture » et « Inscription ».

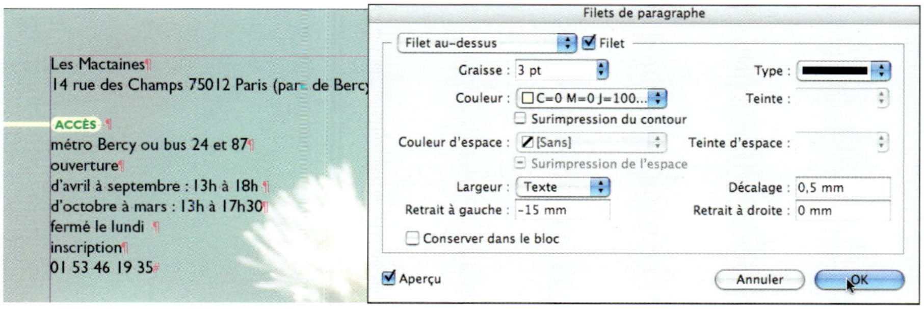

❶

❷

Copiez/collez la seconde partie du texte en bas de la page. Utilisez l'outil Pipette pour prélever la mise en forme du texte précédent. En revanche, passez en vert le soulignement et le filet, et en blanc les titres.

Placer le texte de la page 4

L'interlignage automatique

Par défaut, Indesign calcule automatiquement l'interlignage d'un texte, en le réglant à 120 % du corps du texte. La valeur de l'interlignage automatique est affichée entre parenthèses dans la palette Contrôle.

Copiez/collez le texte « Réaliser une balconnière… à une chance d'y participer » sur la page 4 et positionnez le bloc dans les marges. Changez la police en Gill Sans Light Italic avec un corps de 12 pt et un interlignage de 14 pt. Supprimez la césure des mots en décochant la case Césure dans la palette Contrôle, et laissez un espace de 2 mm entre les deux paragraphes. Vous pouvez demander à ce qu'InDesign équilibre les lignes en drapeau en cochant cette option dans le menu déroulant de la palette Contrôle. Si le résultat n'est pas satisfaisant, rien ne vous empêche de placer certains mots à la ligne. Mais pensez dans ce cas à prévoir un retour forcé (⇧ + Entrée) pour ne pas créer de nouveau paragraphe.

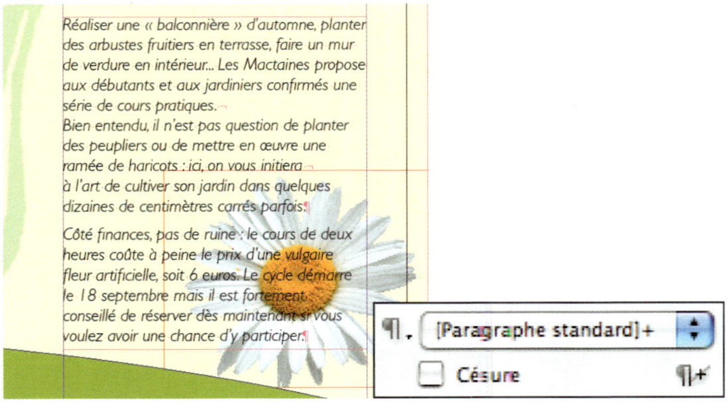

Placer le texte de la page 3

❶ Copiez/collez le texte « Vous pourrez, au choix.... un vrai bol d'air » sur la page 3 et positionnez le bloc sur la marge d'en-tête. Choisissez la police Gill Sans Italic avec un corps à 12 pt et décochez la case Césure dans la palette Contrôle. Justifiez le texte verticalement pour qu'il se répartisse sur toute la hauteur du bloc. Sélectionnez-le avec l'outil Sélection [icône] puis, dans la palette Contrôle, cliquez sur l'icône [icône] qui justifie le texte verticalement. Ajustez « à l'œil » la hauteur et la largeur du bloc, ou définissez-lui une hauteur et une largeur de 50 mm dans la palette Contrôle.

❷ Copiez/collez en dessous le texte « Rendez-vous... » jusqu'à l'adresse du site web. Choisissez la police Gill Sans Bold avec un corps de 9,5 pt et un interlignage de 12 pt. Sélectionnez le premier paragraphe et modifiez la casse du texte en petites capitales via l'icône [Tr]. Décochez l'option de césure et appliquez un espace de 1 mm après le paragraphe. Pour l'adresse web, baissez le corps de 1 pt et réglez l'approche à 135 pt ([alt] + [→]).

❸ Alignez ensuite ce bloc texte avec la photo située à sa gauche. Pour cela, activez l'outil Sélection [icône], sélectionnez ces deux blocs (avec la touche [⇧] enfoncée) puis, dans la palette Contrôle ou Alignement, cliquez sur l'icône alignant les blocs sur les bords inférieurs.

❶

❷

❸

Créer le tableau de la page 3

Convertir le texte en tableau

Copiez/collez le texte « prochaines sessions » jusqu'à « Arbustes fruitiers sur la terrasse » sur la page 3. Modifiez la police en Gill Sans Light avec un corps de 8 pt.

Le texte toujours sélectionné, convertissez-le ensuite en tableau via le menu Tableau. La fenêtre d'options qui s'affiche indique que les tabulations serviront de séparateurs de colonnes, tandis que les retours paragraphe permettront d'insérer une ligne supplémentaire. À la validation, le texte se transforme en tableau.

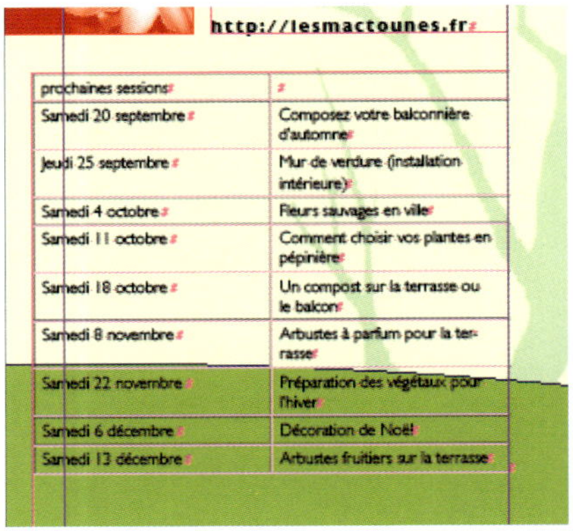

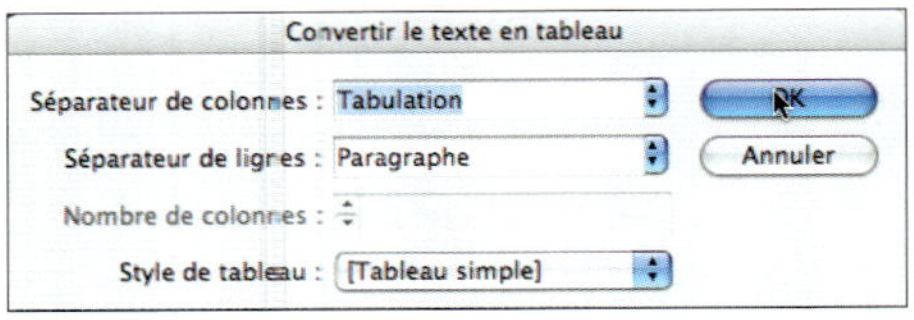

Mettre en forme le tableau

Comme vous pouvez le constater, le tableau se met en forme mais l'encombrement du texte n'est pas optimisé. La première colonne doit donc être ajustée pour que le texte de la deuxième courre sur une seule ligne.

Avec l'outil Texte activé [T], placez le curseur sur le bord de la première colonne. Dès que le curseur prend la forme ↔, effectuez un cliquer-glisser avec la touche [⇧] enfoncée pour diminuer la largeur de cette colonne.

> **Mise en forme d'un tableau**
>
> *Celle-ci s'effectue uniquement avec l'outil Texte, qu'il s'agisse de la mise en forme du texte, des colonnes, des lignes et des cellules.*

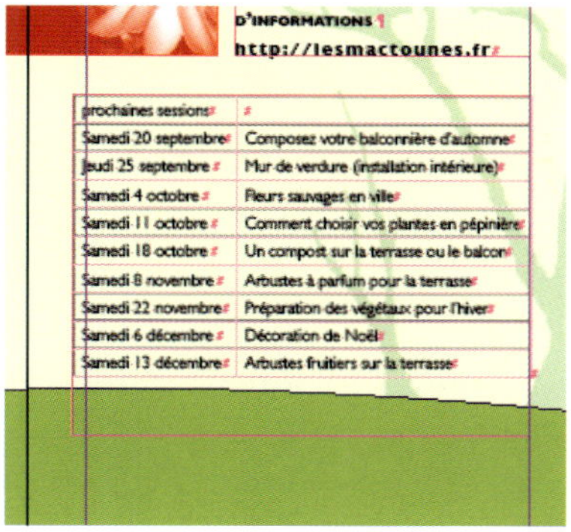

Vous allez à présent vous occuper des retraits de texte dans les cellules. Avec l'outil Texte T activé, sélectionnez le tableau en plaçant le curseur sur le coin supérieur gauche et en cliquant lorsque le curseur se transforme en ➘. Ouvrez la fenêtre Options de cellule via le menu Tableau (⌘ + alt + B). Modifiez les valeurs de marges de cellule (voir capture ci-dessous) et centrez le texte verticalement.

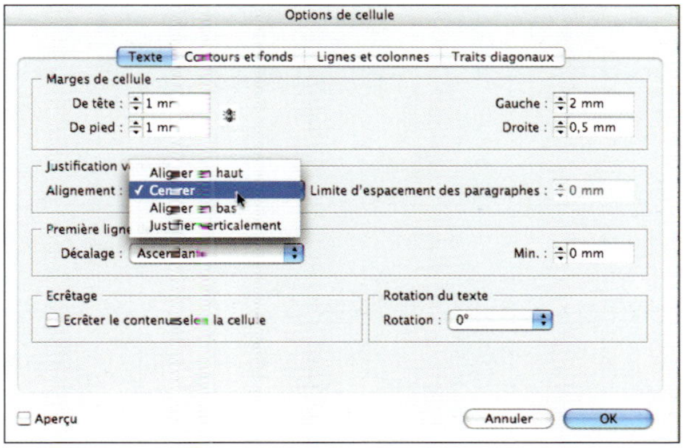

Dans la première colonne du tableau, ajoutez une tabulation après chaque jour et une deuxième après chaque date. Comme la touche Tabulation TAB permet

Alignement d'un texte dans la cellule d'un tableau

L'alignement d'un texte dans une cellule se paramètre dans la palette Contrôle en activant l'une des icônes :

Placer la palette Tabulations au-dessus du bloc texte

Si la palette Tabulations n'est pas placée au-dessus du texte, cliquez sur l'icône pour qu'elle s'ancre au bloc.

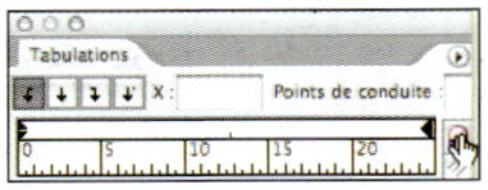

de déplacer le curseur d'une cellule à l'autre dans un tableau, maintenez la touche alt enfoncée lors de ces ajouts pour désactiver cette fonction.

Sélectionnez la première colonne en plaçant le curseur en haut et en cliquant quand il prend la forme ↓. Affichez la palette Tabulations par le menu Texte > Tabulations (⌘ + ⇧ + T). Activez l'icône Tabulation alignée à droite et placez un taquet en cliquant au-dessus de la règle. Déplacez-le manuellement ou saisissez 12 mm dans l'emplacement X ❶. Placez-en un autre via l'icône Tabulation alignée à gauche et entrez 13 mm dans l'emplacement X ❷.

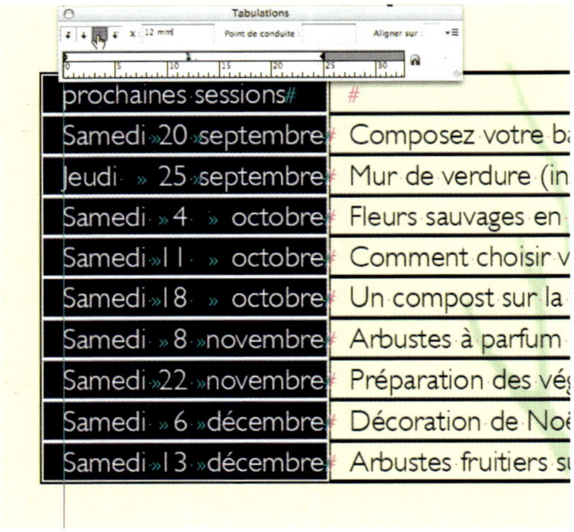

❶

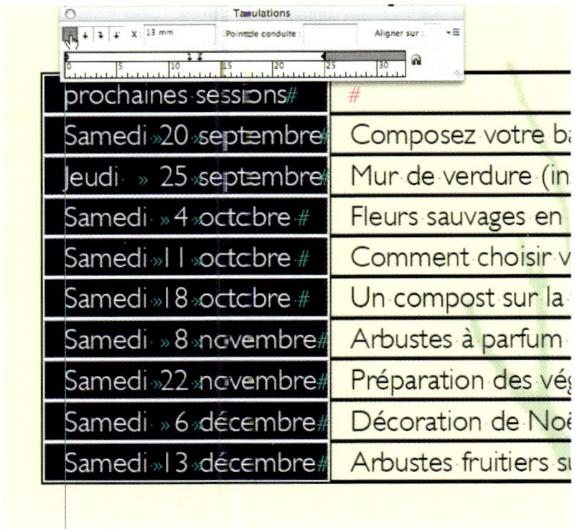

❷

Repérage des tabulations

Si vous affichez les caractères masqués via le menu Texte (⌘ + alt + I) les tabulations sont repérables par le symbole ».

Sélectionnez la deuxième colonne et passez la police en Regular. Si le texte chasse (ce qui est fort probable), modifiez la valeur de la largeur de la colonne via l'icône de la palette Contrôle.

Vous allez maintenant fusionner les deux cellules de la première ligne et insérer une nouvelle ligne en dessous.

Activez l'outil Texte T, sélectionnez la première ligne en plaçant la souris sur le bord gauche, et cliquez dès que le curseur prend la forme →. Fusionnez les deux cellules en allant dans le menu Tableau > Fusionner les cellules ❶. Cette première ligne toujours sélectionnée, choisissez Insérer > Ligne dans ce même menu. Dans la fenêtre d'options qui s'affiche, cochez la case Au-dessous afin d'insérer une ligne en dessous de celle qui est sélectionnée ❷. Ne vous souciez pas pour l'instant de la hauteur des lignes, vous les ajusterez ultérieurement.

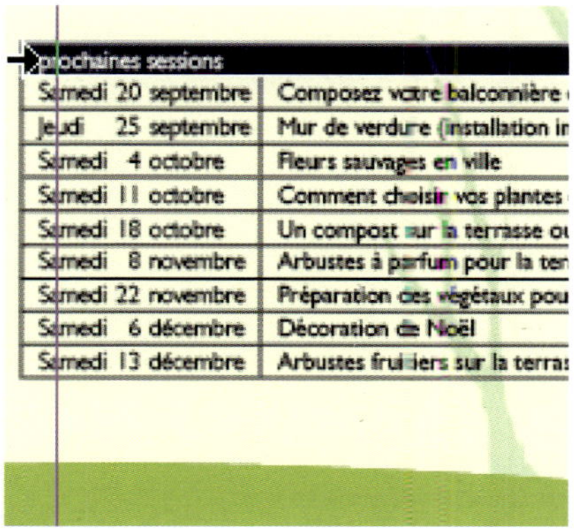

❶

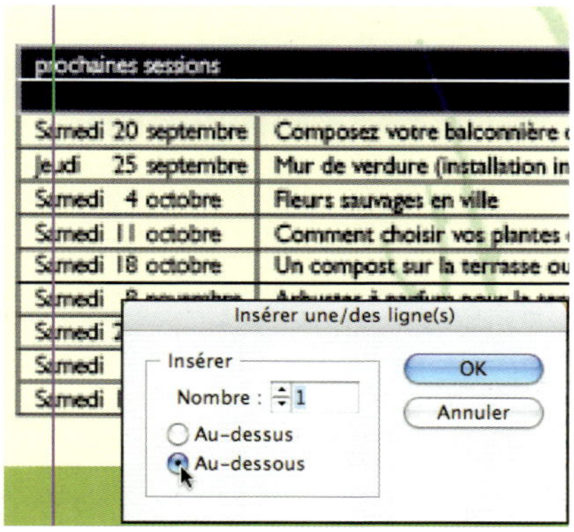

❷

Deux types de débord de texte dans un tableau

Si un point rouge apparaît dans une cellule, cela signifie qu'elle n'est pas assez grande pour contenir tout son texte.

Si l'icône d'excès de texte apparaît en bas du bloc contenant le tableau, cela signifie que ce bloc n'est pas assez grand pour contenir toutes les lignes du tableau. Dans ce cas, il faut l'agrandir avec l'outil Sélection ou bien, plus rapide encore, l'ajuster à son contenu via l'icône de la palette Contrôle.

Mise en couleur du tableau

Sélectionnez l'ensemble du tableau, puis appliquez une épaisseur de 1,5 pt aux contours via la palette Contrôle et choisissez la couleur Papier dans la palette Nuancier.

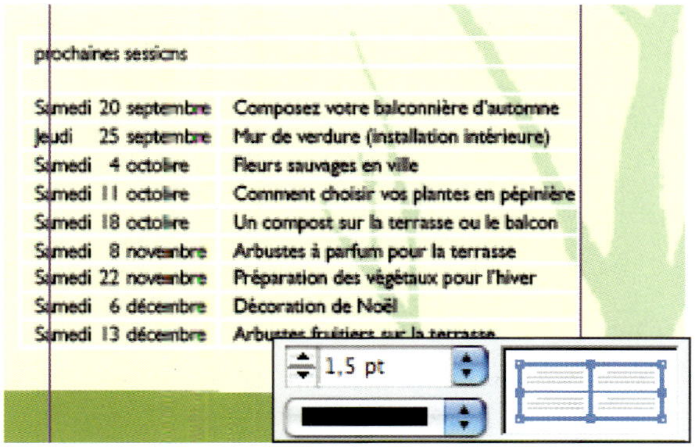

Vous allez maintenant appliquer une nouvelle couleur de fond toutes les deux lignes. Créez dans la palette Nuancier une nouvelle couleur C :10 % ; M : 10 % ; J : 30 % ; N : 0 %.

Placez le curseur texte dans l'une des cellules (il n'est pas nécessaire de sélectionner tout le tableau), puis allez dans le menu Tableau > Options de tableau > Fonds en alternance. Dans le menu déroulant Motif en alternance, choisissez l'option Une ligne sur deux. Sélectionnez la couleur créée précédemment dans le menu déroulant Couleur pour la première ligne, réglez sa teinte à 100 % et choisissez sans couleur pour les suivantes.

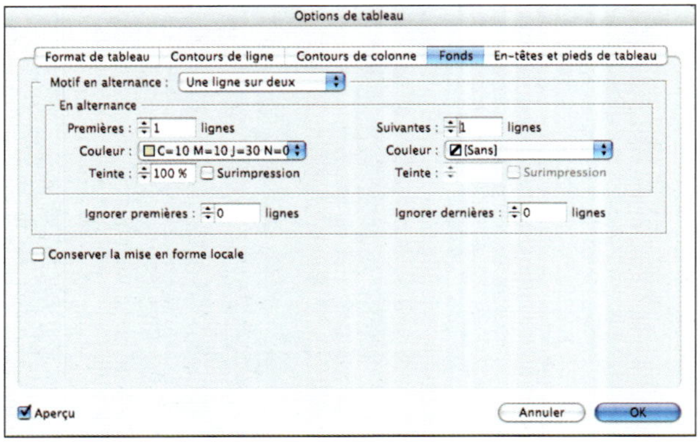

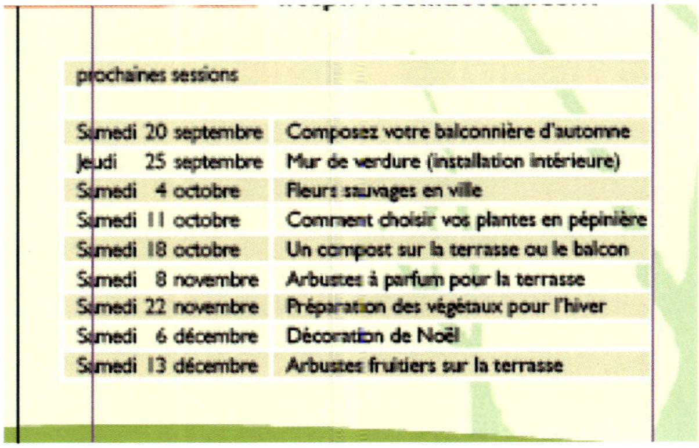

Il ne vous reste plus qu'à ajuster la hauteur des lignes.

❶ Sélectionnez tout le tableau avec l'outil Texte [T] et demandez une hauteur égale à 4,5 mm via la palette Contrôle. Sélectionnez ensuite la deuxième ligne et réglez sa hauteur à 1,5 mm ❷.

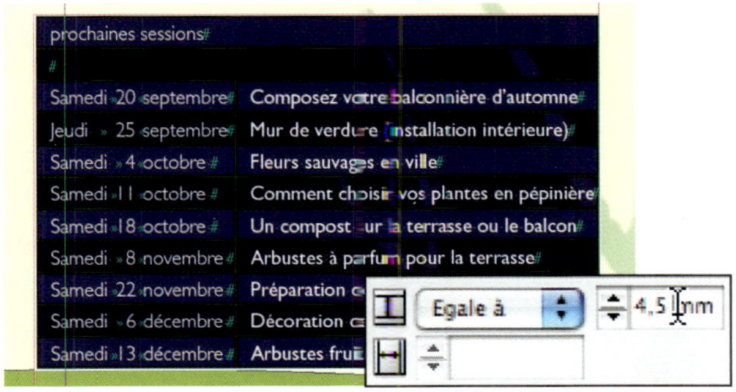

❶

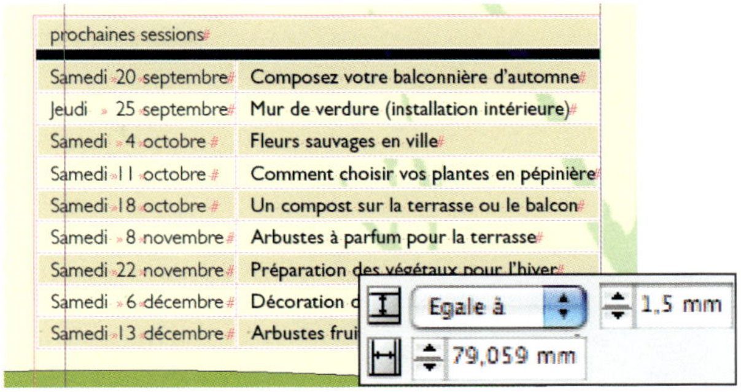

❷

Le tableau étant terminé, verrouillez le calque Texte.

Placer les mots situés en bas de la plaquette

Placer les mots de la première double page

Créez un nouveau calque, renommez-le « Texte 2 » et glissez-le en arrière-plan du calque Texte. Comme ces mots vont être collés dans des blocs distincts, il est préférable de paramétrer maintenant leur police et leur corps : choisissez du Helvetica Neue Bold avec un corps de 30 pt. Sélectionnez ensuite chaque mot et collez-le sur le bas de la première double page sans vous préoccuper pour l'instant de sa position. Pour vous faciliter la tâche, n'hésitez pas à masquer le calque Texte 1.

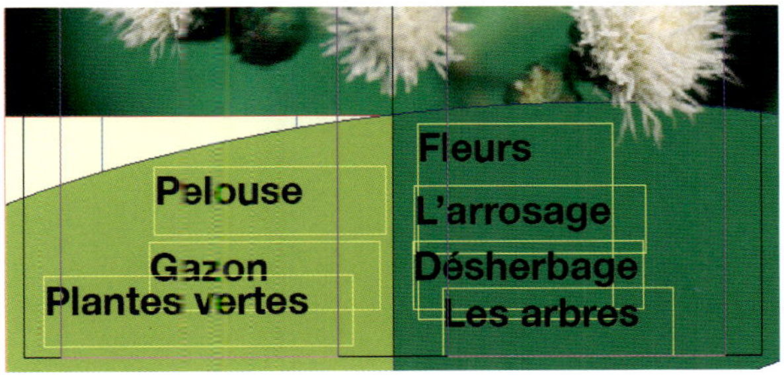

Sur la plaquette finale, le corps de certains mots a été modifié tandis que d'autres ont été dupliqués de manière aléatoire. Cette fois, vous n'allez pas ajuster le corps des mots via la palette Contrôle, mais agrandir ou réduire homothétiquement chaque bloc et son texte à la manière d'une image. Cette méthode sera plus rapide et plus pratique.

Pour simplifier la manipulation de ces blocs, sélectionnez-les tous avec l'outil Sélection et ajustez-les à leur contenu en activant l'icône de la palette Contrôle ou via le menu Objet > Ajustement (⌘ + alt + C). Dupliquez certains mots (avec la touche alt enfoncée) et modifiez la taille de quelques autres en les sélectionnant avec l'outil Sélection et en tirant sur l'une des poignées avec les touches ⌘ et ⇧ enfoncées.

Créer des couleurs et des dégradés

Dans le menu déroulant de la palette Nuancier, créez une nouvelle couleur verte ayant pour composantes : C : 50 % ; M : 0 % ; J : 40 % ; N : 0 %, ainsi qu'un nouveau dégradé avec ce vert comme couleur de départ ❶ et le jaune comme couleur d'arrivée ❷.

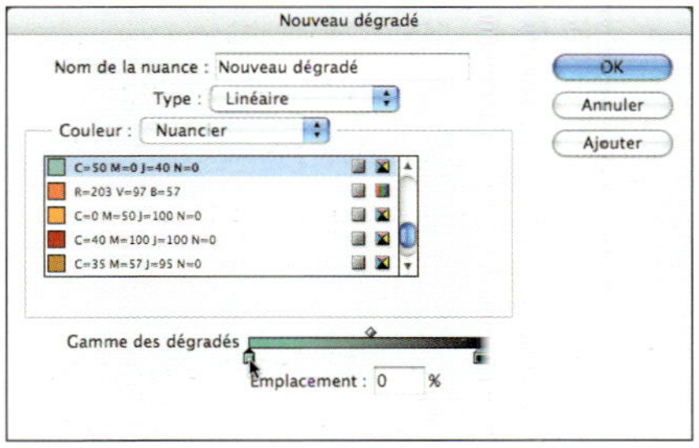

❶

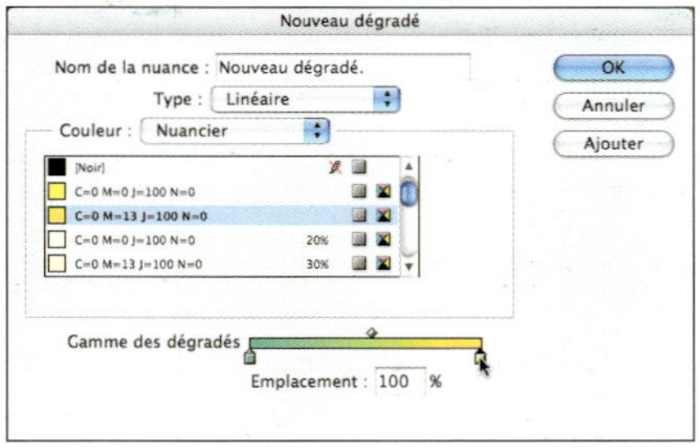

❷

❸ À présent que les couleurs et les dégradés sont mémorisés dans la palette Nuancier, sélectionnez les mots un à un et appliquez-leur une couleur de votre choix pour le fond ou le contour (vous pouvez également enrichir la gamme des couleurs en prélevant avec l'outil Pipette les différents verts de la photo des fleurs située au-dessus).

❹ Pour finir, ajustez l'opacité de chaque bloc via l'icône de la palette Contrôle, afin que les mots soient à la fois visibles mais discrets comme ci-dessous.

Pour inverser les couleurs d'un dégradé

Affichez la palette Dégradé et cliquez sur l'icône.

❸

❹

Placer les mots de la deuxième double page

Pour cela, il suffit de copier/coller les blocs d'une page à l'autre, puis de modifier leur position, leur dimension, leur couleur et leur opacité.

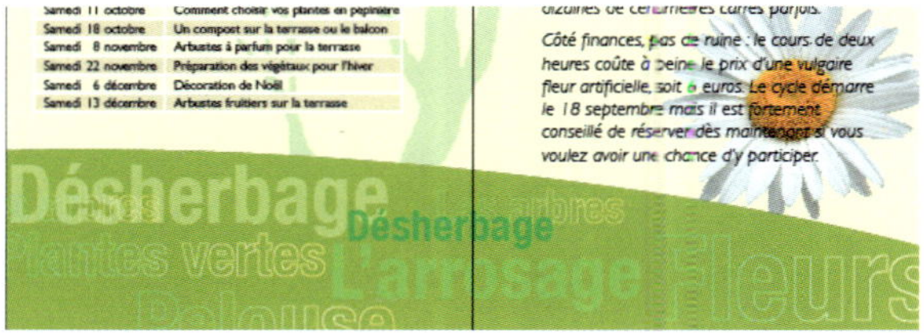

Le dernier détail à régler sur cette double page concerne l'opacité et la position de la marguerite. Sélectionnez-la avec l'outil Sélection [icône] et placez-la sur le calque Fleurs détourées pour qu'elle soit au premier plan. Puis réglez son opacité à 50 % dans la palette Contrôle.

Pour finir, il vous faut placer le logo sur la première page.

Placer le logo

Verrouillez tous les calques et créez-en un nouveau que vous nommerez « Logo ». Tracez un bloc à l'aide de l'outil Rectangle et positionnez-le à l'intérieur des marges de gauche de la page 2. Remplissez-le de la couleur jaune avec une opacité de 50 %. Comme pour l'atelier 2, effectuez un copier/coller du logo depuis Illustrator vers InDesign. Placez-le sur la marge d'en-tête et centrez-le verticalement dans le bloc jaune (via l'icône de la palette Contrôle ou Alignement après l'avoir sélectionné). Pour terminer, placez le calque Logo sous le calque Texte.

Réaliser une… newsletter

Vous allez apprendre dans cet atelier comment réaliser une lettre d'information, qui se présentera ici sous la forme d'un dépliant à trois volets. À cette occasion, vous découvrirez comment modifier le plan de montage et ajouter des repères de colonne à largeur variable. Vous devrez également créer des gabarits, ainsi que des styles de paragraphe et de caractères, afin d'automatiser la mise en page des textes de cette newsletter trimestrielle. Enfin, l'habillage d'un texte sera aussi abordé dans cet exercice.

Créer le document

Créez un nouveau document de six pages, de 148 mm de largeur et de 250 mm de hauteur, avec l'option Pages en vis-à-vis décochée. Paramétrez deux colonnes avec 6 mm de gouttière et 15 mm à toutes les marges, ainsi qu'un fond perdu de 5 mm.

Affichez la palette Pages et réorganisez le document en dépliant avec les trois pages placées les unes à côté des autres. Pour cela, pensez à décocher l'option Autoriser la réorganisation des pages du document dans le menu déroulant de la palette Pages (voir p. 76).

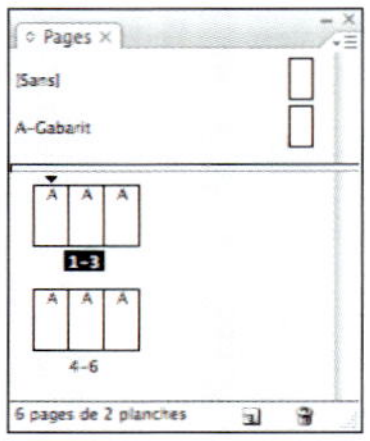

Préparer les gabarits

Un gabarit contient les éléments récurrents d'une mise en page (logos, folios, en-têtes, pieds de pages, etc.). Toutes les pages utilisant un même gabarit possèdent donc une structure identique et chaque modification de ce gabarit se répercute automatiquement sur les pages associées.

Pour cette newsletter, il sera nécessaire de créer trois gabarits : un premier pour les pages BD mangas (pages 1 et 2), un deuxième pour la page d'ouverture (page 3) et un troisième pour les pages intérieures (pages 4 à 6). Peu d'éléments seront placés dans ces gabarits, qui contiendront essentiellement des repères de colonne.

Dans la palette Pages, activez le gabarit A (en double-cliquant sur son icône), qui reprend les paramètres créés dans la fenêtre Nouveau document, c'est-à-dire les marges, les colonnes et le fond perdu. Dans ce premier gabarit, utilisé pour les pages 1 et 2, vous allez placer l'adresse du site de la société Eyrolles, qui apparaît systématiquement en bas de toutes les pages du dépliant.

Dans la marge de pied, créez un bloc avec l'outil Texte [T] et saisissez « Tous nos livres sur www.editions-eyrolles.com ». Alignez le texte au centre en activant l'icône [≡] de la palette Contrôle. Remplacez la police par du Helvetica Neue Light avec un corps de 8,5 pt. Sélectionnez ensuite l'adresse du site et modifiez le style de la police en Condensed Black, puis créez la couleur orange (C : 0 % ; M : 50 % ; J : 100 % ; N : 0 %) dans la palette Nuancier via son menu déroulant. Sélectionnez ensuite le bloc avec l'outil Sélection [▲] et centrez verticalement le texte en activant l'icône [≡] de la palette Contrôle. Pour finir, renommez le gabarit « 2 col » en affichant les options de gabarit, accessibles par le menu déroulant de la palette Pages.

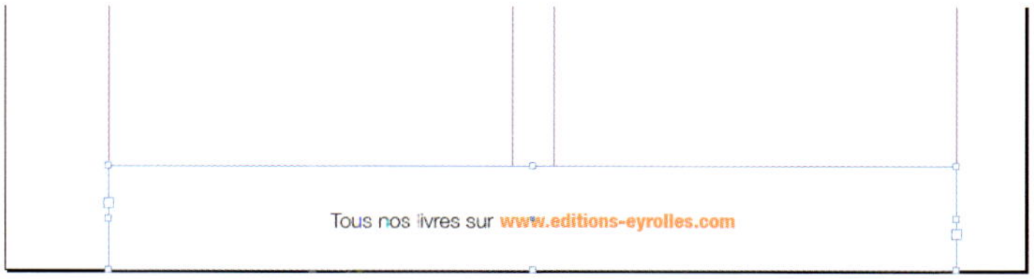

Créez ensuite un deuxième gabarit en choisissant Nouveau gabarit dans le menu déroulant de la palette Pages. Dans la fenêtre qui s'affiche, prenez comme modèle le gabarit créé précédemment (2 col) via le menu D'après le gabarit : tous les éléments du premier gabarit seront ainsi repris dans ce nouveau gabarit. Le gabarit ayant servi de modèle devient le gabarit parent, ce qui signifie que toutes les modifications effectuées sur ce dernier, qu'il s'agisse d'un déplacement, d'un changement de couleur, d'un ajout d'objet, etc., se répercuteront sur le gabarit enfant.

Nommez ce nouveau gabarit « Ouverture », ajoutez-lui une troisième colonne via le menu Page > Marges et colonnes et ramenez la marge de droite à 10 mm. Dans la palette Pages, appliquez ce gabarit en glissant son icône sur la page

Gabarits parent et enfant

Les éléments d'un gabarit enfant sont issus du gabarit parent, et à ce titre, ils sont verrouillés. Pour «libérer» l'un de ces éléments, cliquez dessus tout en maintenant les touches [⌘] et [⇧] enfoncées. Attention cependant, car cette action ne rompt pas tout à fait le lien. Par exemple, si vous modifiez la couleur d'un objet dans le gabarit parent, ce changement affectera aussi l'objet correspondant du gabarit enfant, même si cet objet a été libéré et déplacé. Pour rompre le lien de manière définitive, sélectionnez l'élément concerné et choisissez Dissocier la sélection du gabarit dans le menu déroulant de la palette Pages.

d'ouverture (la page 3) ou, plus rapide encore, sélectionnez la page 3, puis cliquez sur l'icône du gabarit en maintenant la touche alt enfoncée.

Toujours d'après le gabarit 2 col, créez-en un dernier pour les pages 4 à 6 et nommez-le « pages intérieures ». Là aussi, ajoutez-lui une colonne par le menu Page > Marges et colonnes. Ces colonnes étant de largeur différente dans cette newsletter (la première est plus étroite que les deux autres), vous allez donc devoir ajuster les repères de colonne.

❶ Commencez par déverrouiller les repères de colonne via le menu Affichage > Grilles et repères. Glissez ensuite un repère de la règle verticale et placez-le à un emplacement X de 40 mm. Puis glissez le repère de la première colonne sur ce repère de règle.

❷ Pour doter les deux autres colonnes de la même largeur, vous allez vous aider de repères de règle qui, comme les objets, peuvent être alignés avec un espace régulier. Glissez deux autres repères de règle, dont l'un positionné sur la marge de droite. Sélectionnez les trois repères (⌘ + alt + G) puis, dans la palette Contrôle, vérifiez que la case Utiliser l'espacement est décochée, et cliquez sur l'icône qui répartira un espace régulier entre eux. Déplacez ensuite le second repère de colonne sur le deuxième repère de règle. Soyez prudent, n'oubliez pas de verrouiller à nouveau les repères de colonne, car il est très facile de les déplacer par un clic malencontreux de la souris. Comme ces repères de règle n'ont plus beaucoup d'utilité par la suite, supprimez-les ou placez-les dans un calque à part que vous prendrez soin de masquer.

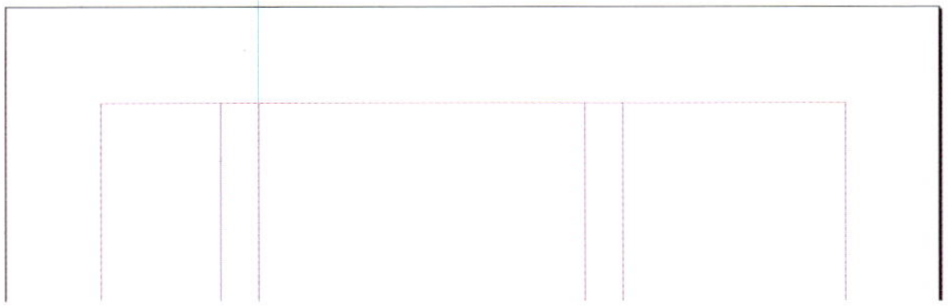

❶

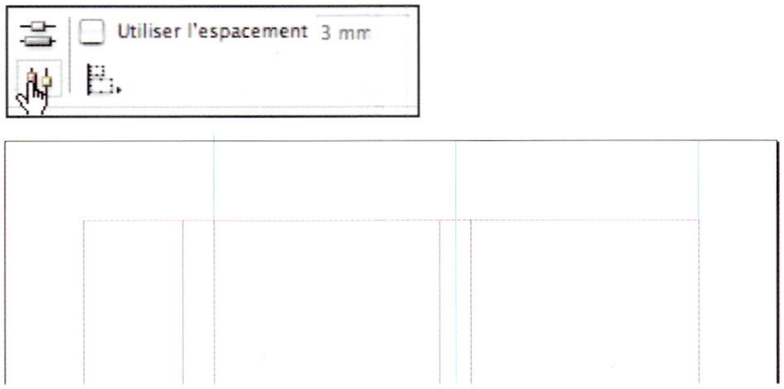

❷

Appliquez ce dernier gabarit aux pages 4 à 6. La palette Pages doit se présenter de la manière suivante :

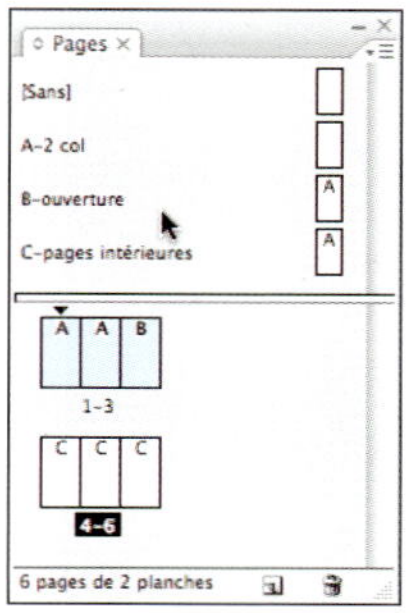

Mettre en page les pages intérieures

Dans cette newsletter, les pages intérieures (pages 4 à 6) possèdent pratiquement la même structure : titre de la page, chapô d'introduction, interview et bio d'un auteur, texte de présentation et référence d'un ouvrage, adresse du site d'Eyrolles. Vous allez donc placer tous ces éléments sur la page 4, puis appliquer cette mise en page aux pages 5 et 6. Il vous suffira enfin de positionner les bons textes avec leurs visuels.

Importer le texte

Activez la page 4 en double-cliquant sur son icône dans la palette Pages. Par le menu Fichier, importez (⌘ + D) le document Pages 4 à 6.rtf en dehors du plan de montage. Avant de valider, pensez à cocher les options d'importation pour supprimer la mise en forme du texte et des tableaux.

> **Sélection d'un texte**
>
> *Pour sélectionner l'ensemble d'un texte à partir de l'endroit où est placé le curseur de la souris, utilisez le raccourci clavier :*
> ⌘ + ⇧ + ↘
> *ou*
> Ctrl + ⇧ + Fin *pour PC.*
> *Très pratique dans le cas d'un débord de texte…*

Enrichir le titre

Effectuez un couper/coller du titre « Flash & Dreamweaver » sur la page 4. Dans la palette Contrôle, changez la police en Helvetica Neue Condensed Bold et modifiez la couleur du texte en Papier dans la palette Nuancier. Activez ensuite le contour du texte et créez une nouvelle couleur verte ayant pour composantes C : 60 % ; M : 0 % ; J : 100 % ; N : 0 %. Dans la palette Contour, définissez une épaisseur de 2 pt. Comme le titre est aligné sur les marges du document, augmentez la taille du texte de la même manière qu'une image, en agrandissant homothétiquement le bloc et son contenu. Pour faciliter la manipulation du bloc, pensez à l'ajuster au contenu en cliquant sur l'icône de la palette Contrôle (⌘ + alt + C), puis tirez sur l'une des poignées jusqu'à la marge de droite tout en maintenant les touches ⌘ et ⇧ enfoncées.

Créer un style de paragraphe pour le chapô

Rappelons que les styles de paragraphe et de caractères permettent de mettre rapidement en forme un texte, et que toute modification de ces styles se répercutera sur tous les textes auxquels ils sont appliqués.

Copiez le texte du chapô sur la page 4 et positionnez le bloc sur les marges de la page. Vous pourriez mettre en forme ce texte par la palette Contrôle, puis créer un style de paragraphe, mais ici vous allez paramétrer la mise en forme directement dans la fenêtre d'options de style de paragraphe.

Le curseur texte placé dans le chapô, créez un nouveau style en cliquant sur l'icône située en bas de la palette Styles de paragraphe. Double-cliquez sur le nouveau style et nommez-le « Chapô ». Tous les attributs du paragraphe vont pouvoir être définis dans la liste située à gauche de la fenêtre ❶. Cochez l'option Aperçu pour visualiser le résultat de vos choix ❷.

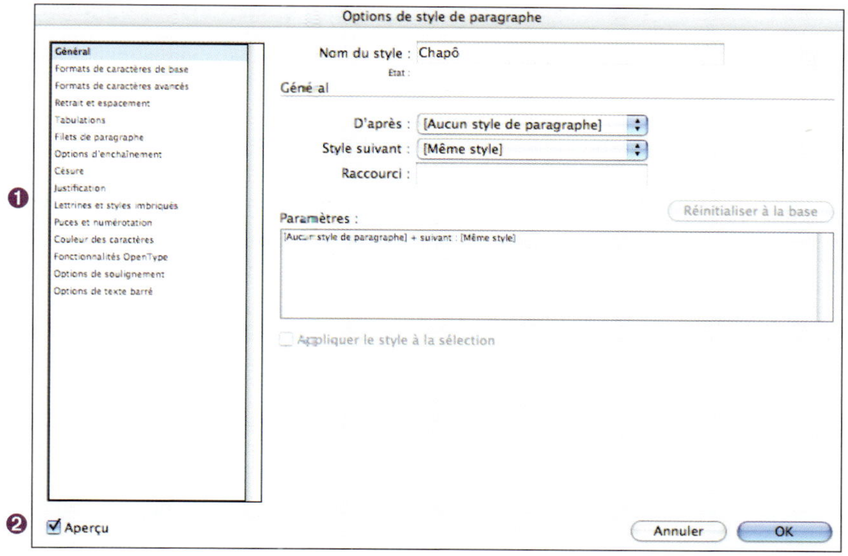

Dans la rubrique Formats de caractères de base, changez la police en Helvetica Neue Bold Italic avec un corps de 10 pt, un interlignage de 16 pt et une approche de –10. Dans la rubrique Retrait et espacement, cochez la case Équilibrer les lignes en drapeau afin qu'InDesign gère au mieux les lignes en drapeau. Dans la rubrique Césure, décochez la case Césure. Validez enfin pour enregistrer ce style.

Options de césure, de justification et d'enchaînement

Elles sont également accessibles depuis le menu déroulant de la palette Contrôle.

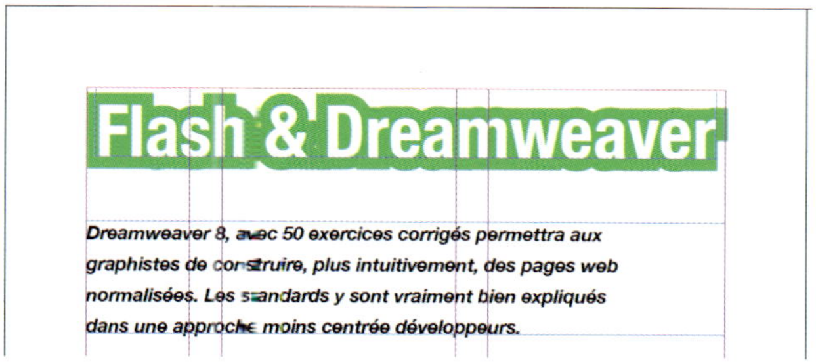

Créer les styles de paragraphe et de caractères pour l'interview

Pour cet interview, vous allez enregistrer deux styles de paragraphe (un pour la question et un pour la réponse), ainsi que deux styles de caractères pour le nom Eyrolles (en gras) et celui de l'auteur (en gras et en couleurs). Vous imbriquerez ensuite ces deux derniers styles dans les deux premiers.

Le style de paragraphe Question

Copiez le texte de l'interview jusqu'à l'adresse du site d'Eyrolles dans un bloc sur la page 4. Placez le curseur sur la première question et créez un nouveau style de paragraphe nommé « Question ».

Dans la rubrique Formats de caractères de base, changez la police en Helvetica Neue Italic avec un corps de 8 pt et un interlignage de 11 pt. Dans la rubrique Retrait et espacement, appliquez un espace de 2 mm avant le paragraphe. Dans la rubrique Césure, décochez la case Césure.

Modification d'un style de paragraphe ou de caractères

Lorsque vous sélectionnez un texte et qu'apparaît un signe + en regard du nom de son style dans la palette Styles de paragraphe ou de caractère, cela signifie que vous avez modifié la mise en forme de ce texte par la palette Contrôle. Pour annuler ces modifications et réappliquer au texte son style d'origine, cliquez sur le nom de ce style tout en maintenant la touche alt enfoncée. En revanche, pour enregistrer ces modifications dans ce style, allez dans le menu déroulant de la palette Styles de paragraphe ou de caractère et choisissez Redéfinir le style.

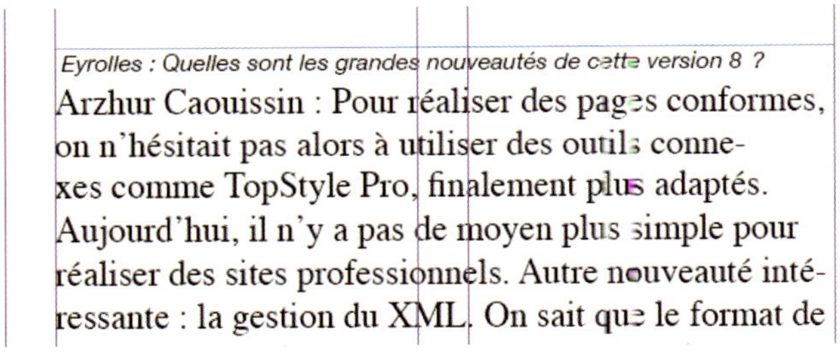
Eyrolles : Quelles sont les grandes nouveautés de cette version 8 ?

Arzhur Caouissin : Pour réaliser des pages conformes, on n'hésitait pas alors à utiliser des outils connexes comme TopStyle Pro, finalement plus adaptés. Aujourd'hui, il n'y a pas de moyen plus simple pour réaliser des sites professionnels. Autre nouveauté intéressante : la gestion du XML. On sait que le format de

Le style de paragraphe Réponse

Placez maintenant le curseur texte dans le paragraphe de la réponse. Créez un nouveau style nommé « Réponse » et choisissez le style Question dans le menu déroulant D'après, afin d'en reprendre tous les attributs. Selon le même principe que les gabarits, le style Question est ici le style parent.

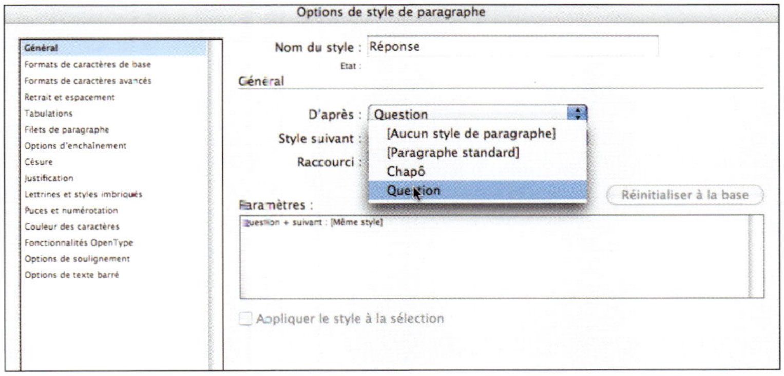

Dans la rubrique Formats de caractères de base, changez le style de la police en Regular. Dans la rubrique Retrait et espacement, choisissez Justifier à gauche dans le menu déroulant Alignement (à ne pas confondre avec l'option Justifier qui justifie toutes les lignes sur la largeur de la colonne, y compris la dernière ligne). Dans la rubrique Césure, cochez la case Césure. Grâce à cette option, InDesign coupera les mots d'au moins cinq lettres et ce, après les deux premières ou avant les deux dernières lettres, et il n'y aura jamais plus de trois de césures consécutives en fin de ligne. Décochez en revanche la case Césure des mots en capitales.

Pour tout texte justifié (comme l'est ici la réponse de l'interview), il est conseillé de modifier les valeurs par défaut de la justification, afin que les espaces entre les mots (intermot) et des lettres (interlettrage) soient mieux répartis. Les valeurs Minimum et Maximum définissent les espacements minimal et maximal acceptés, tandis que la valeur Optimum correspond à l'espacement souhaité.

En fonction de ces valeurs de justification, InDesign détermine alors l'intermot et l'interlettrage optimaux pour le document, mais au lieu de les fixer globalement pour l'ensemble du texte, il les calcule pour chaque paragraphe (à la différence d'XPress qui les calcule pour chaque ligne). Ainsi, le moindre changement de texte dans un paragraphe peut faire varier l'intermot ou l'interlettrage de ce paragraphe. Qui plus est, si vous modifiez les valeurs de la mise à l'échelle horizontale des glyphes, vous allez étirer ou étroitiser les caractères du texte, ce qui peut aussi entraîner des variations d'interlettrage et d'intermot. Bien évidemment, ce dernier réglage est à utiliser avec modération !

Réglez la justification de la réponse comme sur la capture ci-dessous.

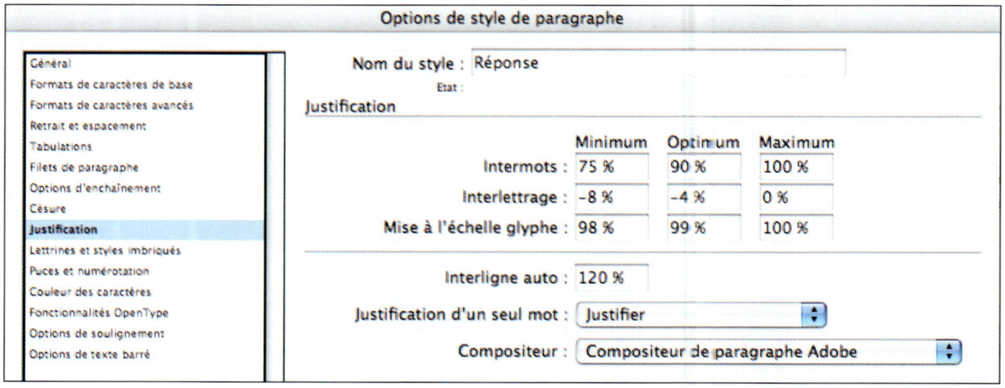

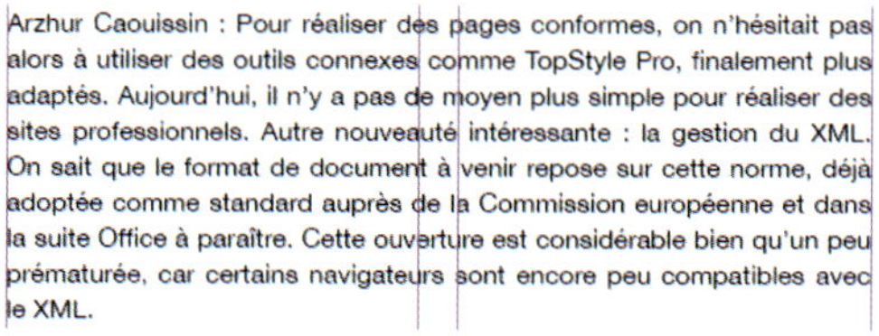
Arzhur Caouissin : Pour réaliser des pages conformes, on n'hésitait pas alors à utiliser des outils connexes comme TopStyle Pro, finalement plus adaptés. Aujourd'hui, il n'y a pas de moyen plus simple pour réaliser des sites professionnels. Autre nouveauté intéressante : la gestion du XML. On sait que le format de document à venir repose sur cette norme, déjà adoptée comme standard auprès de la Commission européenne et dans la suite Office à paraître. Cette ouverture est considérable bien qu'un peu prématurée, car certains navigateurs sont encore peu compatibles avec le XML.

Justification par défaut

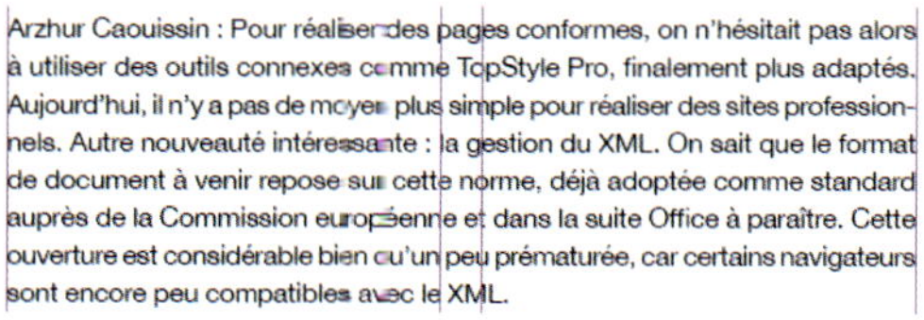
Arzhur Caouissin : Pour réaliser des pages conformes, on n'hésitait pas alors à utiliser des outils connexes comme TopStyle Pro, finalement plus adaptés. Aujourd'hui, il n'y a pas de moyen plus simple pour réaliser des sites professionnels. Autre nouveauté intéressante : la gestion du XML. On sait que le format de document à venir repose sur cette norme, déjà adoptée comme standard auprès de la Commission européenne et dans la suite Office à paraître. Cette ouverture est considérable bien qu'un peu prématurée, car certains navigateurs sont encore peu compatibles avec le XML.

Nouvelle justification

Les styles de caractères pour la marque Eyrolles et le nom de l'auteur

Sélectionnez le mot Eyrolles et modifiez directement le style de police en Bold dans la palette Contrôle. Dans la palette Styles de caractère, créez un nouveau style et nommez-le « Eyrolles ». Si vous parcourez les attributs qui ont été mémorisés, vous ne manquerez pas de remarquer comme ci-après que seul le style de la police a été spécifié.

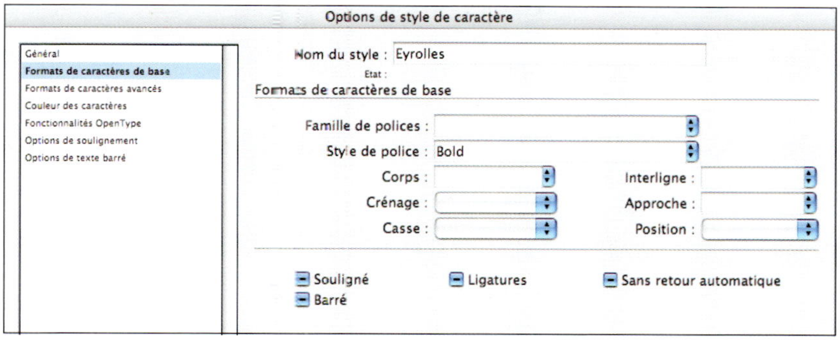

En effet, tous les autres attributs (aux champs vides) reprennent la mise en forme du paragraphe dans lequel ce style de caractères est appliqué. Ainsi, si vous modifiez le corps du texte de la question, ce changement s'appliquera aussi au style de caractères Eyrolles. En revanche, si vous passez ce texte en Regular, le mot Eyrolles restera en Bold puisqu'il avait été spécifié comme tel.

Procédez de la même manière pour le style du nom de l'auteur : changez la police en Bold et appliquez-lui une couleur rouge créée dans la palette Nuancier (C : 30 % ; M : 100 % ; J : 100 % ; N : 30 %), puis enregistrez ce style en le nommant « Auteur ».

Pour supprimer un style de caractères dans un paragraphe

Si vous souhaitez supprimer un style de caractères appliqué à un ou plusieurs mots dans un paragraphe, cliquez sur son nom dans la palette Styles de paragraphe tout en maintenant les touches alt *et* ⇧ *enfoncées.*

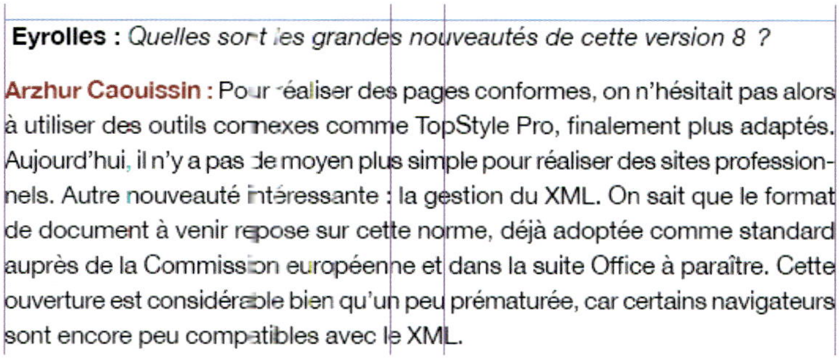

Eyrolles : *Quelles sont les grandes nouveautés de cette version 8 ?*

Arzhur Caouissin : Pour réaliser des pages conformes, on n'hésitait pas alors à utiliser des outils connexes comme TopStyle Pro, finalement plus adaptés. Aujourd'hui, il n'y a pas de moyen plus simple pour réaliser des sites professionnels. Autre nouveauté intéressante : la gestion du XML. On sait que le format de document à venir repose sur cette norme, déjà adoptée comme standard auprès de la Commission européenne et dans la suite Office à paraître. Cette ouverture est considérable bien qu'un peu prématurée, car certains navigateurs sont encore peu compatibles avec le XML.

Imbriquer les styles de caractères dans les styles de paragraphe

Lorsque plusieurs paragraphes d'un texte ont sensiblement la même structure, vous avez la possiblité d'imbriquer un style de caractères dans un style de paragraphe pour faciliter la mise en page, mais à condition d'appliquer ce style imbriqué à des mots figurant en tête de ces paragraphes. Dans ces derniers doit aussi figurer un élément récurrent qui marque la fin du style imbriqué : dans le cas de ces interviews, il s'agit des deux-points.

❶ Double-cliquez sur le style de paragraphe Question et activez la rubrique Lettrines et styles imbriqués. En bas de la fenêtre, cliquez sur le bouton Nouveau style imbriqué. Choisissez le style de caractères Eyrolles.

❷ Par défaut, le style imbriqué est paramétré sur un mot, mais InDesign propose d'autres choix dans le menu déroulant.

❸ Comme le deux-points n'est pas présent dans la liste, saisissez-le manuellement dans le champ.

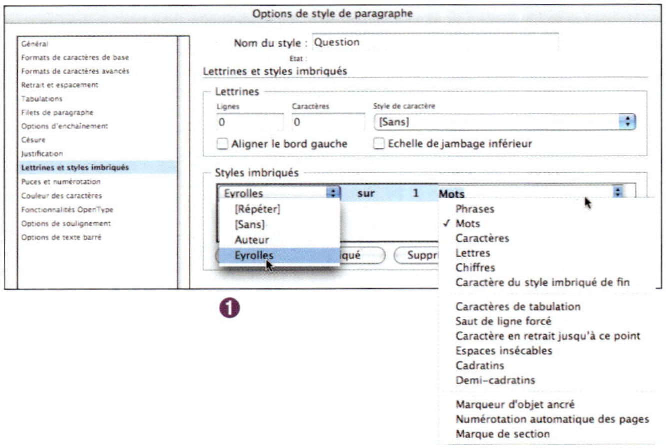

❶

❷

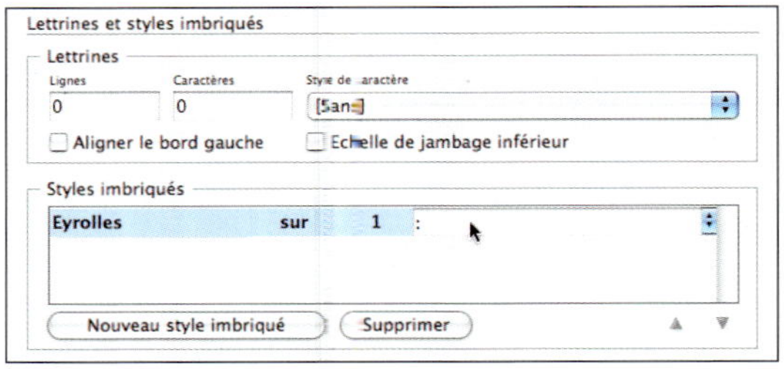

❸

Procédez de la même manière pour le style Réponse. Puisque ce style est le style enfant du style Question, le style de caractères Eyrolles y est automatiquement imbriqué, donc remplacez-le par le style Auteur.

Automatiser l'application de deux styles de paragraphe

Dans cet interview, le premier paragraphe est une question, le suivant une réponse, le suivant une nouvelle question, etc. Depuis la version CS2, il est possible d'appliquer ces deux styles de manière répétitive, l'un après l'autre sur plusieurs paragraphes.

❶ Double-cliquez sur le style de paragraphe Question et choisissez le style Réponse dans le menu déroulant Style suivant. Activez ensuite le style Réponse et définissez le style Question comme style suivant. La boucle est bouclée.

❷ Sélectionnez alors tout l'interview, cliquez avec le bouton droit de la souris (Ctrl + clic) sur le premier style qui va être appliqué (la question) puis, dans le menu déroulant, choisissez l'option Appliquer « Question », puis Style suivant. En un clic, tous les paragraphes sélectionnés sont mis en forme sans qu'il soit nécessaire de les traiter un par un. Imaginez le temps économisé pour un interview de plusieurs pages...

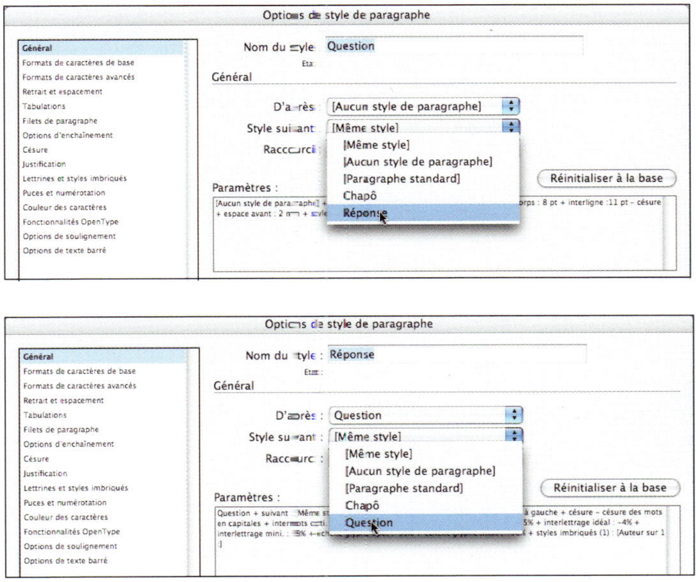

❶

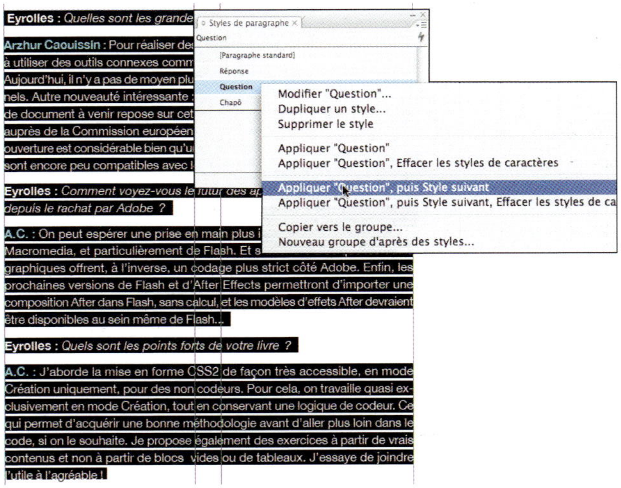

❷

Créer les autres styles

Référence du livre

Placez le curseur texte sur l'une des lignes du paragraphe de la référence du livre et créez un nouveau style de paragraphe nommé « Référence ». Dans la rubrique Formats de caractères de base, modifiez la police en Helvetica Neue Condensed Black avec un corps de 6 pt et un interlignage de 10 pt. Dans la rubrique Retrait et espacement, paramétrez un espace avant de 2 mm et supprimez la césure.

Adresse du site d'Eyrolles

Placez le curseur texte sur le dernier paragraphe, créez un nouveau style d'après le style Référence et nommez-le « Site ». Dans la rubrique Formats de caractères de base, modifiez le corps à 8 pt et activez la couleur rouge (C : 30 % ; M : 100 % ; J : 100 % ; N : 30 %) dans la rubrique Couleur des caractères.

Texte de présentation du livre

Dans un bloc à part, copiez le texte de présentation du livre sur Flash 8. Créez un nouveau style nommé « Livre » d'après le style Référence. Passez le style de la police en Bold, le corps à 8 pt, avec un interlignage de 11 pt. Dans la rubrique Retrait et espacement, cochez la case Équilibrer les lignes en drapeau.

Pour rompre le lien entre les styles enfant et parent

Si vous désirez rompre le lien entre le style parent et le style enfant, affichez la fenêtre d'options du style enfant et choisissez Aucun dans le menu déroulant D'après.

❶ Le texte de présentation commence toujours par une lettrine. Vous allez l'imbriquer dans le style de paragraphe de la même manière qu'un style de caractères. Dans la rubrique Lettrines et styles imbriqués, paramétrez une lettrine sur deux lignes (il est possible de créer un style de caractères pour la lettrine et de la charger dans le menu déroulant, tout comme il est possible depuis la version CS3, de demander à ce que la lettrine soit parfaitement alignée sur le bord gauche du bloc).

❷ N'hésitez pas à améliorer l'espace entre la lettrine et la lettre qui suit par un crénage. Pour cela, placez le curseur texte après la lettrine et saisissez une valeur de crénage via l'icône [AV] de la palette Contrôle ou par le raccourci clavier [alt] + [→]. Enfin, appliquez à la dernière ligne le style de paragraphe Référence.

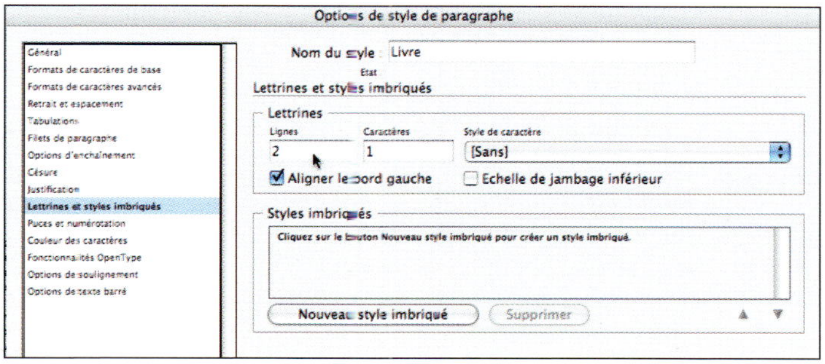

❶

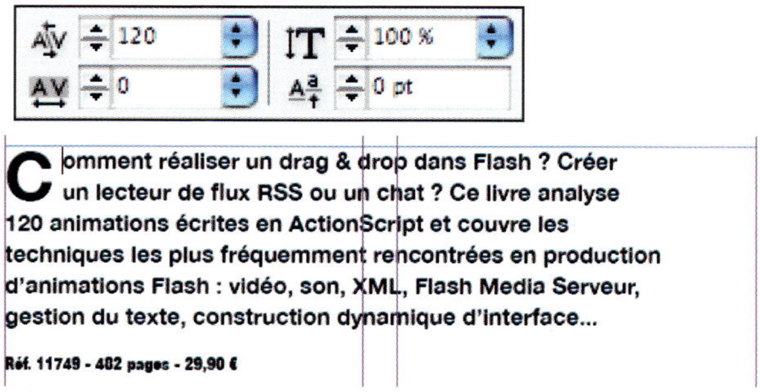

❷

Biographie de l'auteur

Dans un bloc à part, copiez la bio de l'auteur sur la première colonne et créez un nouveau style de paragraphe nommé « Bio ». Dans la rubrique Formats de caractères de base, modifiez la police en Futura Condensed Medium avec un corps de 10 pt et un interlignage de 14 pt. Dans la rubrique Retrait et espacement, alignez le texte à droite et équilibrez les lignes en drapeau. Dans la rubrique Césure, décochez la case Césure.

Sélectionnez ensuite le prénom et le nom de l'auteur. Dans la palette Contrôle, changez le style de la police en Condensed ExtraBold, réglez la casse sur Tout en capitales et appliquez au texte la couleur rouge (C : 30 % ; M : 100 % ; J : 100 % ; N : 30 %). Puis créez un style de caractères nommé « Auteur 2 ».

Retournez sur le style de paragraphe Bio afin d'imbriquer le style de caractères Auteur 2. Allez dans la rubrique Lettrines et styles imbriqués, créez un nouveau style imbriqué et choisissez le style Auteur 2. Paramétrez la fin du style imbriqué sur deux mots.

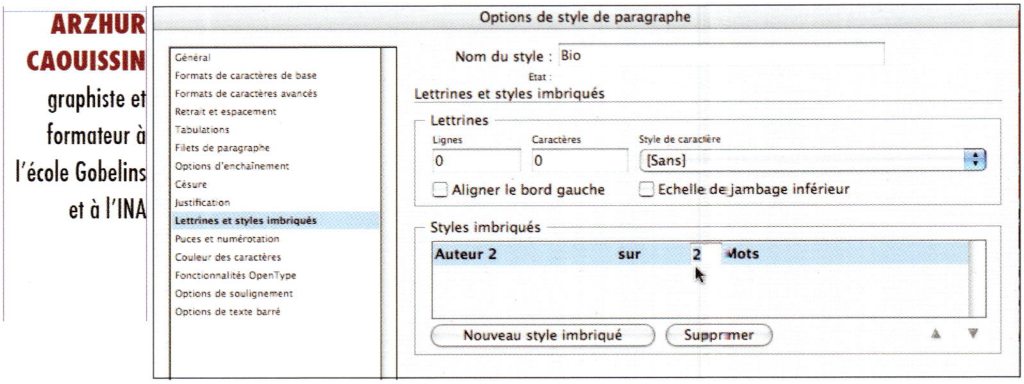

Placer les textes et les images

Une fois les styles créés, il vous suffit maintenant de placer les bons textes avec leurs visuels.

La page 4

❶ Placez le bloc de l'interview sur les deux dernières colonnes et attribuez-lui un contour de 1 pt et de couleur rouge (C : 30 % ; M : 100 % ; J : 100 % ; N : 30 %). Appliquez au fond du bloc la couleur verte (C : 60 % ; M : 0 % ; J : 100 % ; N : 0 %) avec une teinte à 30 %. Afin que le texte ne soit pas trop proche du bord du bloc, paramétrez des marges intérieures (appelées blancs tournants). Allez dans le menu Objet, choisissez Options de bloc de texte (⌘ + B) et saisissez une valeur de 3 mm pour toutes les marges.

❷ Positionnez ensuite le bloc de texte de présentation du livre sur Flash dans la dernière colonne, en bas. Appliquez comme couleur de fond la nuance rouge C : 30 % ; M : 100 % ; J : 100 % ; N : 30 % et la couleur Papier pour le texte (n'oubliez pas que lorsqu'un bloc est sélectionné avec l'un des deux outils de sélection, il suffit d'activer l'icône Texte de la palette Nuancier pour changer la couleur de l'ensemble du texte). Paramétrez des marges de 3 mm à l'intérieur du bloc via le menu Objet > Options de bloc de texte (⌘ + B). Affichez la palette Habillage, activez l'icône et saisissez un décalage à gauche de 6 mm et en haut de 2 mm.

❸ Placez le bloc de la bio de l'auteur sur la première colonne et ajoutez-lui des marges intérieures (⌘ + B) avec 5 mm en haut et 2 mm à droite et en bas. Appliquez-lui le même contour rouge qu'au bloc de l'interview (C : 30 % ; M : 100 % ; J : 100 % ; N : 30 %). Pour finir, ajustez le bloc au contenu en activant l'icône de la palette Contrôle (⌘ + alt + C).

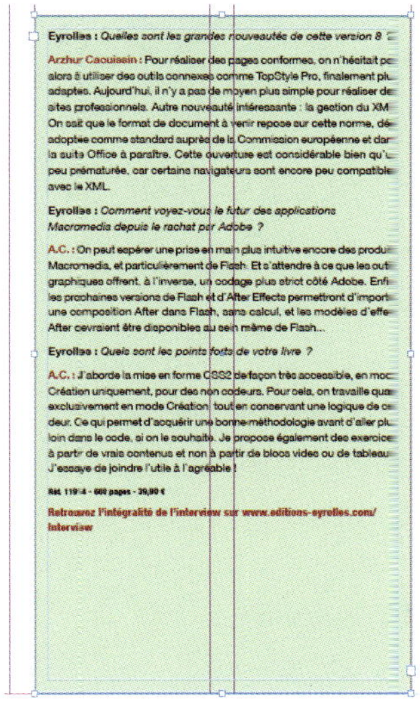
❶

❷

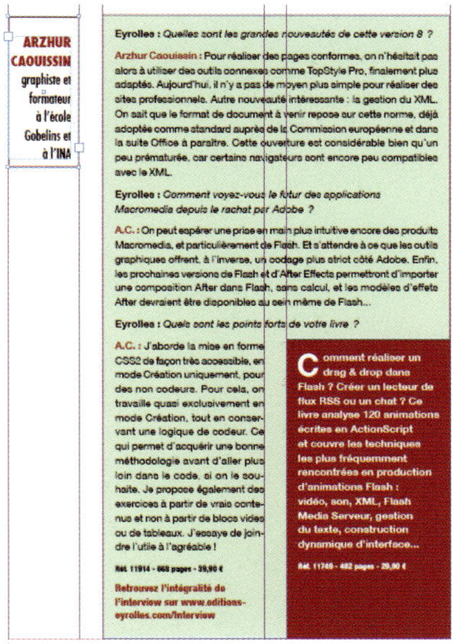

❸

Tracez ensuite en dehors du plan de montage un bloc d'une largeur de 65 mm et d'une hauteur de 6 mm, et saisissez-y le mot « INTERVIEW ». Changez la police en Helvetica Neue Light dans un corps de 15 pt et appliquez la couleur Papier. Alignez le texte sur toute la largeur du bloc en activant l'icône de la palette Contrôle. Utilisez l'outil Pipette pour prélever le fond et le contour du bloc de l'interview, et passez la teinte de la couleur de fond à 100 %. Appliquez une rotation à 90° antihoraire en cliquant sur l'icône de la palette Contrôle, et positionnez le bloc à l'intérieur de la gouttière. Ne vous préoccupez pas pour l'instant d'aligner les blocs, attendez que les visuels et les textes soient bien calés.

Contours d'un bloc

Avez-vous remarqué que lorsque vous ajoutez une épaisseur au contour d'un bloc, les dimensions de ce dernier augmentent aussi ? Pour vous éviter de modifier à chaque fois la dimension du bloc, activez l'icône de l'alignement de contour sur l'intérieur ( ) dans la palette Contour.

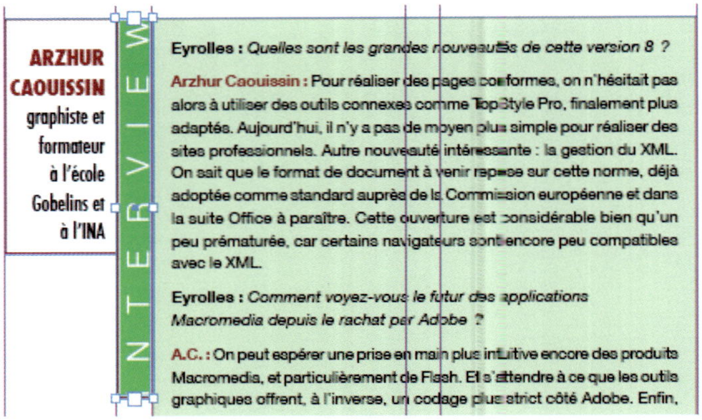

Avant d'importer les visuels, placez un repère à 5 mm sur la marge du bas, ce qui vous permettra de caler de manière précise la dernière ligne des textes des trois pages. Tirez, à l'aide de la règle horizontale, un repère sur la marge de pied (en maintenant la touche ⌘ enfoncée pour qu'il se place sur les trois pages). Comme ce repère doit être à 5 mm au-dessus de la marge de pied, ajoutez « –5 » à la valeur de l'emplacement Y pour le remonter.

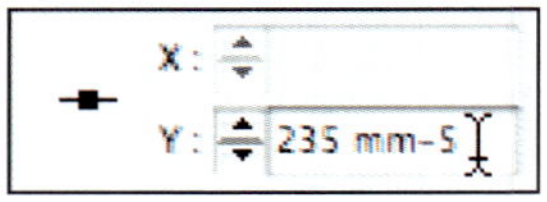

Importez les deux visuels Dreamweaver.jpg et Flash.jpg. Placez-les au-dessus des textes correspondants. Pour le livre Flash, supprimez le fond blanc en créant un masque avec le tracé Photoshop via le menu Objet > Masque. Appliquez aux deux visuels un habillage avec un décalage tout autour de 3 mm. Paramétrez-leur une ombre portée via l'icône fx de la palette Contrôle (⌘ + alt + M). Ajustez le décalage et la taille de l'ombre pour obtenir une ombre portée plus douce.

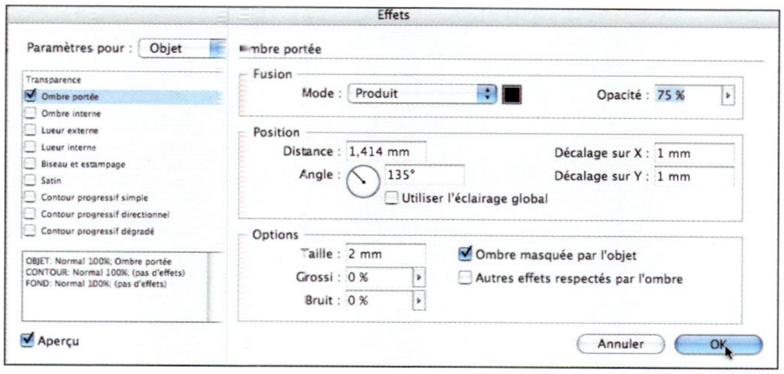

Calez la dernière ligne des deux colonnes du texte sur le repère placé précédemment en jouant sur la mise à l'échelle des visuels. Si malgré tous vos efforts, vous n'arrivez pas à placer le texte sur le repère, vous avez la possibilité de tricher (mais avec parcimonie) en augmentant ou en réduisant l'espace entre la référence du livre et l'adresse du site. Lorsque le texte et les visuels sont bien calés (avec un angle de rotation pour le livre sur Dreamweaver), alignez les trois blocs par leur bords supérieurs en activant l'icône de la palette Contrôle ou Alignement. Vous devriez arriver au résultat suivant :

Les pages 5 et 6

Sélectionnez tous les blocs de la page 4 et dupliquez-les manuellement sur les deux pages suivantes par un cliquer/glisser avec la touche [alt] enfoncée (et en appuyant sur la touche [⇧] pour contraindre le déplacement).

Supprimez le bloc du titre de la page 6. Vous allez maintenant modifier les couleurs des blocs et des titres de ces deux pages. Pour le titre commun à cette double page, créez une nouvelle couleur de contour C : 70 % ; M : 0 % ; J : 50 % ; N : 0 %. Pour les deux blocs d'interview de la page 5, appliquez au fond la couleur C : 30 % ; M : 0 % ; J : 100 % ; N : 0 % (avec une teinte à 30 % pour le bloc de texte de l'interview et une teinte à 100 % pour le bloc du titre INTERVIEW) ; pour ceux de la page 6, choisissez la couleur C : 70 % ; M : 0 % ; J : 50 % ; N : 0%. Pour l'encadré de la page 5, créez une nouvelle couleur C : 0 % ; M : 100 % ; J : 20 % ; N : 40 % et pour celui de la page 6, remplissez-le de noir avec une teinte de 30 %.

Pour remplacer le texte de ces deux pages par le texte approprié, vous allez effectuer un copier/coller. Mais attention, lorsque vous copiez un texte, celui-ci conserve sa mise en forme d'origine, même si vous le copiez dans un paragraphe où un style a été appliqué. Pour que le texte copié reprenne les attributs de ce style, il est indispensable de le coller sans mise en forme, commande accessible par le menu Édition ([⌘] + [⇧] + [V]). Par conséquent, procédez ainsi pour tout le texte des pages 5 et 6 : si jamais certains styles de paragraphe n'avaient pas été pris en compte, réappliquez-les.

Étant donné la largeur de la colonne de la bio de l'auteur, il y a de fortes chances que le mot « OpenOffice.org » se retrouve sur deux lignes page 5. Dans ce cas, appliquez une approche négative ([alt] + [←]) à l'ensemble du texte ou à ce mot.

Remplacez ensuite les visuels de la page 5 par les images OpenOffice.jpg et OpenOffice2.jpg, et ceux de la page 6 par les images Firefox.jpg, Thunderbird.jpg , et Ubuntu.jpg. Modifiez la disposition des blocs, puis calez au mieux les textes comme dans la capture ci-après. Pour l'encadré de la page 6, n'appliquez aucun habillage aux deux visuels situés au-dessus, paramétrez une marge de pied à 5 mm via le menu Objet > Options de bloc de texte ([⌘] + [B]), et alignez verticalement le texte en bas.

Agrandissez homothétiquement le titre des pages 5 et 6 avec l'outil Sélection, en tirant sur l'une des poignées tout en maintenant les touches ⌘ et ⇧ enfoncées.

Pour que les blocs des chapôs soient parfaitement calés sur les trois pages, ajustez les blocs à leur contenu, puis alignez-les par leurs bords supérieurs.

Mettre en page les pages 1 et 2

Créer les styles de paragraphe pour le sommaire

Sur la page 1 de la newsletter figure un sommaire pour lequel deux nouveaux styles de paragraphe doivent être créés. Importez (⌘ + D) le document Pages 1 à 3.rtf en dehors du plan de montage. Copiez le texte du sommaire depuis «la naissance de l'univers» jusqu'à «le roman-photo» et placez-le sur la page 1 dans la dernière colonne. Le curseur texte positionné sur la première ligne, créez un nouveau style de paragraphe nommé « Titre sommaire ». Dans la rubrique Formats de caractères de base, modifiez la police en Arno Pro Bold avec un corps de 9 pt, un interlignage de 12 pt et la casse en petites capitales. Dans la rubrique Retrait et espacement, prévoyez un espace avant de 3 mm. Dans la rubrique Césure, décochez la case Césure. Dans la rubrique Puces et numérotation, activez les numéros dans le menu déroulant Type de liste et réglez la position de la tabulation à 3 mm pour réduire l'espace entre chaque numéro et le texte qui suit ❶. Pour terminer, passez la couleur du texte en rouge (C : 30 % ; M : 100 % ; J : 100 % ; N : 30 %) dans la rubrique Couleur des caractères.

Placez le curseur texte sur la deuxième ligne et créez un nouveau style de paragraphe nommé « Texte sommaire » d'après le style Titre sommaire. Dans la rubrique Formats de caractères de base, passez le corps de la police à 8,5 pt, son style en Regular et modifiez la casse en Normal (minuscules). Dans la rubrique Retrait et espacement, enlevez l'espace avant de 3 mm. Dans la rubrique Puces et numérotation, choisissez Puces comme type de liste et paramétrez un retrait à gauche de 3 mm avec une tabulation de 5 mm ❷. Enfin, passez la couleur du texte en noir dans la rubrique Couleur des caractères.

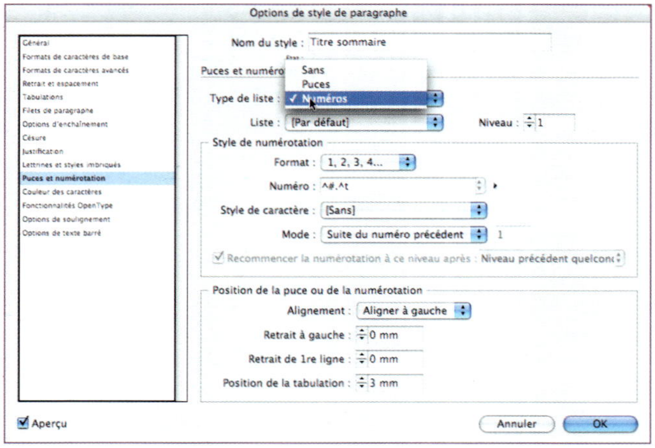

❶

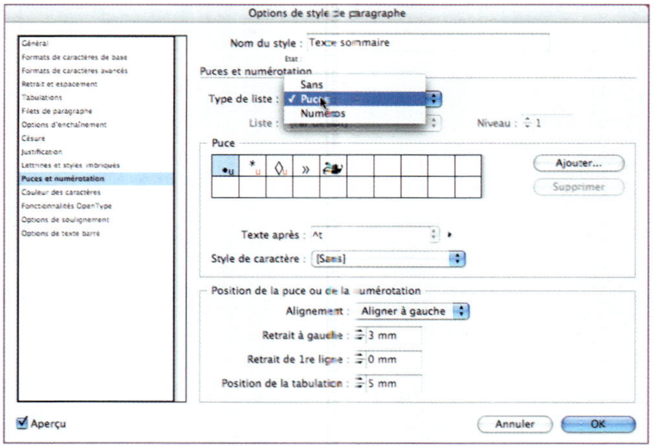

❷

Appliquez ensuite ces deux styles au sommaire (l'ordre chronologique des numéros sera alors respecté). Pour éviter d'avoir un item qui occupe deux lignes, n'hésitez pas à tricher en agrandissant la largeur du bloc, même si celui-ci dépasse de la marge de droite. Enfin, pour les deux lignes « 3 - Documentation… », placez le curseur texte après le numéro et choisissez Retrait jusqu'à ce point dans le menu Texte > Insérer un caractère spécial > Autre, afin que la ligne suivante commence à cet endroit.

Dans un bloc à part, copiez le titre « AU SOMMAIRE » et changez la police en Arno Pro Bold ainsi que la teinte du noir à 20 %. Ajustez le bloc à son contenu en cliquant sur l'icône de la palette Contrôle (⌘ + alt + C). Appliquez au bloc un angle de rotation de 90° antihoraire en activant l'icône. À l'aide d'une des poignées, agrandissez le bloc homothétiquement en maintenant les touches ⌘ et ⇧ enfoncées, afin de parvenir au résultat suivant :

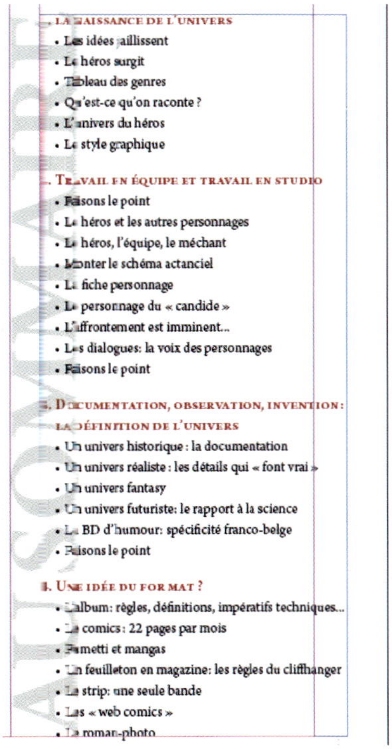

Importer le dessin de la page 1 et appliquer un habillage

Coupez/collez le texte du chapô et appliquez-lui le style de paragraphe Chapô.

Importez l'image Girl.jpg et recadrez-la. Comme le fond de ce visuel est blanc, il n'est pas utile de créer un tracé dans Photoshop : InDesign va en effet détecter les zones blanches et créer lui-même un tracé autour du dessin, qui servira d'habillage pour le chapô. Sélectionnez l'image avec l'outil Sélection et affichez la palette Habillage. Activez l'icône [icône], qui habille la forme d'un objet, et choisissez l'option Détection des contours dans le menu Type. Enfin, réduisez la valeur de l'habillage autour de l'objet à 3 mm. Dans ce cas précis où la détection des contours est réalisée via la palette Habillage, le bloc de texte doit être au premier plan, sans cela l'habillage ne fonctionne pas. Enfin, ajustez la mise à l'échelle du visuel en fonction de l'encombrement du texte.

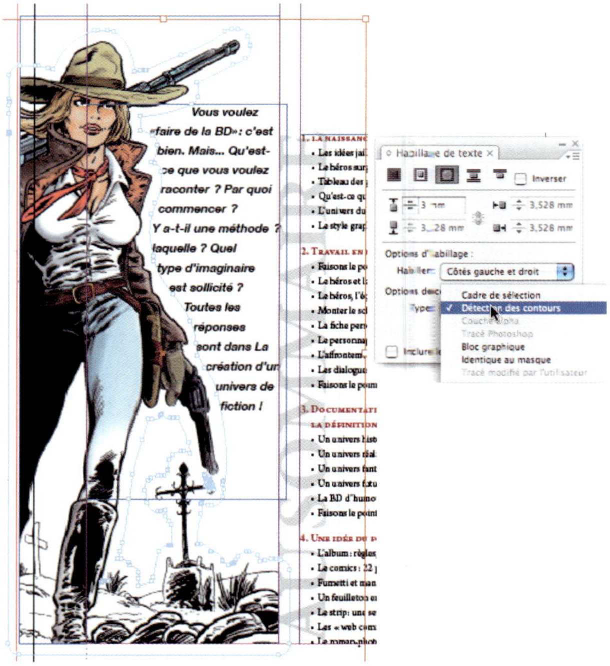

Créer les bulles de BD

Avec l'outil Ellipse, tracez sur le haut de la page 1 une ellipse de 100 × 70 mm et appliquez au fond la couleur Papier. Grâce aux nouveaux effets apparus dans la dernière version d'InDesign, vous allez pouvoir simuler un effet de volume sur cette bulle (pour les versions antérieures, il vous faudra utiliser Photoshop).

❶ Dans la palette Contrôle (ou Effets), cliquez sur l'icône *fx* et choisissez l'option Biseau et estampage. Réglez la taille, la profondeur de la structure ainsi que l'opacité des tons clairs et foncés comme sur la capture suivante.

❷ Sélectionnez la rubrique Ombre portée et ajoutez une ombre portée à la bulle en modifiant les décalages sur X et Y.

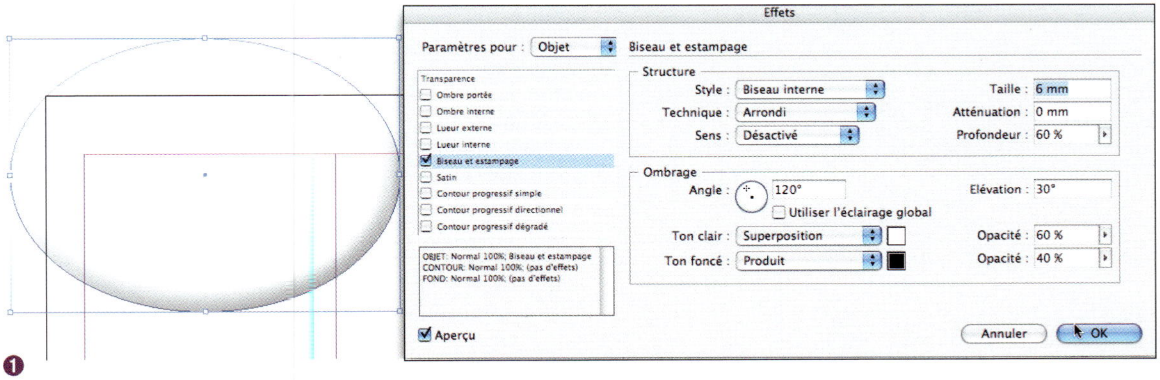

❶

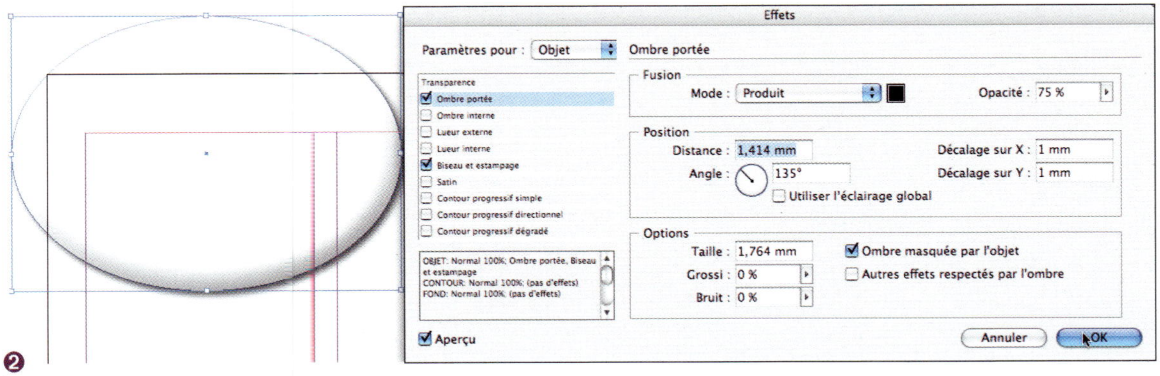

❷

❶ Pour donner à cette bulle une allure de bulle de BD, vous allez créer trois points d'ancrage supplémentaires. Sélectionnez-la avec l'un des deux outils de sélection, activez l'outil Plume, placez le curseur sur le bord de la forme, puis cliquez dès que le curseur se change en (InDesign indique alors qu'il peut ajouter un point d'ancrage à cet endroit). Placez les deux autres points d'ancrage à quelque distance l'un de l'autre.
❷ Avec l'outil Sélection directe, cliquez et tirez sur le point d'ancrage central.
❸ Modifiez le point d'ancrage en cliquant dessus avec l'outil Conversion de point directeur. Améliorez ensuite la forme de la bulle avec l'outil Sélection directe.

❶

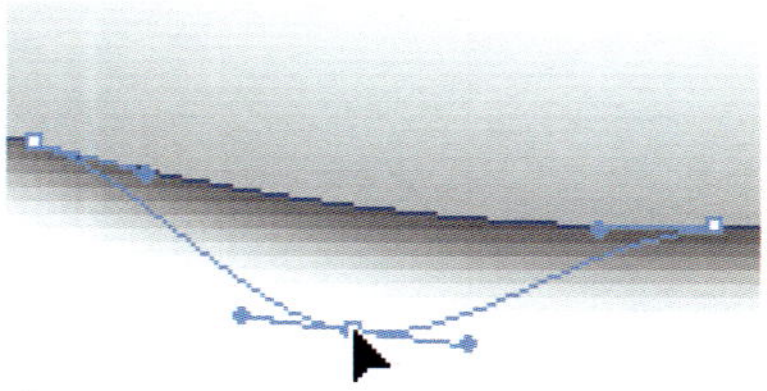
❷

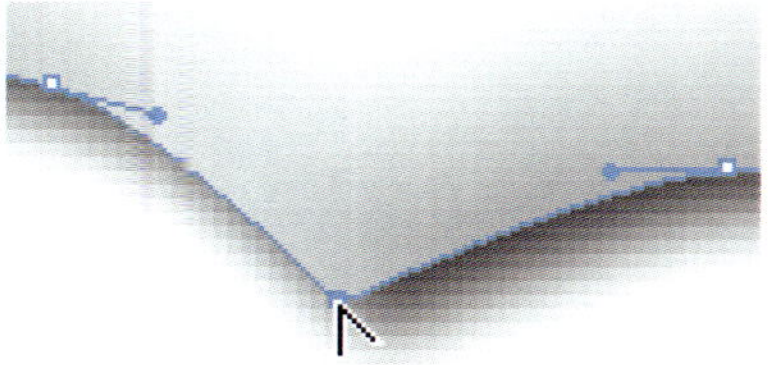
❸

Dupliquez ensuite cette bulle sur la page 2, et appliquez-lui une rotation 90° horaire en cliquant sur l'icône de la palette Contrôle, ainsi qu'un effet de symétrie via l'icône. Placez cette deuxième bulle à cheval sur les pages 1 et 2, et réduisez-la si nécessaire. Supprimez la partie figurant sur la page 1 : tracez un bloc par-dessus, sélectionnez les deux blocs et, dans la palette Pathfinder, cliquez sur l'icône Soustraction.

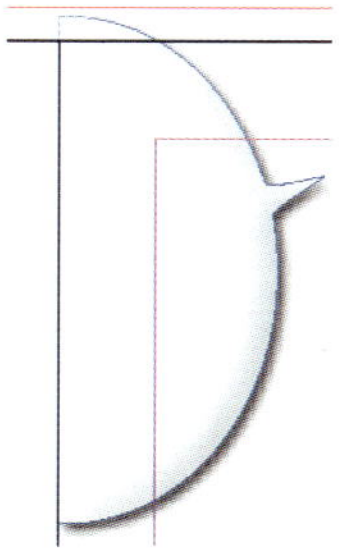

Dans ces deux bulles, placez le texte qui leur correspond (voir newsletter finale). Changez dans l'un la police en Comic Sans MS Bold avec un corps de 14 pt et un interlignage à 22 pt, puis appliquez au texte une couleur rouge (C : 30 % ; M : 100 % ; J : 100 % ; N : 30 %). Utilisez ensuite l'outil Pipette pour appliquer la même mise en forme au texte de l'autre bulle, mais en modifiant l'alignement. Positionnez enfin les deux blocs dans leur bulle comme ci-après.

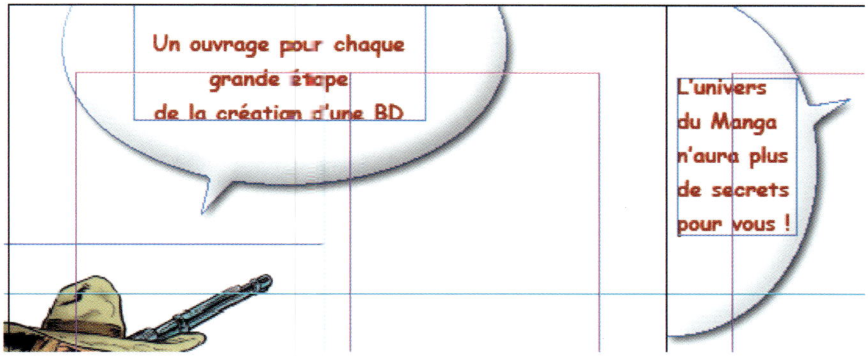

Mettre en page la page 2

Importez les deux visuels Manga1.jpg et Manga2.jpg prévus sur cette page. Si besoin, réduisez ou augmentez la mise à l'échelle de ces images en effectuant un cliquer/glisser sur l'une des poignées, tout en maintenant les touches [⌘] et [⇧] enfoncées. Supprimez le fond blanc du livre Manga1.jpg, en récupérant le tracé Photoshop via le menu Objet > Masque > Options. Tracez un ovale avec le noir pour couleur de fond et placez-le en arrière-plan du visuel du livre Manga1.jpg via le menu Objet > Disposition ([⌘] + [⇧] + [)]). Dans un bloc à part, copiez la référence de ce livre et appliquez-lui le style de paragraphe Référence. Augmentez le corps du texte de 2 pt, passez sa couleur en blanc et positionnez-le sur l'ovale noir. Vous pouvez donner un peu de perspective à ce bloc en saisissant un angle de rotation de –8° via l'icône de la palette Contrôle et un angle de déformation de –10° via l'icône de cette même palette.

Dans un bloc, copiez le texte restant, appliquez-lui le style de paragraphe Chapô et modifiez l'alignement du texte en le justifiant à l'aide de l'icône ≣ de la palette Contrôle. Modifiez la forme du bloc du chapô en le sélectionnant avec l'outil Sélection directe, puis en tirant sur chaque point d'ancrage inférieur.

Importez l'image Main.psd en cochant les options d'importation afin de récupérez la couche alpha créée dans Photoshop. L'image s'important alors détourée, il vous suffit de modifier l'inclinaison de la main.

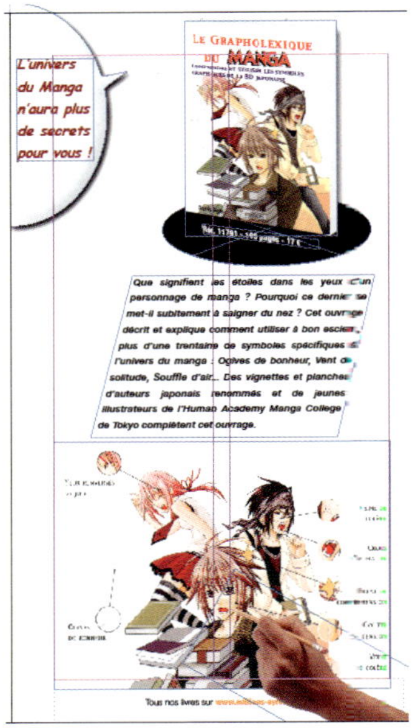

Mettre en page la page d'ouverture

Compléter son gabarit

Vous allez compléter le gabarit de la page d'ouverture, nommé Ouverture, en créant un bandeau et des filets rouges.

❶ Double-cliquez sur l'icône du gabarit Ouverture de la palette Pages. Avec l'outil Rectangle ▭, en partant du haut de la page, tracez un bloc d'une hauteur de 70 mm et sur toute la largeur de la page. Dans la palette Nuancier, créez un nouveau dégradé radial via le menu déroulant Type, avec pour couleur de départ l'orange (C : 0 % ; M : 50 % ; J : 100 % ; N : 0 %) et pour couleur d'arrivée le rouge (C : 15 % ; M : 100 % ; J : 100 % ; N : 0 %). Pour modifier le sens du dégradé et le rendre en quelque sorte plus fluide, activez l'outil Dégradé ▣, placez le curseur à l'extérieur du bloc, à l'endroit où vous souhaitez que le dégradé commence, et effectuez un cliquer/glisser. Renouvelez l'opération si vous n'êtes pas satisfait du résultat.

❷ Dans un nouveau bloc, saisissez « eyrolles » dans la police Helvetica Neue Light avec un corps de 72 pt de couleur Papier. Positionnez ce nom à l'angle supérieur gauche de la marge de tête et de gauche.

❸ Tracez ensuite un cercle de 22 mm de diamètre et appliquez-lui la couleur rouge (C : 15 % ; M : 100 % ; J : 100 % ; N : 0 %). Positionnez-le sur le « e » de eyrolles, placez-le entre le texte et le bandeau en allant dans le menu Objet > Disposition > En arrière (⌘ +)). Ajustez enfin sa position.

L'outil Dégradé

Avec cet outil, il est possible d'appliquer un dégradé sur plusieurs objets après les avoir sélectionnés.

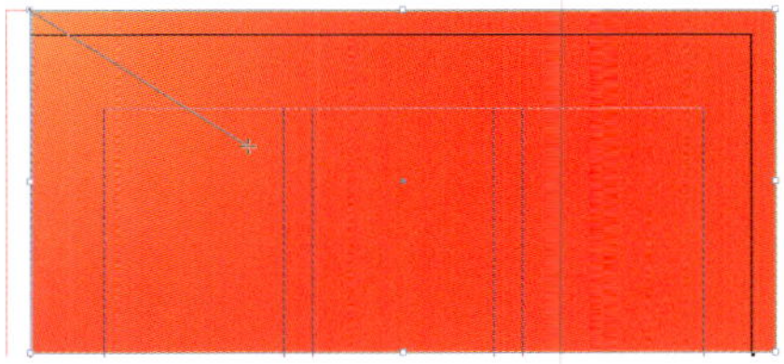

❶

❷

❸

Dans un autre bloc, saisissez « Hiver 2007 », en choisissant la police Helvetica Neue Bold avec un corps de 14 pt et une couleur orange (C : 0 % ; M : 50 % ; J : 100 % ; N : 0 %). Calez le bloc dans la dernière colonne, puis, dans la palette Contrôle, augmentez l'approche à 280 (alt + →) afin que le texte occupe toute la largeur de la colonne. Positionnez-le comme ci-après.

❶ Avec l'outil Rectangle, tracez un bloc d'une hauteur de 8 mm sur toute la largeur des marges et remplissez le fond avec le dégradé créé précédemment. Activez l'outil Dégradé et inversez le sens du dégradé en effectuant un cliquer/glisser du côté droit du bloc jusqu'au centre. Appliquez au bloc des bords arrondis de 6 mm via le menu Objet, ainsi qu'un effet Biseau et estampage d'une taille de 1 mm (depuis la palette Contrôle ou Effets).

❷ Activez ensuite l'outil Sélection directe et tirez légèrement le point d'ancrage situé sur le coin supérieur gauche.

❸ Tracez un dernier bloc de texte dans lequel vous saisirez « informatique / image / loisirs numériques / BD ». Choisissez la police Helvetica Neue Light avec un corps de 15 pt et la couleur Papier. Enfin, placez ce texte au-dessus du bloc créé précédemment.

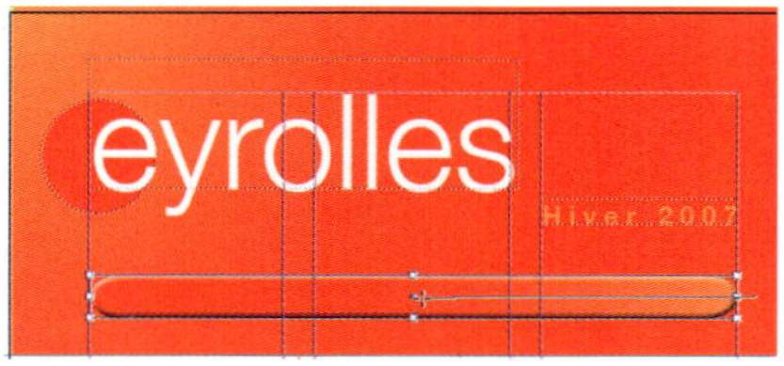

❶

❷

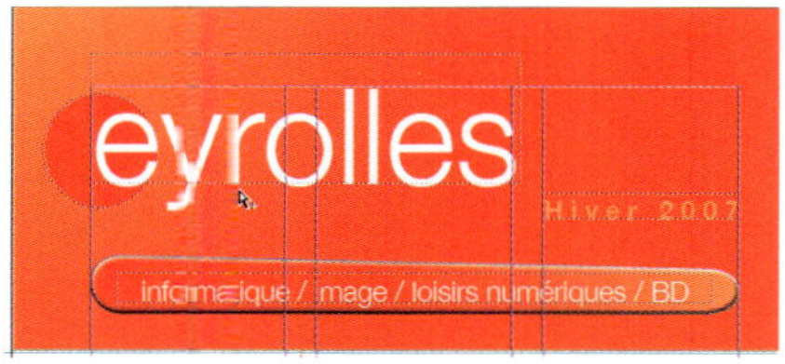

❸

La page d'ouverture est découpée en quatre rubriques, l'une sur toute la colonne de gauche et les trois autres sur les deux autres colonnes. Pour les délimiter de manière précise et tracer les filets, vous allez vous aider une nouvelle fois de repères.

Faites glisser quatre repères de la règle horizontale, le premier placé en bas du bandeau et le dernier sur la marge de pied. Sélectionnez-les (⌘ + alt + G), décochez la case Utiliser l'espacement dans la palette Contrôle et cliquez sur l'icône pour les espacer de manière régulière.

❶ Avec l'outil Trait, tracez un trait vertical au centre de la première gouttière, puis trois autres horizontaux sur les repères. Donnez-leur une épaisseur de 1 pt avec un contour rouge (C : 15 % ; M : 100 % ; J : 100 % ; N : 0 %).

❷ Tracez un nouveau bloc d'une largeur de 3 mm avec pour couleur de fond un rouge (C : 15 % ; M : 100 % ; J : 100 % ; N : 0 %), calez-le à l'intérieur de la gouttière de la première colonne et ajustez sa hauteur entre les deux repères du milieu. Puis dupliquez-le trois fois et positionnez les trois autres blocs sur les traits comme indiqué ❸.

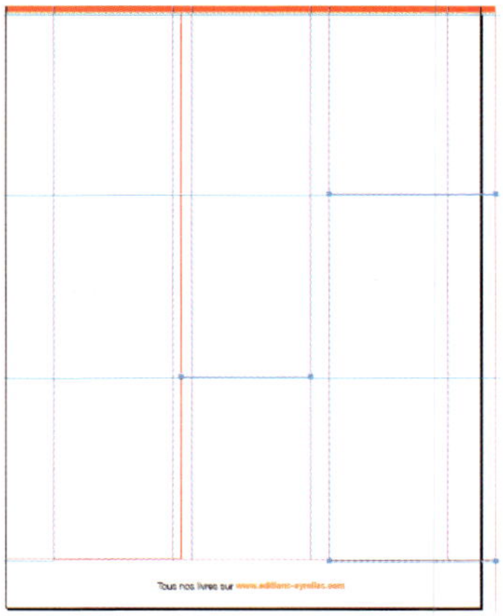

❶

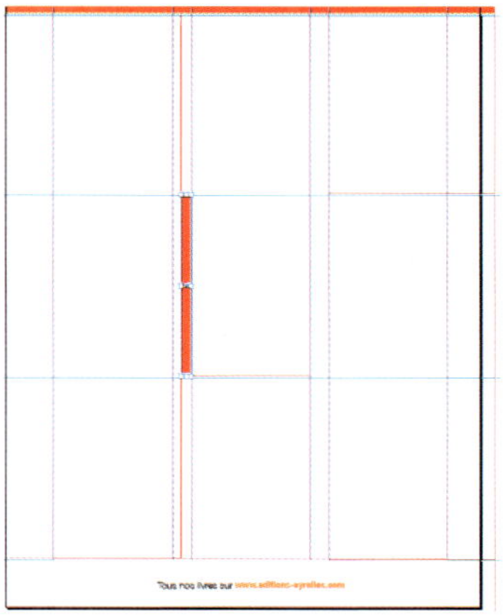

❷

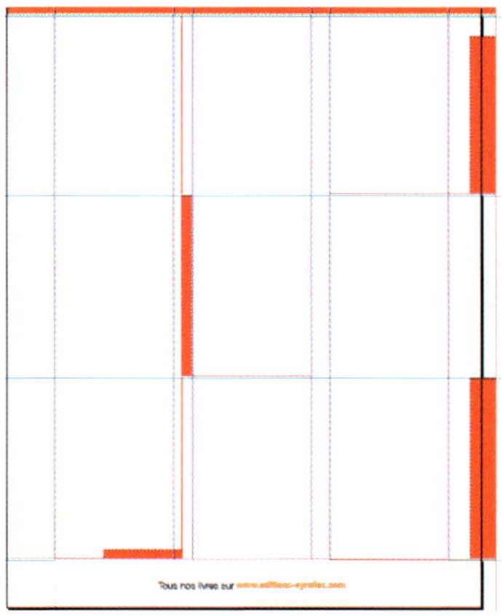

❸

Placer les textes et les images

Le gabarit de la page d'ouverture étant terminé, vous pouvez maintenant activer la page 3 pour y placer les derniers éléments.

Effectuez un copier/coller du texte de la page 3 dans différents blocs comme indiqué ci-après.

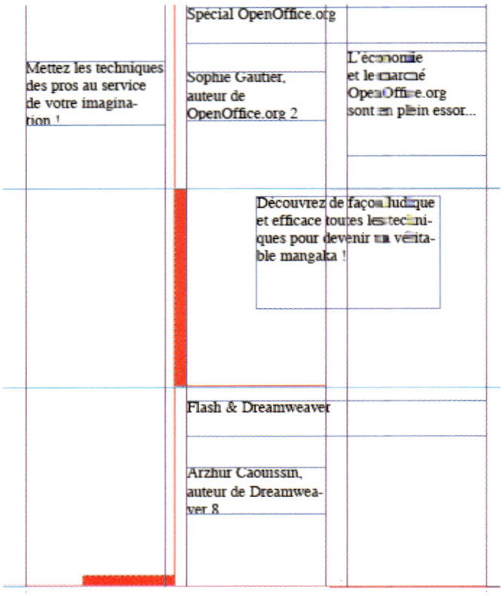

Importez en dehors du plan de montage tous les visuels de cette page : logo BD.jpg, logo Manga.jpg, Girl.jpg, Dreamweaver.jpg, dessin Manga.jpg et OpenOffice.jpg.

La rubrique BD

Placez l'image logo BD.jpg et le bloc du chapô sur toute la largeur de la colonne. Changez la police du texte en Futura Condensed ExtraBold avec un corps de 10 pt et un interlignage de 16 pt. Centrez le texte en activant l'icône [≡] de la palette Contrôle et modifiez la teinte du noir à 80 %.

Placez ensuite l'image Girl.jpg et ajustez-la homothétiquement en tirant sur l'une des poignées avec les touches [⌘] et [⇧] enfoncées. Si vous avez placé le dessin sur le filet du bas, vous remarquerez sans doute qu'il se trouve au premier plan par rapport au bloc de 3 mm que vous avez ajouté dans le gabarit. En effet, il faut savoir que les éléments ajoutés dans un gabarit apparaissent toujours en arrière-plan : pour les passer au premier plan (comme ici, ce bloc), vous devez tout d'abord les « libérer ». Cliquez donc sur le bloc en maintenant les touches [alt] et [⇧] enfoncées. Une fois libéré, placez-le au premier plan via le menu Objet > Disposition > Premier plan ([⌘] + [⇧] + [Ù]).

La rubrique OpenOffice.org

❶ Enrichissez le titre « Spécial OpenOffice.org » en choisissant la police Helvetica Neue UltraLight avec un corps d'environ 23,5 pt. Ce titre devant être calé sur les deux colonnes, n'oubliez pas d'agrandir homothétiquement le bloc et son texte en tirant sur l'une des poignées tout en maintenant les touches [⌘] et [⇧] enfoncées. Appliquez au texte la couleur : C : 0 % ; M : 100 % ; J : 20 % ; N : 40 %.

❷ Passez la police du petit texte relatif à l'auteur en Futura Condensed Medium avec un corps de 9 pt et un interlignage de 14 pt. Alignez le texte à droite en activant l'icône [≡] de la palette Contrôle. Sélectionnez le prénom et le nom de l'auteur, changez le style de la police en Condensed ExtraBold et passez la couleur du texte en rouge (C : 15 % ; M : 100 % ; J : 100 % ; N : 0 %).

❸ Placez le visuel OpenOffice.jpg au centre, recadrez-le si nécessaire et appliquez-lui une ombre portée (avec les mêmes paramètres que celles des pages intérieures). Sélectionnez le dernier texte de cette rubrique et modifiez la police en Helvetica Neue Bold Italic avec un corps de 9 pt et un interlignage de 14 pt. Appliquez au texte la couleur verte (C : 30 % ; M : 0 % ; J : 100 % ; N : 0 %). Copiez dans deux blocs à part les guillemets, augmentez le corps de la police ou agrandissez le bloc et le texte homothétiquement, et placez-les ensuite autour du texte.

❶

❷

❸

La rubrique manga

❶ Placez et recadrez si nécessaire l'image dessin Manga.jpg. Comme pour le dessin BD de la page 1, activez la détection des contours dans la palette Habillage et saisissez un décalage autour de 3 mm.

❷ Placez l'image logo Manga.jpg sous le filet et sur la largeur de la dernière colonne, avec un contour de 1 pt et une couleur rouge (C : 15 % ; M : 100 % ; J : 100 % ; N : 0 %). À l'aide de l'outil Pipette, prélevez et appliquez la mise en forme du chapô de la rubrique BD, modifiez l'alignement à gauche en cliquant sur l'icône ≣ de la palette Contrôle et enfin, si l'habillage du dessin n'agit pas, placez-le en arrière-plan via le menu Objet > Disposition (⌘ + ⇧ +)).

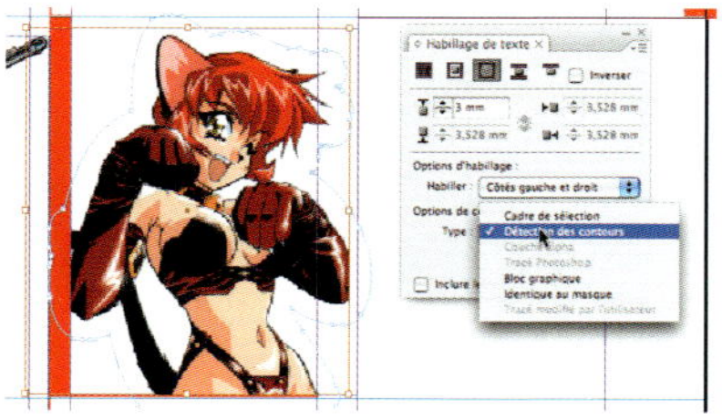

❶

❷

La rubrique Flash & Dreamweaver

À l'aide de l'outil Pipette, prélevez et appliquez la mise en forme du titre Spécial OpenOffice.org au titre « Flash & Dreamweaver ». Pour que ce dernier occupe toute la largeur des deux colonnes, augmentez son corps, ou agrandissez homothétiquement le bloc en tirant sur l'une des poignées tout en maintenant les touches ⌘ et ⇧ enfoncées. Placez le visuel Dreamweaver.jpg en lui ajoutant une ombre portée. Procédez de même pour le bloc relatif à l'auteur.

Les cartouches interview

❶ Le cartouche du mot interview étant le même que celui du gabarit de la page d'ouverture (voir p. 146), effectuez-en un copier/coller. Modifiez ses dimensions : 27 mm de largeur par 7 mm de hauteur. Vous pouvez réduire la taille de l'arrondi (via le menu Objet > Options d'arrondis), tout comme augmenter à 2 mm la taille de l'effet de biseau (depuis la palette Contrôle ou Effets).

❷ Tracez un bloc de texte et saisissez-y « interview ». Changez la police en Futura Condensed ExtraBold avec un corps de 11 pt de couleur Papier, et calez ce texte sur le cartouche. Groupez ces deux blocs et dupliquez-les sur la rubrique Flash & Dreamweaver.

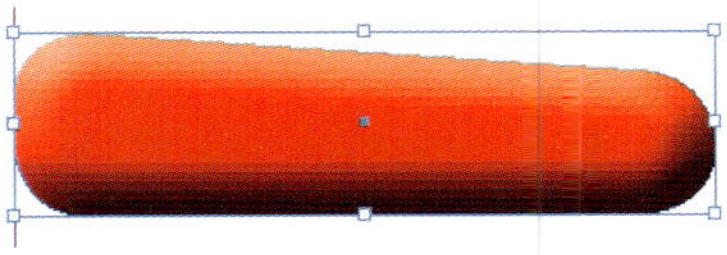

❶

❷

La newsletter est terminée !

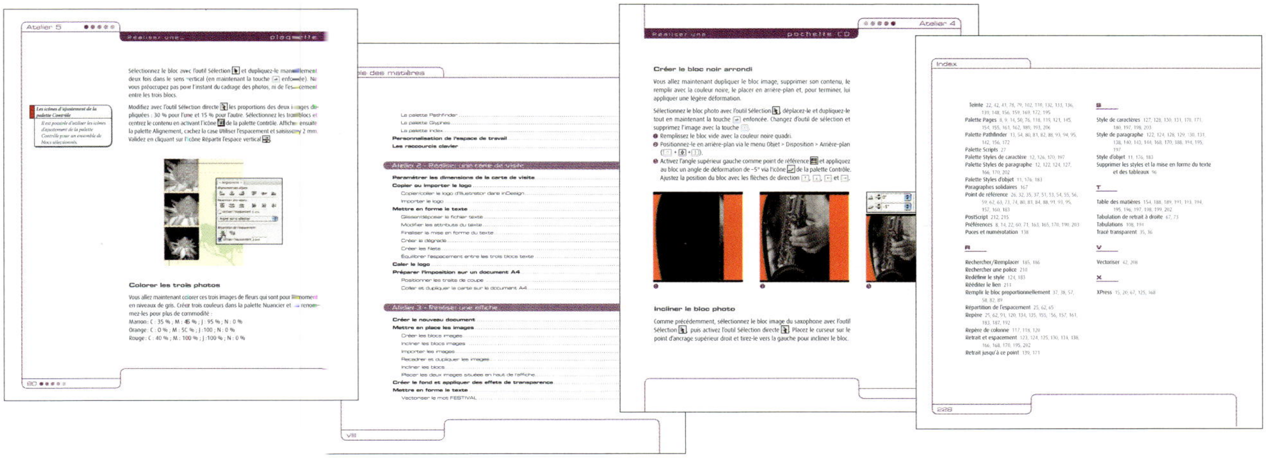

Réaliser un… livre

Dans les ateliers précédents, vous avez appris à concevoir des documents n'excédant pas quelques pages : vous voici maintenant prêt pour aborder la réalisation d'un livre, en l'occurrence celui que vous avez entre les mains. Après avoir créé une maquette adaptée, vous exploiterez les nombreuses fonctionnalités d'InDesign pour automatiser la mise en forme du texte, le placement des images, le foliotage, etc. Vous aurez également l'occasion d'utiliser la palette Livre, qui s'avère très pratique dans le cas d'un document à forte pagination.

Pour réaliser cet atelier, vous ne disposerez pas du texte intégral de ce livre bien évidemment, mais seulement du texte Word (stylé) et des images de l'atelier 2. Dans un premier temps, vous allez mettre en page ce dernier, ce qui vous permettra de vous familiariser avec les nombreuses automatisations que propose InDesign. Ensuite, vous apprendrez à concevoir un livre entier, même si vous ne pourrez pas mettre en pratique cette méthode puisque seul l'atelier 2 vous est fourni. Pour finir, vous découvrirez comment générer la table des matières et l'index de cet ouvrage. À noter qu'il est fort probable que vous ne possédiez pas toutes les polices de caractères utilisées dans ce livre : dans ce cas, utilisez des polices équivalentes.

Créer le nouveau document

La mise en page de ce livre se présente sur deux colonnes : l'une pour le texte courant et l'autre pour les encadrés placés à droite ou à gauche de chaque page. Pour créer ce document, une première méthode consisterait à le prévoir sur deux colonnes de largeur différente : lors de l'importation, InDesign « coulerait » automatiquement l'ensemble du texte dans ces colonnes. De ce fait, vous seriez amené à supprimer sur chaque page les blocs texte qui ont été importés dans la colonne réservée aux encadrés. En conséquence, tous les textes supprimés apparaîtraient en débord à la fin du document, si bien que vous devriez ajouter de nouvelles pages… Il sera donc bien plus simple et surtout plus rapide de créer un document d'une seule colonne et de vous aider de repères pour positionner les encadrés. Le texte importé coulera ainsi dans une seule colonne.

Créez un nouveau document avec des pages en vis-à-vis au format de 210 × 240 mm. Saisissez les marges suivantes : De tête 36 mm, De pied 30 mm, Petit fond 20 mm, Grand fond 75 mm. Ajoutez un fond perdu de 5 mm.

Construire le gabarit de la double page

Lorsque vous créez un document, la palette Pages contient par défaut un gabarit qui reprend les paramètres définis dans la fenêtre Nouveau document. Comme ici le document est constitué de pages en vis-à-vis, ce gabarit se présentera donc sur une double page. Vous allez maintenant compléter ce dernier et créer un deuxième gabarit pour la page d'ouverture.

Créer des repères pour les encadrés, en-têtes et pieds de page

Des repères vont non seulement être nécessaires pour les encadrés, mais aussi pour le positionnement des blocs d'en-tête et de pied de page. Pour faciliter la saisie des valeurs dans l'emplacement X, pensez à modifier l'origine des règles verticales des doubles pages avant de créer les repères (voir encadré p. 91).

Placez-vous sur la page gauche du gabarit A en double-cliquant sur son icône dans la palette Pages. Tirez un premier repère de la règle verticale et positionnez-le à un emplacement X de 15 mm du bord de la page gauche. Sur la page de droite, créez un repère symétrique à un emplacement X de 195 mm (soit à 15 mm du bord droit de la page). Tirez deux autres repères et positionnez-les à 65 mm des bords gauche et droit de la page (l'emplacement X devant être de 145 mm pour la page de droite).

Tirez trois repères de la règle horizontale : le premier placé à 20 mm (emplacement Y), le deuxième à 220 mm et le dernier à 232 mm, c'est-à-dire à 8 mm du bas de la page.

Pour placer un repère sur une double page

Tirez un repère de la règle horizontale tout en appuyant sur la touche ⌘.

> ***Éléments types d'un gabarit***
>
> *Dans un document, les éléments types du gabarit sont toujours verouillés. Il est toutefois possible de les « libérer » de leur gabarit en les sélectionnant à l'aide de l'outil Sélection, tout en maintenant les touches [⌘] et [⇧] enfoncées. Dans InDesign CS3, ces éléments types s'affichent en pointillés sur le document.*

Créer le gabarit de la page paire

Dans un premier temps, vous allez placer les éléments types sur la page de gauche, puis vous les dupliquerez sur la page de droite en leur appliquant une symétrie.

Préparez les couleurs du document dans la palette Nuancier : le violet (C : 45 % ; M : 90 % ; J : 0 % ; N : 40 %), le rouge (C : 0 % ; M : 100 % ; J : 80 ; N : 20 %), et mémorisez une teinte de noir à 80 %.

Créer les blocs d'en-tête

Tout d'abord, vous allez créer les en-têtes. Avec l'outil Rectangle, tracez un bloc d'une largeur de 125 mm et d'une hauteur de 5 mm, et remplissez-le de violet. Si nécessaire, supprimez le contour de 1 pt, paramétré par défaut avec cet outil. Appliquez au bloc un arrondi de 3 mm via le menu Objet > Options d'arrondis. Copiez le bloc ([⌘] + [C]) et collez-le au même endroit via la commande Coller sur place du menu Édition ([⌘] + [alt] – [⇧] + [V]). Supprimez les coins arrondis en convertissant la forme en rectangle par la palette Pathfinder ou le menu Objet > Convertir la forme > Rectangle. Comme illustré ci-dessous, réduisez la largeur du bloc que vous venez de coller en « masquant » l'arrondi de droite. Effectuez une nouvelle fois un copier/coller sur place et utilisez ce nouveau bloc pour masquer cette fois l'arrondi de l'angle supérieur gauche. N'hésitez pas à vérifier l'alignement horizontal et vertical des blocs en cliquant sur les icônes et de la palette Contrôle ou Alignement. Pour finir, sélectionnez les trois blocs, puis activez l'icône Addition de la palette Pathfinder afin obtenir une seule forme. Positionnez-la sur le repère horizontal supérieur de la page.

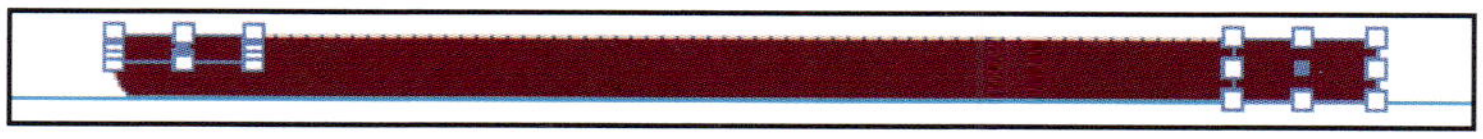

Procédez de la même manière pour le second bloc d'en-tête placé à gauche, à ceci près qu'il doit avoir une largeur de 60 mm, un contour violet de 0,5 pt, être dépourvu de couleur de fond et que seuls les deux bords arrondis du bas doivent être masqués. Calez-le à gauche du bloc violet comme illustré ci-après.

Sélectionnez ensuite les deux blocs et positionnez-les à 10 mm du bord de la page. Pour cela, saisissez 10 mm à l'emplacement X, avec le point de référence activé sur le coin supérieur gauche.

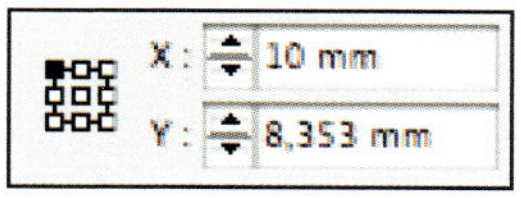

Créer les blocs de pied de page

Le bloc contenant le folio étant identique à celui que vous venez de créer, dupliquez ce dernier et placez-le en bas de la page sur le repère horizontal inférieur, en maintenant la touche alt enfoncée (ainsi que la touche ⇧ pour contraindre le déplacement). Appliquez-lui ensuite une symétrie via l'icône de la palette Contrôle, en ayant centré le point de référence.

Créez un nouveau bloc d'une largeur de 125 mm et d'une hauteur d'au moins 25 mm avec un contour violet de 0,5 pt. Appliquez-lui un arrondi de 3 mm et placez-le sur le repère situé à 220 mm de l'emplacement Y, à côté du bloc contenant le folio.

Vous allez maintenant couper une partie de ce nouveau bloc. Activez l'outil Ciseaux et placez le curseur sur le contour du bloc (en bas à gauche et en dehors de la page). Au centre du curseur apparaît un petit rond ⌖, cliquez pour couper le bloc. Avec l'outil Sélection directe, amenez le point d'ancrage en haut, sur le côté droit du bloc contenant le folio (avec la touche ⇧ enfoncée pour contraindre le déplacement), afin de donner une impression de continuité entre ces deux blocs. Groupez ensuite ces derniers via le menu Objet > Associer (⌘ + G).

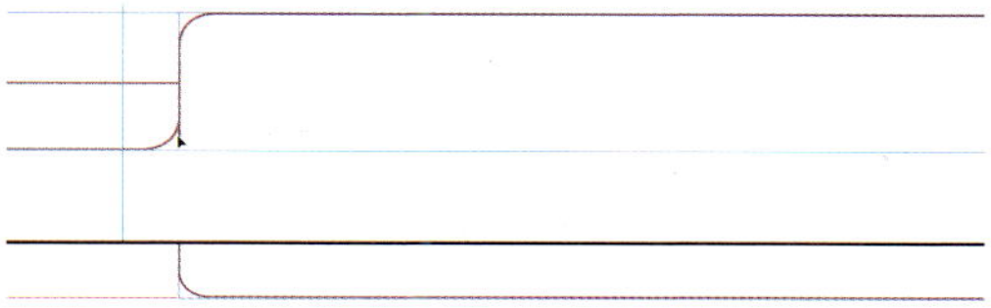

Compléter le gabarit

Tracez ensuite un trait vertical à gauche de la page à l'aide de l'outil Trait (avec la touche ⇧ enfoncée). Positionnez-le à 10 mm du bord de la page et attribuez-lui un contour violet de 0,5 pt. Tracez un autre trait vertical partant du côté droit du bloc violet jusqu'au fond perdu.

❶ Avec l'outil Texte T, tracez au-dessus du bloc violet un bloc de la même dimension (125 × 6 mm), et saisissez-y le titre courant « Réaliser une… carte de visite ». Alignez les deux blocs par leurs centres à l'aide des icônes et de la palette Contrôle ou Alignement. Modifiez la police en Brownsville avec un corps de 9 pt et une approche de 290. Ajoutez un retrait de 5 mm à gauche et à droite du texte pour que ce dernier ne soit pas trop proche du bord du bloc. Appliquez au texte la couleur Papier. Placez le curseur après les trois points de suspension et insérez une tabulation de retrait à droite, via le menu Insérer un caractère spécial > Autre (⇧ + TAB). Augmentez de deux points le corps du texte « une carte de visite » (⌘ + ⇧ + ;). Pour terminer, centrez le texte verticalement en sélectionnant le bloc avec l'outil Sélection puis en activant l'icône de la palette Contrôle.

❷ Dans un second bloc (60 × 6 mm), saisissez le texte « Atelier 2 » et calez-le comme précédemment sur le bloc vide restant du haut de la page. Choisissez la police Eurostile Extented 2 avec un corps de 10,5 pt et paramétrez un retrait de 3 mm à gauche et à droite. Via la palette Contrôle, centrez le texte verticalement et appliquez-lui du violet.

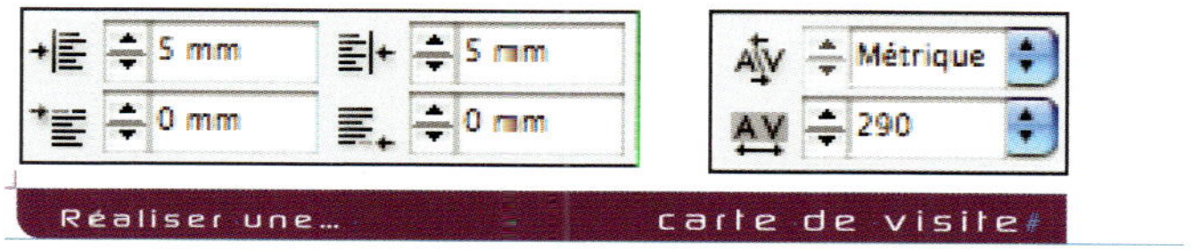

❶

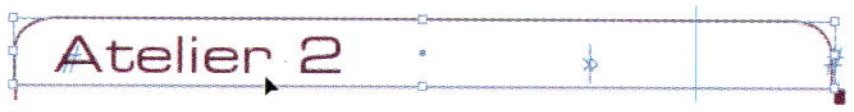

❷

❸ Placez le curseur après « Atelier 2 », insérez une tabulation de retrait à droite (⇧ + TAB) et affichez la palette Glyphes par le menu Texte. Dans la liste des polices, située en bas à gauche de la palette, activez la Zapf Dingbats. Double-cliquez sur le symbole de la puce : elle s'insère alors à l'endroit où se trouve le curseur texte.

❹ Dans la dernière version d'InDesign, la palette Glyphes répertorie les derniers glyphes utilisés, qui sont accessibles par la première ligne de la palette. Pour insérer les quatre autres puces de l'en-tête, vous pouvez donc utiliser cette astuce ou de manière plus classique effectuer un copier/coller. Sélectionnez ensuite chaque puce et modifiez sa teinte (à 40 %, 50 %, 60 %, 70 %) dans la palette Nuancier.

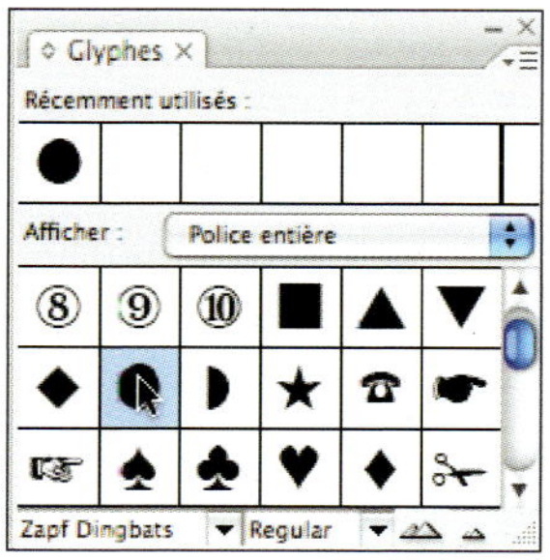

❸

❹

Paramétrer la pagination automatique des pages

Pour que la pagination du livre soit automatique, même après une suppression ou un ajout de page dans le document, il faut la paramétrer dans le gabarit au moyen d'un caractère spécial.

Dupliquez le bloc texte « Atelier 2 » et placez-le en bas de la page sur le bloc prévu pour le folio. Supprimez le texte « Atelier 2 » ainsi que la tabulation à droite, pour ne garder que les puces. Placez le curseur avant la première puce, puis allez dans le menu Texte > Insérer un caractère spécial > Marques > Numéro de page active. Le numéro de page adopte alors le préfixe du gabarit (A). Modifiez le corps du texte et des puces à 9 pt, et activez l'icône de la palette Contrôle pour aligner le texte à l'opposé du dos. L'alignement du texte s'effectuera ainsi par rapport à la reliure, ce qui évitera de reprendre l'alignement lorsque le bloc sera dupliqué sur l'autre page. Calez enfin les deux blocs.

Créer le gabarit de la page impaire

Sélectionnez tous les éléments types de la page paire par le menu Objet > Tout sélectionner (+ A). Pour plus de sécurité, associez-les via le même menu Objet (+ G). Puis dupliquez et déplacez manuellement ce groupe de blocs sur la page de droite. Cliquez ensuite sur l'icône de la palette Contrôle (avec le point de référence centré) pour appliquer une symétrie sur l'axe vertical. Comme sur la page paire, placez ces éléments à 10 mm du bord de la page, en saisissant 200 mm à l'emplacement X, le point de référence activé sur le coin supérieur droit . Puis sélectionnez les blocs texte avec l'outil Sélection directe et cliquez une nouvelle fois sur l'icône de symétrie pour supprimer la symétrie appliquée au texte. Enfin, redisposez les puces et les textes d'en-tête et de pied de page afin de respecter l'effet miroir des deux pages en vis-à-vis.

Créer le gabarit de la page d'ouverture

❶ Créez un nouveau gabarit d'une seule page en choisissant Nouveau gabarit dans le menu déroulant de la palette Pages.

❷ Via le menu Page > Marges et colonnes, modifiez les valeurs des marges comme indiqué.

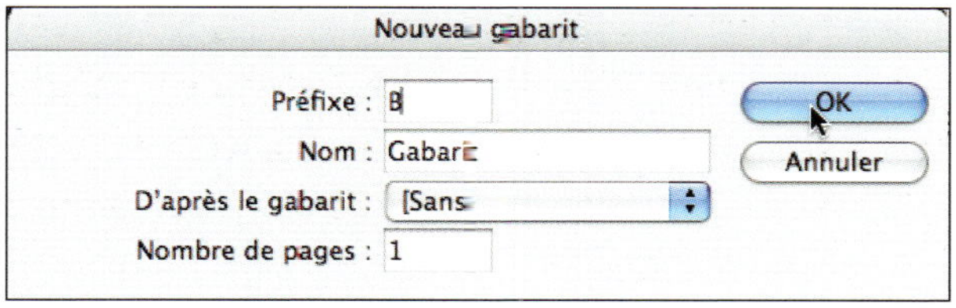

❶

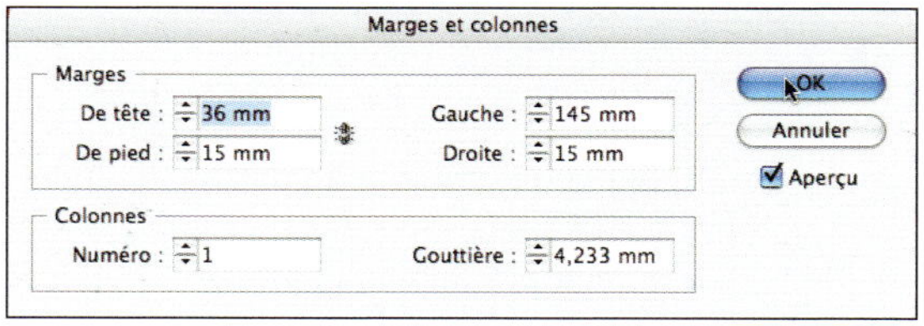

❷

❸ Glissez et placez à l'emplacement X un repère vertical à 20 mm et un deuxième à 135 mm pour le positionnement du titre de l'atelier et de son intitulé. Tracez un bloc d'une largeur de 170 mm avec l'outil Rectangle, placez-le sur la marge de tête et calez-le sur le repère vertical de gauche. Appliquez-lui un contour violet de 0,5 pt ainsi qu'un arrondi de 3 mm via le menu Objet > Options d'arrondis. Tracez ensuite un bloc texte et collez-y le titre « Atelier 2 » du gabarit A. Redisposez le texte et les puces, et augmentez leur corps à 15 pt. Alignez les deux blocs par leurs bords inférieurs.

4. Pour finir, tracez deux filets avec l'outil Trait, l'un vertical à 10 mm du bord droit de la page jusqu'à la marge de pied, et l'autre horizontal de la largeur de la colonne, de manière à ce que ces deux traits forment un angle droit. Appliquez-leur une épaisseur de 0,5 pt de couleur noire.

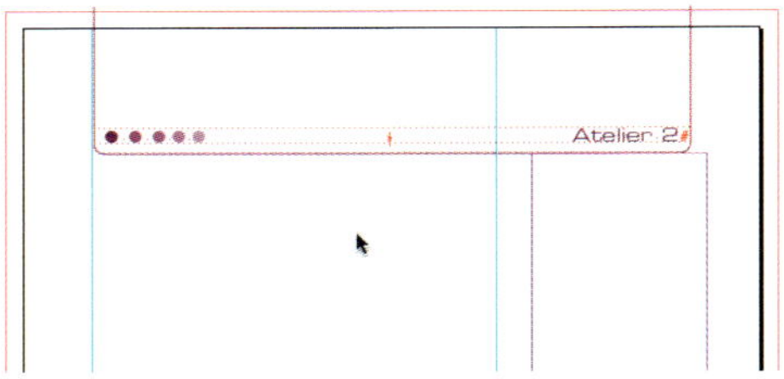

3

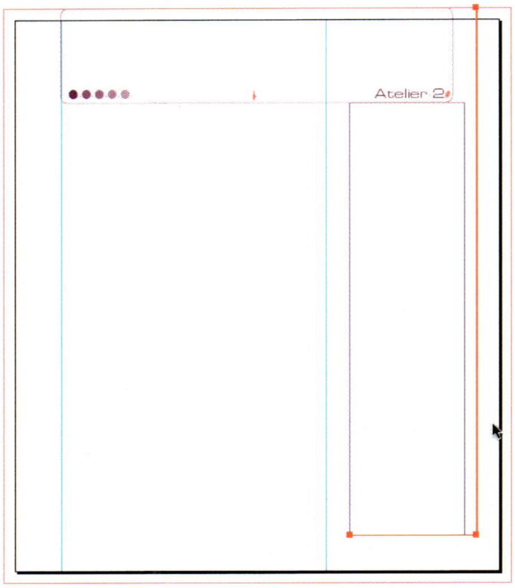

4

Appliquer les gabarits aux pages 1 et 2

Si vous activez la première page du document en double-cliquant sur son icône dans la palette Pages, vous remarquerez que le gabarit de la double page lui a été affecté. Pour lui appliquer le gabarit de la page d'ouverture, cliquez sur l'icône du gabarit B tout en pressant la touche alt, ou glissez cette icône sur celle de la page 1.

Ajoutez ensuite une deuxième page en glissant l'icône du gabarit A sous la page 1.

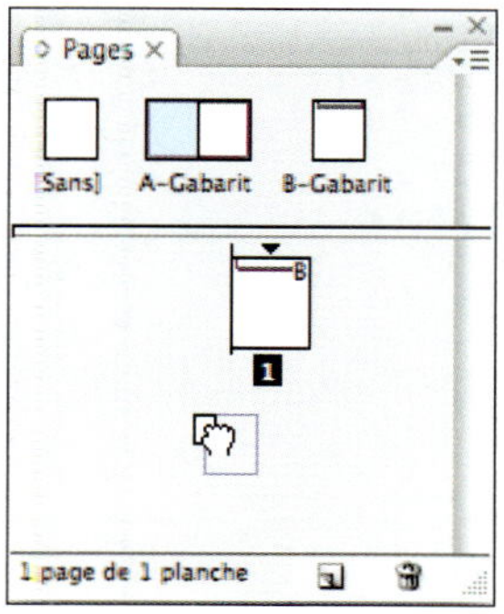

Préparer un jeu personnalisé de glyphes

Pour faciliter la mise en page de ce livre, vous allez personnaliser un jeu de glyphes, c'est-à-dire créer un jeu de polices dans lequel seront enregistrées les puces numérotées (police Zaft Dingbats) et les touches correspondant aux raccourcis clavier (police Davys), souvent utilisées dans ces pages, ce qui vous évitera d'aller chercher à chaque fois la police souhaitée.

Grâce au menu déroulant de la palette Glyphes, créez un nouveau jeu et nommez-le « puces ». Activez ensuite l'une des deux polices (en bas à gauche de la palette) et sélectionnez un à un les glyphes souhaités pour les enregistrer dans le nouveau jeu personnalisé via le menu déroulant de la palette Glyphes > Ajouter au jeu de glyphes > puces ❶. Lorsque vous désirez ajouter une puce numérotée ou un raccourci clavier dans le texte, affichez ce jeu de glyphes via le menu déroulant Afficher de la palette Glyphes ❷, puis double/cliquez sur le caractère qui s'insérera à l'endroit où est positionné le curseur.

Enregistrement d'un jeu de glyphes

Un jeu de glyphes n'étant pas lié à un document en particulier, il s'enregistre dans un dossier du système, qui se trouve à l'emplacement suivant :

Pour Mac OS X : Utilisateur > Bibliothèque > Préférences > Adobe InDesign > Presets > Version5.0 > Glyph Sets

Pour PC : Document et préférences > Utilisateur > Application Data > Adobe > InDesign > Version 5.0 > Glyph Sets

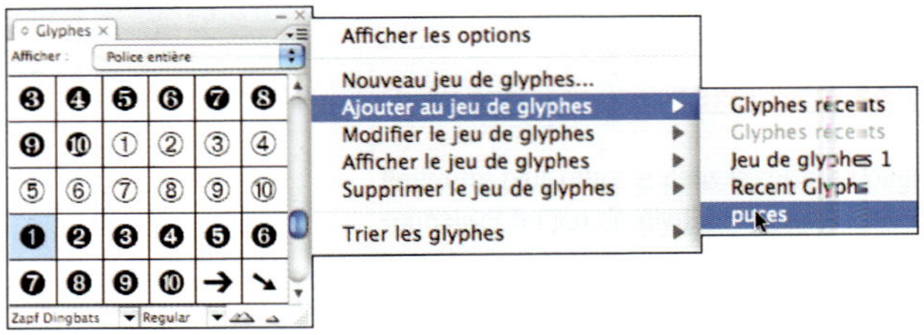

❶

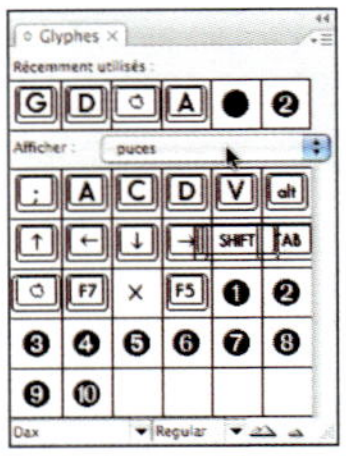

❷

Mettre en page le document

Vous pouvez à présent importer le texte Word pour lequel des styles de paragraphe (titres, texte courant, encadrés...) et de caractères (raccourcis clavier) ont été créés. Tous ces styles seront récupérés à l'importation afin d'obtenir un texte automatiquement enrichi. Il sera toutefois nécessaire de modifier certains styles en vue d'améliorer la mise en forme du texte.

> ***Les polices manquantes***
>
> *Lorsque vous ouvrez ou importez un document contenant des polices qui ne sont pas installées sur votre ordinateur, un message d'alerte vous indique qu'elles sont manquantes. Le texte mis en forme avec ces polices apparaît alors surligné en rose. Si vous sélectionnez un passage de texte contenant une police manquante, le nom de cette dernière s'affiche entre crochets dans la palette Contrôle.*

Importer le fichier Word

❶ Importez le fichier Atelier 2.doc sur la page 2 par le menu Fichier (⌘ + D). Dans la fenêtre d'importation, cochez la case Afficher les options d'importation. Dans la fenêtre suivante, activez l'option Conserver les styles et la mise en forme du texte et des tableaux, afin de récupérer les styles du document Word.

❷ Placez le curseur texte sur le bord supérieur gauche de la colonne, puis cliquez en maintenant la touche ⇧ enfoncée afin qu'InDesign importe la totalité du texte en ajoutant le nombre de pages nécessaires ❸.

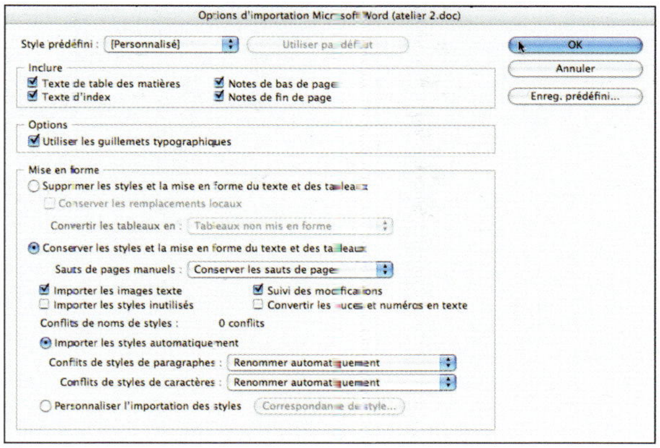

❶

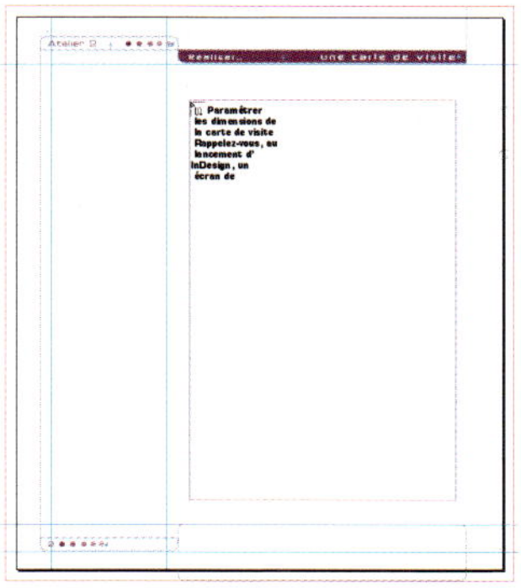

❷

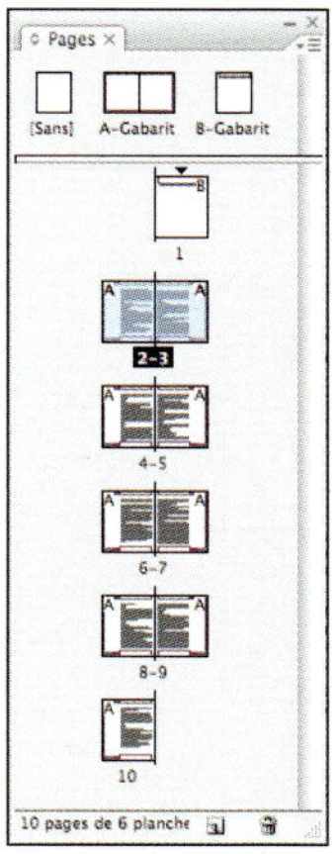

❸

Les encadrés ayant été saisis dans le texte courant, coupez-les et copiez-les dans les marges extérieures (vous les ancrerez plus tard dans le texte).

Régler la grille de ligne de base du document

Il y a peu de chances que le texte d'une page soit parfaitement aligné sur celui de la page en vis-à-vis (même remarque pour les textes de deux colonnes en regard), et encore moins si vous paramétrez des espaces entre les paragraphes. Pour y remédier, la solution consiste à magnétiser le texte sur une grille nommée grille de ligne de base, qui se règle en général en fonction de l'interlignage.

Affichez la grille de ligne de base via le menu Affichage (⌘ + alt + <). Allez dans le menu InDesign > Préférences > Grille (ou menu Édition pour PC), puis modifiez le décalage de la grille par rapport au haut de la page, en saisissant 36 mm dans le champ Début (valeur de la marge du haut du document). Réglez ensuite le pas sur 7 pt (attention à bien saisir « pt », le pas se convertissant automatiquement en mm).

> ***Pour aligner un texte sur la grille par la palette Contrôle***
>
> *Une fois le texte sélectionné, cliquez sur l'icône ▤ de la palette Contrôle.*

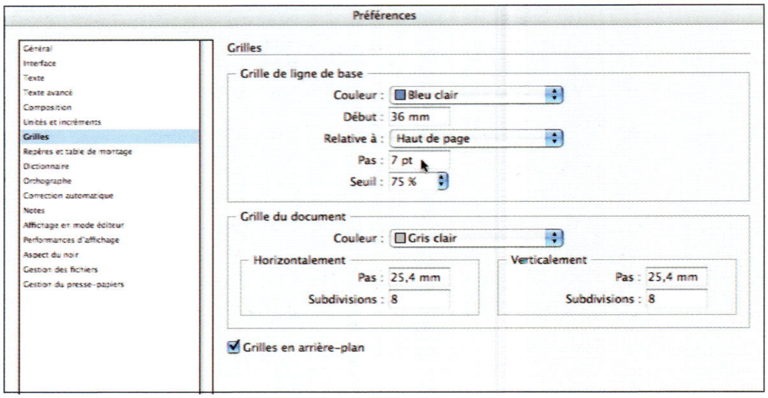

Paramétrer les styles de paragraphe

La palette Styles de paragraphe contient donc les styles importés du fichier Word. Vous allez vérifier leurs attributs et, dans certains cas, les modifier ou les compléter.

L'icône disquette placée en regard du nom d'un style

Lorsque cette icône apparaît en face du nom d'un style dans la palette Styles de paragraphe ou de caractère, cela signifie que ce style n'a pas été créé dans InDesign mais importé d'un autre logiciel.

Le style des titres

Affichez la fenêtre d'options du style 1-Titre en double-cliquant sur son nom dans la palette Styles de paragraphe. Tous les enrichissements intégrés au style sont alors répertoriés à gauche de la fenêtre. Si vous ne possédez pas les polices utilisées dans ce livre, choisissez-en d'autres dans la rubrique Formats de caractères de base, en cochant la case Aperçu pour visualiser le résultat avant validation.

Dans la rubrique Retrait et espacement, paramétrez un espace avant de 6 mm et un espace après de 3 mm, puis alignez le titre sur la grille de ligne de base, via le menu déroulant Aligner sur la grille > Toutes les lignes.

Dans la rubrique Filets de paragraphe, activez le filet au-dessous, choisissez la couleur noire dans le menu déroulant Couleur, puis appliquez un décalage de 0,5 mm avec la largeur du filet sur toute la colonne.

Dans la rubrique Options d'enchaînement, paramétrez sur deux lignes l'option Paragraphes solidaires, pour rendre solidaire la dernière ligne d'un titre avec la première ligne du paragraphe suivant. Ainsi, si un titre et la première ligne du paragraphe suivant ne peuvent rentrer dans le bas d'une colonne ou d'une page, ils seront automatiquement décalés sur la colonne ou la page suivante.

Enfin, dans la rubrique Couleur des caractères, activez la couleur rouge.

Les modifications du style 1 - Titre étant terminées, vous remarquerez que les titres ont été automatiquement mis en forme dans tout le document.

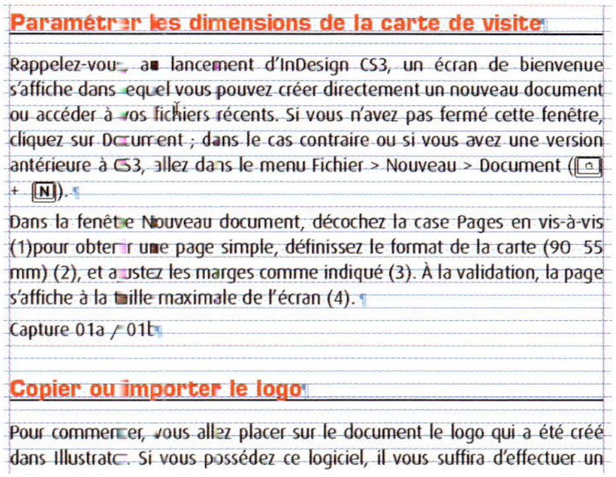
Paramétrer les dimensions de la carte de visite

Rappelez-vous, au lancement d'InDesign CS3, un écran de bienvenue s'affiche dans lequel vous pouvez créer directement un nouveau document ou accéder à vos fichiers récents. Si vous n'avez pas fermé cette fenêtre, cliquez sur Document ; dans le cas contraire ou si vous avez une version antérieure à CS3, allez dans le menu Fichier > Nouveau > Document (⌘ + N).

Dans la fenêtre Nouveau document, décochez la case Pages en vis-à-vis (1)pour obtenir une page simple, définissez le format de la carte (90 55 mm) (2), et ajustez les marges comme indiqué (3). À la validation, la page s'affiche à la taille maximale de l'écran (4).

Capture 01a / 01b

Copier ou importer le logo

Pour commencer, vous allez placer sur le document le logo qui a été créé dans Illustrator. Si vous possédez ce logiciel, il vous suffira d'effectuer un

Appliquez ces mêmes paramètres au style 2 - Titre pour les options d'enchaînement et les retraits et espacements (mais avec 4 mm pour l'espace avant). En revanche, remplacez la couleur du texte par du noir à 80 %.

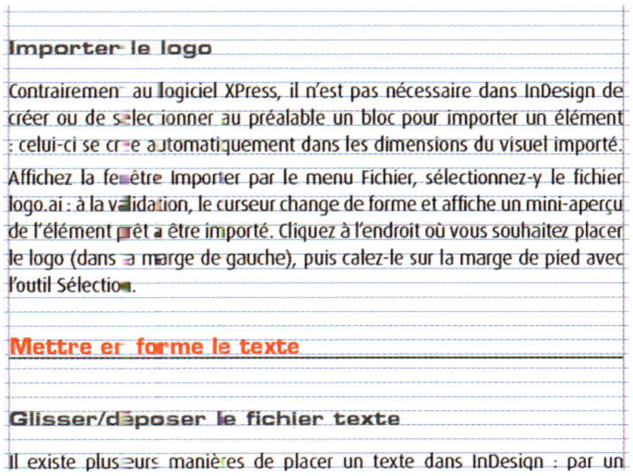
Importer le logo

Contrairement au logiciel XPress, il n'est pas nécessaire dans InDesign de créer ou de sélectionner au préalable un bloc pour importer un élément : celui-ci se crée automatiquement dans les dimensions du visuel importé.

Affichez la fenêtre Importer par le menu Fichier, sélectionnez-y le fichier logo.ai : à la validation, le curseur change de forme et affiche un mini-aperçu de l'élément prêt à être importé. Cliquez à l'endroit où vous souhaitez placer le logo (dans la marge de gauche), puis calez-le sur la marge de pied avec l'outil Sélection.

Mettre en forme le texte

Glisser/déposer le fichier texte

Il existe plusieurs manières de placer un texte dans InDesign : par un

> ***Pour ceux qui viennent d'XPress***
>
> *Lorsqu'on travaille avec InDesign, il est préférable de perdre certaines habitudes prises sous XPress, comme celle d'éviter (ou de forcer) la coupure d'un mot à l'aide de l'approche ou d'un retour forcé à la ligne. Car si vous utilisez le compositeur paragraphe Adobe (option accessible depuis le menu déroulant de la palette Contrôle ou par la rubrique Justification dans les options du style de paragraphe), vous risquez de perdre tout ce que vous avez mis en place, puisque InDesign calcule les valeurs de justification pour tout un paragraphe. Privilégiez plutôt un tiret conditionnel pour les coupures forcées, en allant dans le menu Texte > Insérer un caractère spécial > Césures et tirets > Tiret conditionnel (+ ⇧ + ␣). Selon les paramètres de césure et les options de justification, InDesign décidera alors de couper ou non le mot. Autre intérêt de ce tiret conditionnel : il disparaît quand le mot coupé ne nécessite plus de césure. À noter aussi que l'insertion de ce tiret devant un mot empêche sa césure.*

> ***Compositeur ligne simple Adobe***
>
> *Avec ce compositeur, les valeurs de justification seront calculées ligne par ligne.*

Le style du texte courant

Le texte courant, justifié dans la colonne, mérite une plus grande attention. Vous devez en effet paramétrer certaines options dans le style de paragraphe pour d'obtenir un bon gris typographique, c'est-à-dire une régularité des espaces entre les mots et les caractères. On évite ce que l'on appelle des « lézardes » à savoir des blancs irréguliers entre les mots.

Placez le curseur sur un paragraphe du texte courant, double-cliquez sur le style Texte courant, puis allez dans la rubrique Retrait et espacement : alignez le texte sur toutes les lignes et appliquez un espace avant et après de 1 mm.

La rubrique Options d'enchaînement va vous vous permettre de gérer au mieux les lignes veuves et orphelines. En cochant la case Lignes solidaires, InDesign rend solidaires les deux dernières lignes d'un paragraphe avec les deux premières lignes du paragraphe suivant. La dernière ligne d'un paragraphe ne se retrouvera ainsi jamais isolée en haut d'une colonne ou d'une page (ligne veuve), tout comme la première ligne d'un paragraphe ne se retrouvera jamais isolée en bas d'une colonne ou d'une page (ligne orpheline).

Dans la rubrique Césure, cochez la case Césure. Les mots d'au moins cinq lettres seront ainsi coupés après les deux premières ou avant les deux dernières lettres et il n'y aura pas plus de trois césures consécutives en fin de ligne. Décochez en revanche la case Césure des mots en capitales.

Dans la rubrique Justification, paramétrez les valeurs des champs Intermots et Interlettrage comme sur la capture ci-après. Petit rappel, les valeurs Minimum et Maximum définissent les espacements minimal et maximal acceptés entre les mots ou entre les lettres, tandis que la valeur Optimum correspond à l'espacement souhaité. Réglez également les valeurs de la mise à l'échelle des glyphes (98 %, 99 % et 100 %). En choisissant le compositeur de paragraphe Adobe, les valeurs de justification seront calculées pour chaque paragraphe.

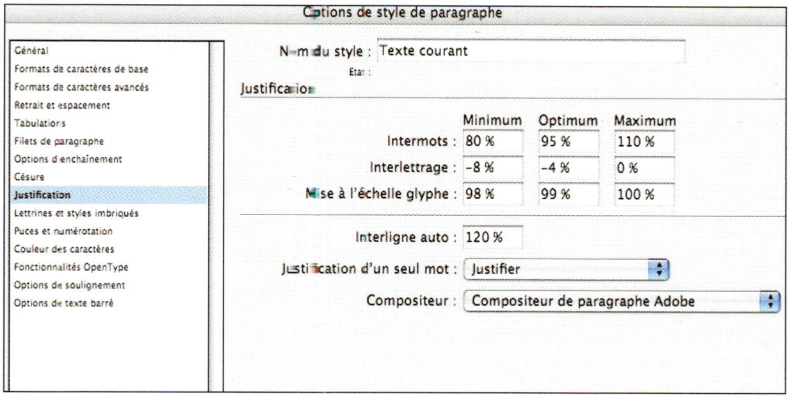

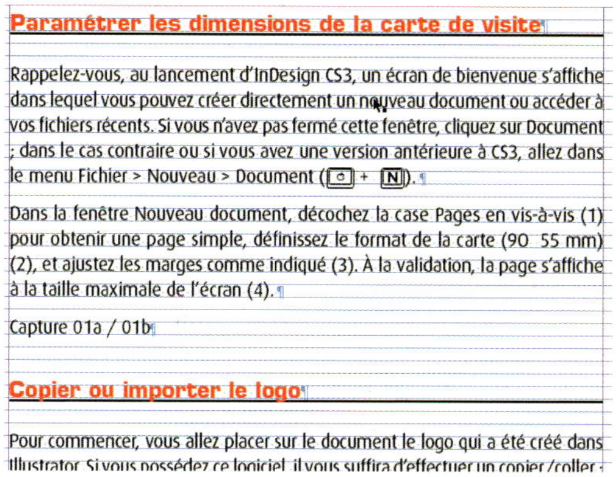

Paramétrer les dimensions de la carte de visite

Rappelez-vous, au lancement d'InDesign CS3, un écran de bienvenue s'affiche dans lequel vous pouvez créer directement un nouveau document ou accéder à vos fichiers récents. Si vous n'avez pas fermé cette fenêtre, cliquez sur Document ; dans le cas contraire ou si vous avez une version antérieure à CS3, allez dans le menu Fichier > Nouveau > Document (⌘ + N).

Dans la fenêtre Nouveau document, décochez la case Pages en vis-à-vis (1) pour obtenir une page simple, définissez le format de la carte (90 55 mm) (2), et ajustez les marges comme indiqué (3). À la validation, la page s'affiche à la taille maximale de l'écran (4).

Capture 01a / 01b

Copier ou importer le logo

Pour commencer, vous allez placer sur le document le logo qui a été créé dans Illustrator. Si vous possédez ce logiciel, il vous suffira d'effectuer un copier/coller ;

Les styles des encadrés

Pour les encadrés, il existe deux styles : un pour le titre et un pour le texte.

Double-cliquez sur le style Titre encadré. Dans la rubrique Formats de caractères de base, modifiez l'approche à −10. Dans la rubrique Filets de paragraphe, activez le filet au-dessous dans une graisse de 0,5 pt avec une teinte noire à 80 %, et appliquez un décalage de 0,8 mm, un retrait à gauche de −1,5 mm et un retrait à droite de −1 mm.

Pour le style Texte encadré, changez également l'approche à −10, et paramétrez un retrait à gauche de 3 mm et un espace avant de 1 mm. Reprenez les mêmes valeurs de justification que celles du texte courant.

> ***Pour obtenir un gris typographique plus dense***
>
> *Dans la rubrique Justification, réglez les trois valeurs Intermots à 75 %, 90 % et 110 %, et gardez les mêmes valeurs pour l'interlettrage et la mise à l'échelle des glyphes comme dans la capture ci-dessus.*

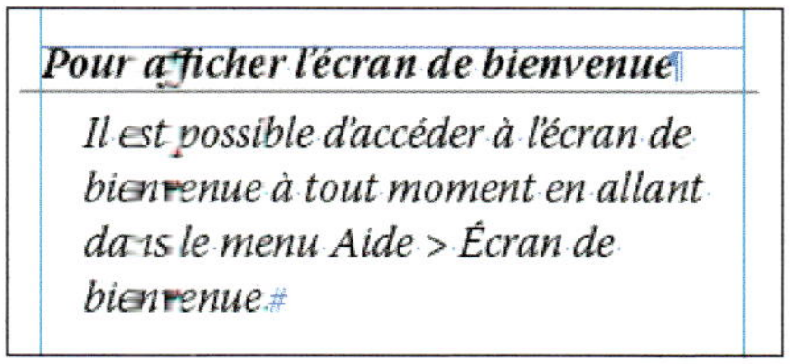

Pour afficher l'écran de bienvenue

Il est possible d'accéder à l'écran de bienvenue à tout moment en allant dans le menu Aide > Écran de bienvenue

Paramétrer les styles de caractères

Comme pour les styles de paragraphe, le style de caractères des touches clavier a été importé du document Word. A priori, il ne sera pas nécessaire de le modifier dans InDesign, à moins que vous ne possédiez pas la police utilisée.

Dans le livre, des puces numérotées ont été insérées dans certains paragraphes (signalées dans le texte courant par un numéro entre parenthèses). Comme il n'y a pas de style correspondant, vous allez donc le créer. Dans la section, « Paramétrer les dimensions de la carte de visite », sélectionnez le chiffre (1), puis affichez le jeu personnalisé dans la palette Glyphes et double-cliquez sur la puce 1 pour l'insérer. Modifiez directement sa couleur en violet dans la palette Nuancier, puis affichez la palette Styles de caractère. Créez un nouveau style en cliquant sur l'icône situé en bas de cette palette. Baptisez ce style « Numéro » et vérifiez que la police et la couleur ont bien été prises en compte.

Pour insérer les autres puces numérotées, il vous suffira de repérer dans le texte le numéro entre parenthèses, de le sélectionner, d'activer le style de caractères Numéro, puis de choisir dans la palette Glyphes la puce correspondante.

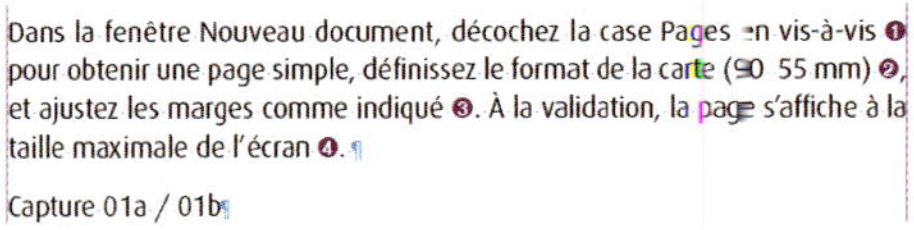
Dans la fenêtre Nouveau document, décochez la case Pages en vis-à-vis ❶ pour obtenir une page simple, définissez le format de la carte (90 55 mm) ❷, et ajustez les marges comme indiqué ❸. À la validation, la page s'affiche à la taille maximale de l'écran ❹.¶

Capture 01a / 01b¶

Le style du texte courant avec une puce

Dans ce livre, il arrive que le texte commence par une puce numérotée. Pour ce cas particulier, vous allez créer un nouveau style de paragraphe d'après le texte courant dans lequel vous imbriquerez le style de caractères des puces.

Affichez la palette Styles de paragraphe et créez un nouveau style. Nommez-le « Texte courant puce ». Dans la rubrique Général reprenez les attributs du style Texte courant via le menu déroulant D'après. Dans la rubrique Retrait et espacement, supprimez les espaces entre les paragraphes. Dans la rubrique

> ***Préférences de composition***
>
> *En raison des césures, InDesign ne peut pas toujours respecter les valeurs d'intermot et d'interlettrage. Cependant, il est possible de visualiser les lignes qui sont trop étirées ou trop étroitisées. Dans les préférences d'InDesign, choisissez Composition et cochez les cases Infractions et Infractions de césure et de justification. Les lignes présentant des problèmes de composition seront alors surlignées en jaune, la plus foncée des trois teintes indiquant un problème sérieux.*

Lettrines et styles imbriqués, cliquez sur le bouton Nouveau style imbriqué, puis choisissez le style de caractères Numéro ❶ et activez-le sur un caractère ❷.

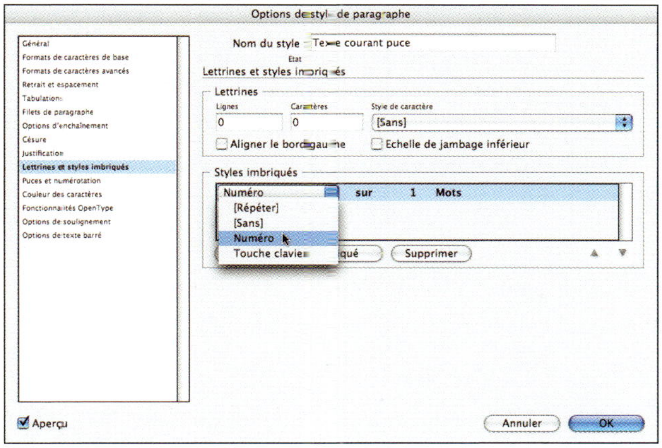

❶

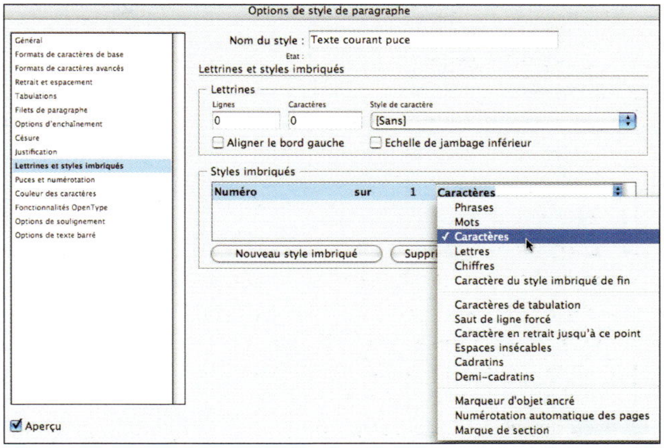

❷

Une fois ce style créé, vous pouvez insérer la première puce, à l'aide de la palette Glyphes, dans la section « Mettre en forme le texte », devant le paragraphe « À partir de l'Explorateur … ». Appliquez ensuite au paragraphe le style Texte courant puce. Il ne reste plus qu'à aligner les lignes suivantes du paragraphe après la puce : pour cela, placez le curseur après cette puce et, dans le menu Texte, choisissez Insérer un caractère spécial > Autres > Retrait jusqu'à ce point (+ § ou Ctrl + * pour PC).

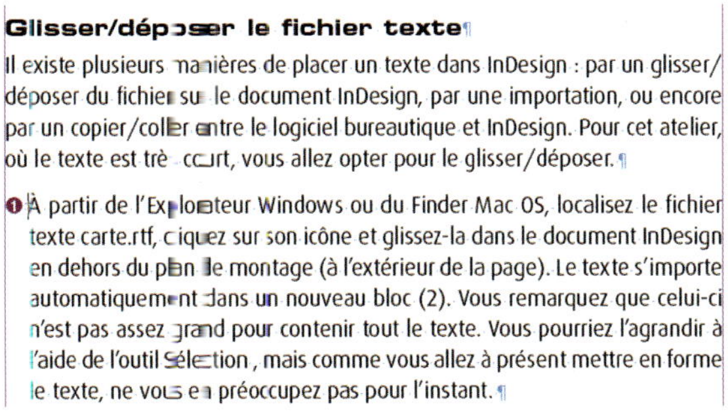

Glisser/déposer le fichier texte¶

Il existe plusieurs manières de placer un texte dans InDesign : par un glisser/déposer du fichier sur le document InDesign, par une importation, ou encore par un copier/coller entre le logiciel bureautique et InDesign. Pour cet atelier, où le texte est très court, vous allez opter pour le glisser/déposer.¶

❶ À partir de l'Explorateur Windows ou du Finder Mac OS, localisez le fichier texte carte.rtf, cliquez sur son icône et glissez-la dans le document InDesign en dehors du plan de montage (à l'extérieur de la page). Le texte s'importe automatiquement dans un nouveau bloc (2). Vous remarquez que celui-ci n'est pas assez grand pour contenir tout le texte. Vous pourriez l'agrandir à l'aide de l'outil Sélection, mais comme vous allez à présent mettre en forme le texte, ne vous en préoccupez pas pour l'instant.¶

Enregistrer les encadrés dans une bibliothèque

Pour faciliter l'exécution de cette mise en page, vous allez créer deux modèles d'encadrés : un premier avec un titre sur une ligne et un second avec un titre sur deux lignes. Vous stockerez ensuite ces deux éléments dans une bibliothèque : ils seront ainsi accessibles à tout moment et pourront être glissés sur la page.

Créez une bibliothèque en allant dans le menu Fichier > Nouveau > Bibliothèque, et nommez-la « Bibliothèque ». Choisissez ensuite son emplacement. À la validation, une palette vide s'affiche.

Encadrés avec titre sur une ligne

Avec l'outil Rectangle, tracez un bloc d'une largeur de 47 mm (la hauteur importe peu) avec un contour de 0,5 pt, la teinte du noir à 80 % et un fond blanc (couleur Papier). Par le menu Objet > Options d'arrondis, paramétrez des bords arrondis de 3 mm. Copiez ce bloc (⌘ + C) et collez-le au même endroit par le menu édition > Coller sur place (⌘ + alt + ⇧ + V). Avec la palette Pathfinder, modifiez la forme du bloc dupliqué en rectangle. Réglez la largeur afin que l'arrondi de droite du bloc placé en arrière-plan reste visible. Après avoir sélectionné les deux blocs, cliquez sur l'icône Addition de la palette Pathfinder. Dupliquez une nouvelle fois le bloc via la commande Exécuter et répéter du menu Édition (⌘ + alt + U). Laissez un décalage vertical et horizontal de 0,5 mm. Remplissez ensuite ce bloc avec le noir à 80 %, supprimez son contour et placez-le en arrière-plan via le menu Objet > Disposition (⌘ + ⇧ +]). Groupez enfin ces deux blocs par le menu Objet > Associer (⌘ + G).

Glissez ensuite le bloc texte du premier encadré « Pour afficher l'écran de bienvenue » au-dessus du bloc que vous venez de créer, et modifiez sa largeur à 47 mm dans la palette Contrôle. Affichez les options du bloc texte via le menu Objet (⌘ + B) pour appliquer 1 mm de marge à l'intérieur du bloc. Calez le bloc texte sur celui de l'arrière-plan en l'alignant sur les bords supérieurs et par le centre, grâce aux deux icônes et de la palette Contrôle ou Alignement.

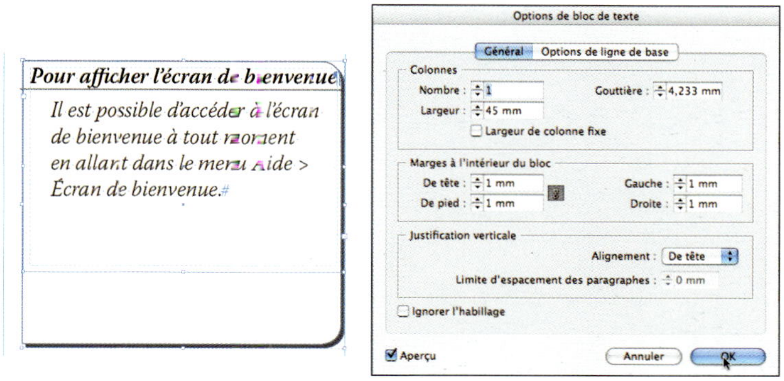

❶ Avec l'outil Rectangle, tracez un bloc d'une largeur de 3 mm avec un contour noir à 80 % de 0,5 pt et une couleur de fond rouge. Placez-le ensuite sur le côté supérieur gauche de l'encadré, puis alignez les bords supérieurs des deux blocs en cliquant sur l'icône de la palette Contrôle ou Alignement. Réduisez la hauteur du bloc rouge pour que le bas du bloc soit dans le prolongement du filet de paragraphe du titre (n'hésitez à pas zoomer !). Associez ensuite tous les blocs par le menu Objet (⌘ + G).

❷ Sélectionnez le bloc texte avec l'outil Sélection directe et ajustez-le à son contenu en cliquant sur l'icône de la palette Contrôle.

❸ Sélectionnez le bas du bloc en arrière-plan avec le même outil de sélection (si vous avez sélectionné le bloc texte, cliquez dessus avec la touche ⇧ enfoncée pour le retirer de la sélection). Toujours avec l'outil Sélection directe, modifiez la hauteur de ce bloc pour le caler au texte en maintenant la touche ⇧ enfoncée.

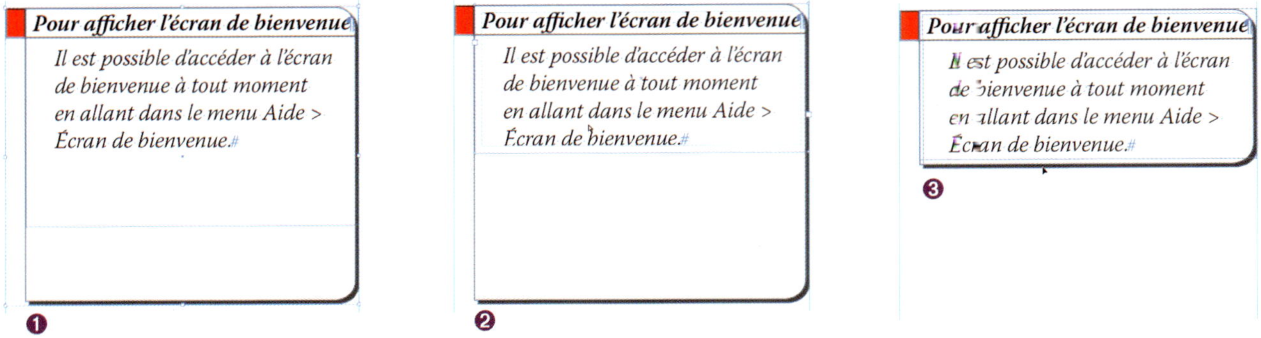

Glissez l'encadré dans la palette Bibliothèque : il apparaît alors sous forme de vignette. Vous pouvez le renommer en double-cliquant dessus.

Encadrés avec titre sur deux lignes

Pour les encadrés dont le titre est sur deux lignes, procédez comme suit. Sur le document, glissez l'encadré que vous venez de placer dans la palette Bibliothèque. Remplacez le texte à l'aide d'un couper/coller par l'encadré suivant « Pour uniformiser toutes les marges… ». Appliquez si nécessaire les deux styles de paragraphe Titre encadré et Texte encadré. Avec l'outil Sélection directe, agrandissez le bloc rouge jusqu'au filet de paragraphe, ajustez la hauteur des blocs et glissez ce nouveau type d'encadré dans la palette Bibliothèque.

Le fichier bibliothèque

Une bibliothèque est un fichier qui s'enregistre sur le disque dur de votre ordinateur. Elle n'est donc pas attachée à un document spécifique et peut être ouverte dans tous les documents InDesign.

> ***Pour uniformiser toutes les marges d'un document***
>
> *Pour obtenir un document avec des marges identiques, saisissez la valeur souhaitée dans l'un des champs Marges de la fenêtre Nouveau document, puis cliquez sur l'icône (qui se transforme en) pour laisser InDesign uniformiser les autres marges.*

Ces deux modèles d'encadrés étant à présent stockés dans la palette Bibliothèque, il sera très facile de mettre en place les autres encadrés du document. Il suffira de choisir le bon modèle dans cette palette, de le glisser sur le document et de remplacer son texte par le texte approprié. Avec l'outil Sélection directe, il vous faudra ensuite ajuster le bloc à son contenu et sélectionner le bas du bloc en arrière-plan pour le caler au texte.

> ***Intégrer la palette Bibliothèque dans un espace de travail***
>
> *Il est possible de glisser la palette Bibliothèque dans un ensemble de palettes et de l'enregistrer dans un espace de travail personnalisé.*

Ancrer les icônes d'outils dans le texte

Vous l'avez certainement remarqué, un certain nombre d'icônes d'outils d'InDesign ont été insérées dans les chapitres de cet ouvrage. Vous allez en fait devoir les ancrer dans le texte, afin qu'elles demeurent toujours à la même place, même si du texte est supprimé ou ajouté par la suite. De la même manière que les encadrés, vous aurez aussi la possibilité d'enregistrer les icônes fréquemment utilisées dans la palette Bibliothèque, ce qui vous permettra de les ancrer directement dans le texte en un seul clic.

Ainsi, vous allez ancrer l'icône de l'outil Sélection directe sur la page 1, dans la section « Copier ou importer le logo ». Dans la marge du document, tracez à l'aide de l'outil Bloc rectangulaire un bloc carré de 4,5 mm de côté, avec un contour noir de 0,5 pt. Importez l'image Flèche blanche.tif dans ce bloc. Remplissez-le proportionnellement avec l'icône de la palette Contrôle ou via le menu Objet > Ajustement (⌘ + alt + ⇧ + C). Ajustez la mise à l'échelle de la capture par la palette Contrôle ou par les raccourcis clavier ⌘ + ; ou ⌘ + ,. Sélectionnez le bloc avec l'outil Sélection, puis coupez-le

> ***Manipulation des objets ancrés***
>
> *Un bloc ancré peut être manipulé, agrandi ou réduit par les deux outils de sélection.*

(⌘ + X). Placez le curseur texte après « À l'aide de l'outil Sélection directe », puis collez le bloc (⌘ + V) : il se place automatiquement sur la ligne de base du texte ❶. Ajustez sa position en le déplaçant manuellement avec l'outil Sélection ou en allant dans le menu Objet > Objet ancré > Options et en saisissant une valeur de décalage sur Y ❷.

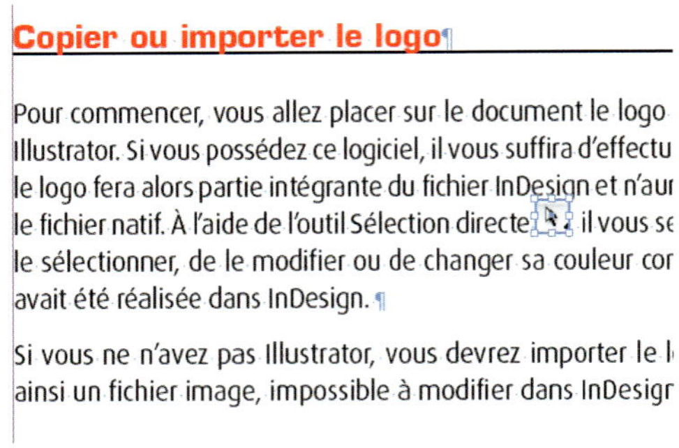

❶

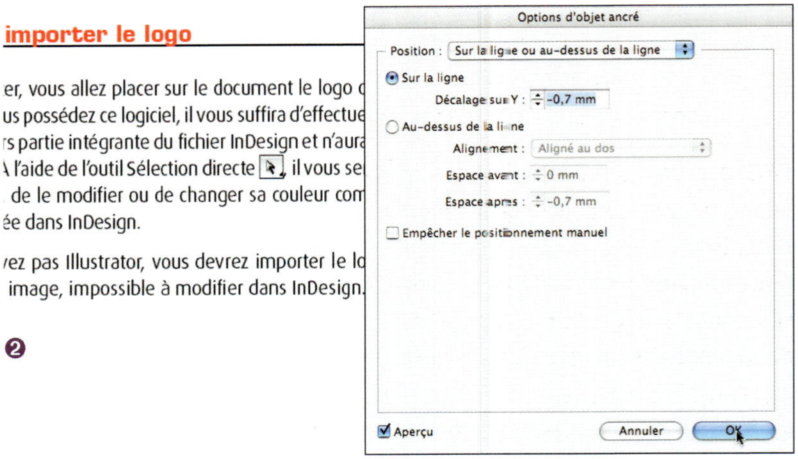

❷

Créer un style d'objet pour les icônes ancrées dans le texte courant

Vous avez la possibilité de créer un style d'objet pour que chaque icône ancrée présente le même décalage par rapport à la ligne de texte où elle est insérée. Ce style d'objet repose sur le même principe que les styles de paragraphe ou de caractères, consistant à enregistrer des attributs de mise en forme de blocs.

Une fois la position de l'icône Flèche blanche.tif ajustée, affichez la palette Styles d'objet. Cliquez sur l'icône Nouveau style, située en bas de cette palette. Double-cliquez ensuite sur le nouveau style créé (Style d'objet 1). Une fenêtre semblable à celle des styles de paragraphe ou de caractères s'ouvre avec les différents attributs de la mise en forme des blocs. Dans la rubrique Options d'objet ancré, la valeur du décalage sur Y a bien été mémorisée (ainsi que le contour de 0,5 pt). Ce style, nommé « Icône », servira pour tous les blocs ancrés dans le texte courant.

Enregistrer des icônes ancrées dans la palette Bibliothèque

Pour enregistrer une icône ancrée dans la palette Bibliothèque, il n'est pas possible de la glisser dans cette palette, car un objet ancré ne peut plus être déplacé. Cette fois, après avoir sélectionné l'icône Flèche blanche.tif, choisissez la commande Ajouter un élément du menu déroulant de la palette Bibliothèque : cette icône apparaît alors dans la palette, en prenant le nom du fichier image.

Pour ancrer l'icône d'outil qui apparaît ensuite dans le texte (celle de l'outil Sélection), vous allez partir de celle que vous venez d'ajouter à la palette Bibliothèque. Dans la section « Copier/coller le logo Illustrator dans InDesign », placez le curseur texte après « l'outil Sélection ». Dans la palette Bibliothèque, sélectionnez la capture de l'outil Sélection directe puis, dans le menu déroulant de la palette, choisissez la commande Importer un/des élément(s). L'objet est alors ancré directement dans le texte et, grâce au style d'objet, il se place au bon endroit sur la ligne. Il ne vous reste plus qu'à remplacer cette icône par la bonne capture, car souvenez-vous, lorsque vous importez une nouvelle image dans un bloc qui en contient déjà une, InDesign la remplace dans les mêmes proportions que la précédente. Importez (⌘ + D) le fichier Flèche noire.tif et recadrez si nécessaire la capture. Comme l'icône de cet outil est elle aussi souvent utilisée dans les pages de cet ouvrage, ajoutez-la dans la palette Bibliothèque par la commande Ajouter un élément. L'utilisation des styles d'objet et de la palette Bibliothèque pour les blocs ancrés vous permet ainsi de gagner du temps lors de la mise en page de longs document comme celui-ci.

Ancrer les captures d'écran dans le texte

Le principe est le même que pour les icônes d'outils : vous allez ajouter des modèles de captures dans la palette Bibliothèque et créer des styles d'objet pour mémoriser leur emplacement.

Les captures d'écran centrées dans la colonne

Dans un premier temps, vous allez placer la capture d'écran de la section « Copier/coller le logo d'Illustrator dans InDesign ». Avec l'outil Bloc rectangulaire, tracez en dehors du plan de montage un bloc de 80 × 50 mm, avec un contour noir de 0,5 pt. Importez (⌘ + D) le fichier Capture 02.tif. Ajustez proportionnellement son contenu en cliquant sur l'icône de la palette Contrôle (⌘ + alt + ⇧ + E), puis sur l'icône Ajuster le bloc au contenu (⌘ + alt + C). Vous pouvez maintenant glisser cette capture dans la palette Bibliothèque pour l'utiliser comme modèle tout au long de cette mise en page.

❶ Coupez la capture (⌘ + X). Activez l'outil Texte et effectuez un retour à la ligne après « l'outil de sélection activé ». Puis collez la capture (⌘ + V) qui se place par défaut sur la ligne de base du texte.

❷ Sélectionnez la capture avec l'outil Sélection, puis affichez les options d'objet ancré par le menu Objet. Cochez la case Au-dessus de la ligne, puis centrez la capture dans la colonne via le menu déroulant Alignement. Pour qu'elle ne soit pas trop collée au texte, saisissez un espace avant et après de 5 mm. Créez ensuite un nouveau style d'objet pour mémoriser cette position et nommez-le « Capture centrée ».

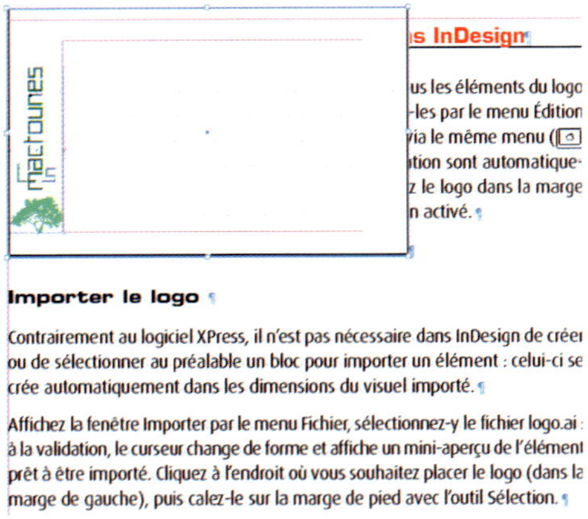

❶

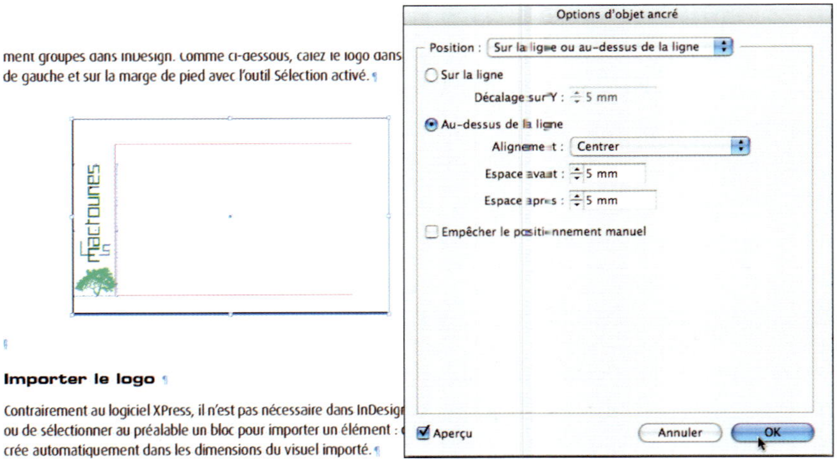

❷

Vous allez maintenant ancrer les deux premières captures d'écran de l'atelier 2 qui comportent des puces numérotées.

Tracez un bloc d'environ 90 × 50 mm avec un contour noir à 0,5 pt, puis importez le fichier Capture 01a.tif. Avec les icônes de la palette Contrôle, ajustez le contenu proportionnellement (⌘ + alt + ⇧ + E), puis ajustez le bloc au contenu (⌘ + alt + C). Glissez ensuite cette capture dans la bibliothèque : vous disposerez ainsi d'un nouveau modèle pour une prochaine capture au même format

Dupliquez la capture verticalement. Importez le fichier Capture 01b.tif et, comme précédemment, ajustez le contenu proportionnellement, puis le bloc à ce contenu. Tracez un bloc texte et saisissez « Marges du document » avec la police Dax Medium italic dans un corps de 6 pt. Ajustez le bloc à l'encombrement du texte et centrez-le au centre de la capture à l'aide des icônes d'alignement de la palette Contrôle ou Alignement. À côté de ce bloc texte, tracez un trait avec l'outil Trait (avec la touche ⇧ enfoncée pour obtenir un trait droit) avec un contour noir de 0,5 pt. Le trait sélectionné, ajoutez une flèche à l'aide de la palette Contour, en la choisissant dans le menu Début ou Fin afin qu'elle se place comme illustré ci-après. Dupliquez ce trait fléché trois fois et modifiez son inclinaison à l'aide de la palette Contrôle comme illustré ci-dessous.

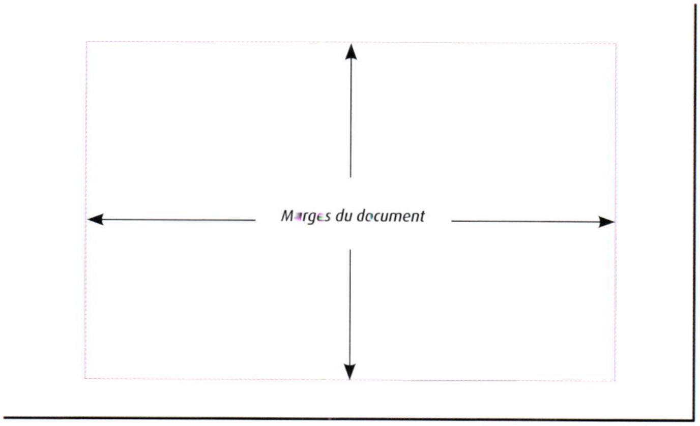

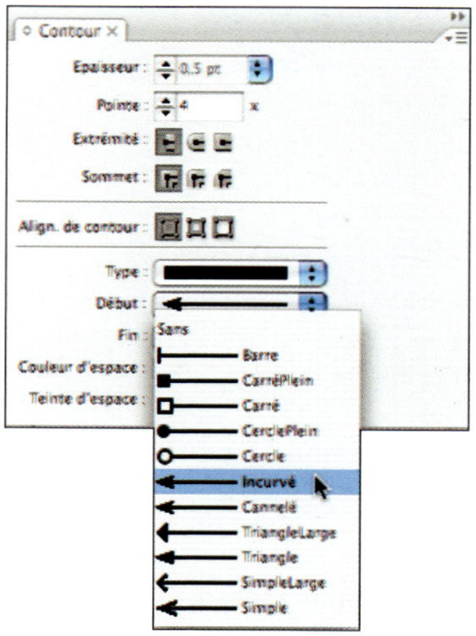

Tracez un bloc texte et insérez une première puce numérotée à l'aide de la palette Glyphes, en lui appliquant le style de caractères approprié. Adaptez ensuite ce bloc à son contenu. Vous pouvez également en profiter pour glisser cette puce numérotée dans la palette Bibliothèque afin d'en disposer comme modèle (il vous suffira ensuite de changer le numéro). Positionnez-la sur la première capture de l'atelier 2 et ajoutez deux autres puces numérotées comme illustré ci-après.

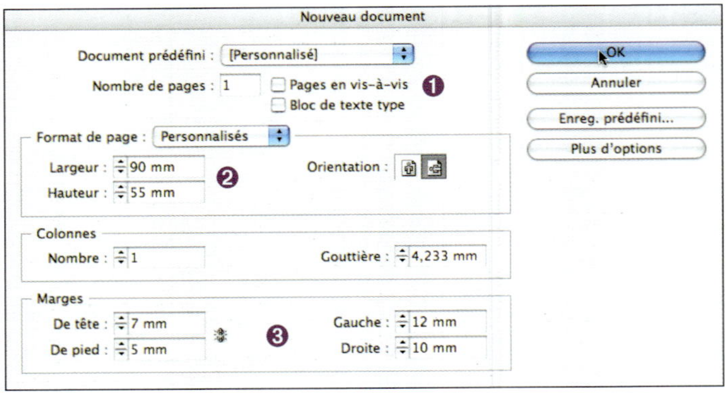

Application rapide d'un style

Il est possible d'utiliser la commande Application rapide pour trouver et appliquer rapidement un style. Sélectionnez le texte ou le bloc auquel vous souhaitez attribuer un style, et cliquez sur l'icône de la palette Contrôle (⌘ + Entrée). Commencez à saisir le nom du style recherché : au fur et à mesure que vous écrivez, les styles s'affichent. Sélectionnez le style souhaité, puis validez.

Placez une quatrième puce sous la deuxième capture de l'atelier 2, alignez la puce à gauche sous la capture (par l'icône de la palette Contrôle ou Alignement), puis paramétrez entre elles un espace de 1 mm. Associez (⌘ + G) tous les éléments (captures, puces et flèches), puis coupez-les (⌘ + X). Effectuez un retour à la ligne après « maximale de l'écran ». Collez les captures groupées (⌘ + V), puis appliquez le style d'objet Capture centrée afin qu'elles se placent automatiquement sous le texte.

Attention aux puces numérotées placées sous des captures d'écran : lorsque le style d'objet Capture centrée est appliqué à ces dernières, les puces seront obligatoirement dotés d'un contour noir (contour qui, rappelez-vous, a été mémorisé dans ce style, celui-ci prenant en compte tous les attributs du bloc). Pensez à désactiver la case Contour dans les options de styles d'objet, car sinon ce contour sera systématiquement appliqué à tous les blocs, y compris aux blocs texte. Rassurez-vous, la suppression de ce contour n'aura pas d'incidence sur les captures que vous allez ancrer, puisque vous utiliserez des modèles de la palette Bibliothèque pour lesquels un contour a été paramétré. En revanche, la modification du style d'objet n'ayant pas été prise en compte par le groupe de captures que vous venez d'ancrer, le plus simple sera de supprimer les contours en sélectionnant chaque bloc avec l'outil Sélection directe.

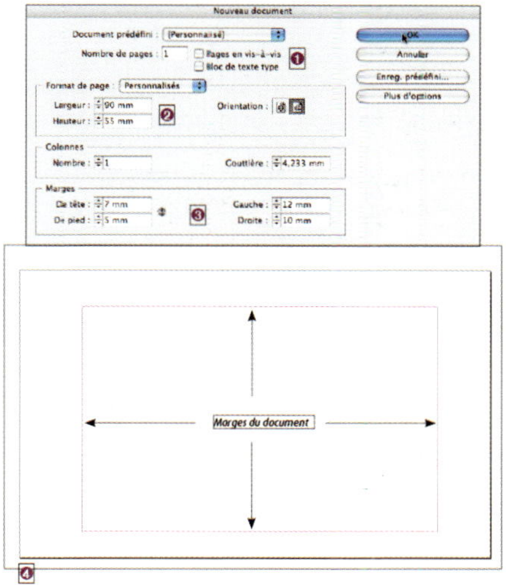

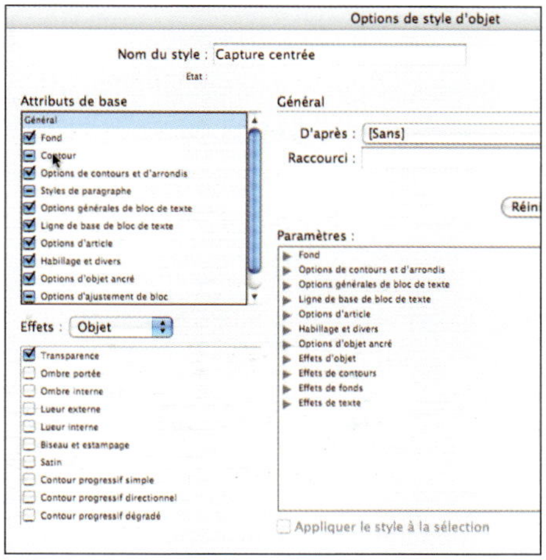

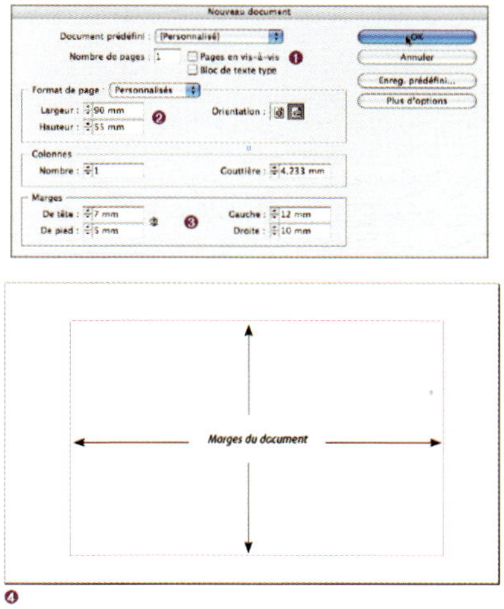

Dans le style d'objet Capture centrée, l'espace de 5 mm avant et après empêchera parfois le bon positionnement des captures placées en haut ou en bas ou d'une page : retournez dans ce cas dans les options du bloc ancré pour supprimer l'un des espaces.

À cette occasion, n'hésitez pas à enregistrer un nouveau style pour disposer au final de trois styles d'objet : un premier pour une capture centrée, un deuxième pour une capture centrée avec 0 mm d'espace avant et un dernier avec un espace de 0 mm après. Selon la position de la capture, vous activerez l'un de ces styles.

Les captures d'écran non centrées

Dans ce livre, certaines captures d'écran ne sont pas centrées dans la colonne mais occupent toute la page : le groupe de captures de la section « Glisser/déposer le fichier texte » en est l'exemple parfait. Importez les fichiers Capture 3a.tif et Capture 3b.tif. Recadrez les captures et disposez-les entre les marges du document. Placez les puces numérotées. Associez les deux captures et leurs puces, coupez-les et copiez-les à la fin de la section « Glisser/déposer le fichier texte ». Affichez les options du bloc ancré par le menu Objet et choisissez l'alignement au dos : la capture se positionnera toujours sur la marge intérieure des doubles pages, c'est-à-dire à gauche (pour une page impaire) ou à droite (pour une page paire). Enregistrez comme précédemment un nouveau style d'objet.

❶ À partir de l'Explorateur Windows ou du Finder Mac OS, localisez le fichier texte carte.rtf, cliquez sur son icône et glissez-la dans le document InDesign en dehors du plan de montage (à l'extérieur de la page). Le texte s'importe automatiquement dans un nouveau bloc ❷. Vous remarquez que celui-ci n'est pas assez grand pour contenir tout le texte. Vous pourriez l'agrandir à l'aide de l'outil Sélection, mais comme vous allez à présent mettre en forme le texte, ne vous en préoccupez pas pour l'instant.

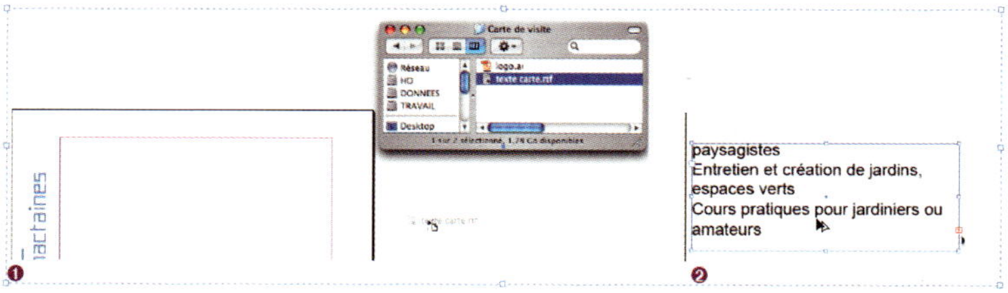

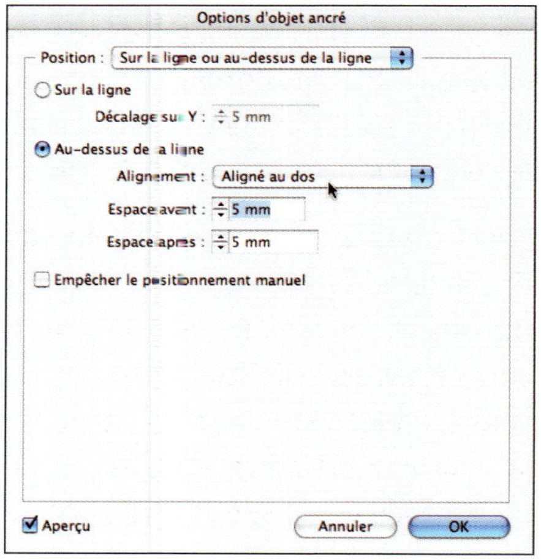

À présent que les modèles de captures et d'icônes ont été mémorisés dans la palette Bibliothèque et leur emplacement enregistré dans un style d'objet, la mise en page de cet atelier en sera simplifiée. Il vous suffira de glisser sur le document le modèle stocké dans la palette Bibliothèque, de remplacer le visuel, de l'ancrer dans le texte, et enfin de lui appliquer le style d'objet correspondant.

Ancrer les encadrés

Dans cet ouvrage, les encadrés situés dans les marges sont également des blocs ancrés dont le positionnement s'effectue cette fois par rapport à la reliure.

Avec l'outil Sélection [icône], sélectionnez le premier encadré « Pour afficher l'écran de bienvenue » et coupez-le ([⌘] + [X]). Placez le curseur au début du premier paragraphe («Rappelez-vous, au lancement d'InDesign...») et copiez l'encadré ([⌘] + [V]). Cette fois, vous allez paramétrer le positionnement de l'objet ancré via les options du style d'objet, et surtout créer un nouveau style d'objet pour ces encadrés par le menu déroulant de la palette Styles d'objet. En effet, si vous passiez par l'icône située en bas de cette palette, le style d'objet créé reprendrait tous les attributs de l'objet sélectionné : situation trop complexe à gérer pour InDesign avec ces deux blocs superposés de couleur différente... Par conséquent, choisissez la commande Nouveau style d'objet du menu déroulant de la palette Styles d'objet et nommez ce nouveau style « Capture marges ». Décochez toutes les cases des attributs de base ❶, sauf la case Options d'objet ancré. Validez et appliquez ce nouveau ce style à l'encadré.

L'encadré doit se positionner automatiquement dans la marge de gauche ou de droite selon la page où il se trouve. Retournez dans le style d'objet Capture marges et dans la rubrique Options d'objet ancré, cochez la case Relative au dos. L'icône du point de référence ❷ vous permet alors de choisir l'endroit où vous souhaitez ancrer l'objet, sur le recto ou le verso de la page. Vérifiez dans la zone Position ancrée que le point de référence est activé à l'extérieur des deux pages ❸. Il est possible de saisir une valeur de décalage sur Y afin que la capture se place à l'extérieur du bloc texte, mais sachez toutefois qu'un bloc ancré peut être positionné manuellement avec l'outil Sélection, ce qui s'avère nettement plus facile.

Après avoir validé, sélectionnez l'encadré avec l'outil Sélection et calez-le manuellement à gauche, sur le repère vertical de gauche de la page, et dans le prolongement de la ligne du texte ❹. Comme vous venez de modifier la position de l'encadré, un signe + apparaît dans la palette Styles d'objet à côté du nom du style Capture marges. Afin qu'InDesign enregistre ce changement, allez dans le menu déroulant de la palette Styles d'objet et choisissez Redéfinir le style : les changements sont alors pris en compte.

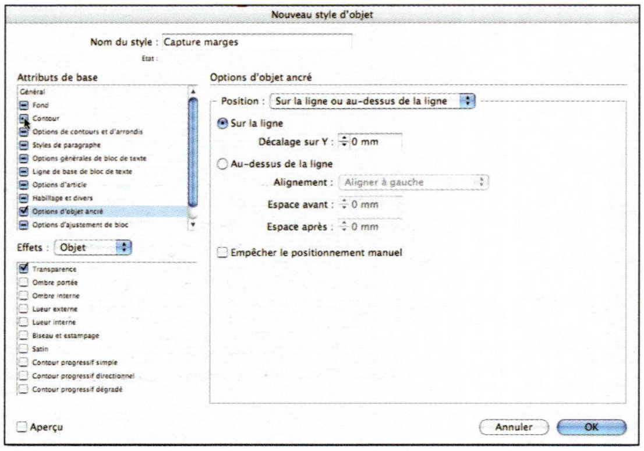

❶

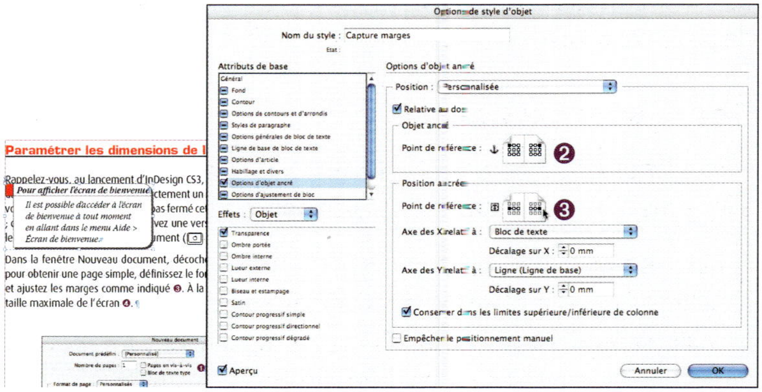

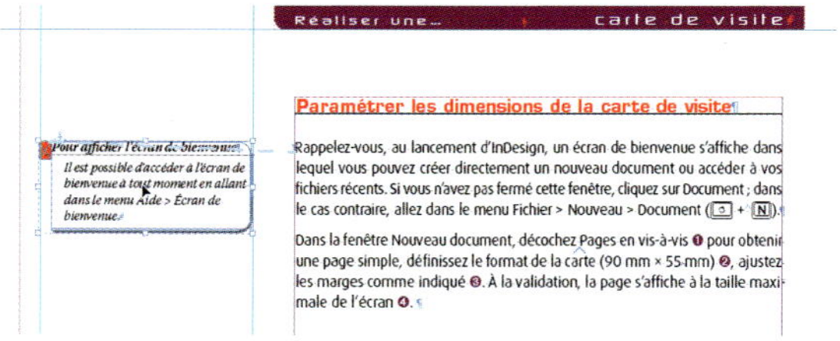

❹

Procédez de même pour les autres encadrés de cet atelier : glissez de la bibliothèque le bon modèle, ajustez chaque encadré à l'encombrement de son nouveau texte, coupez-le, collez-le ensuite en positionnant le curseur texte au début de la ligne concernée et appliquez-lui le style d'objet Capture marges. Si nécessaire, modifiez sa position manuellement.

Régler les espaces typographiques

La mise en page de l'atelier 2 quasiment terminée, il convient maintenant de régler les espaces typographiques du texte. En règle générale, les espaces avant les signes de ponctuation tels que les points-virgules, les points d'exclamation, les points d'interrogation et les guillemets sont remplacés par des espaces fines, c'est-à-dire des espaces d'un huitième de la largeur de l'espace cadratin. Plus petits qu'un espace normal, ces espaces sont insécables pour que ces signes de ponctuation n'apparaissent jamais en début de ligne.

Remplacer des espaces par des espaces fines

Pour aller plus vite dans le remplacement des espaces typographiques, vous allez vous aider de la commande Rechercher/Remplacer.

❶ Dans le menu Édition, choisissez la commande Rechercher/Remplacer et activez l'onglet Texte. Dans le champ Rechercher, saisissez un espace et un point-virgule. En regard du champ Remplacer par, cliquez sur l'icône pour accéder au menu déroulant et choisissez Espaces > Espace fine, puis ressaisissez un point-virgule. Cliquez sur Tout remplacer. Une fenêtre s'affiche vous indiquant le nombre de remplacements. Validez.

❷ Dans la dernière version d'InDesign, il est maintenant possible de mémoriser une recherche. En vue des futures mises en page, mémorisez la requête précédente. Avant de fermer la fenêtre, cliquez sur l'icône symbolisant une disquette. Nommez la recherche « fine ; » qui sera ainsi accessible par le menu déroulant Requête.

> ***Les espaces fines***
>
> *Si vous affichez les caractères masqués via le menu Texte (⌘ + I), les espaces fines sont repérées par le symbole.*

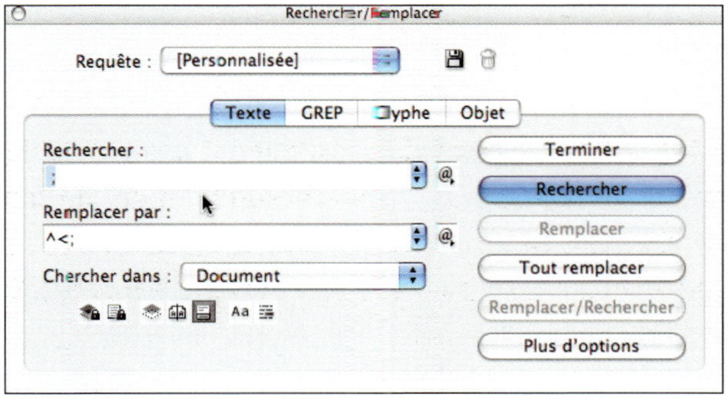

❶

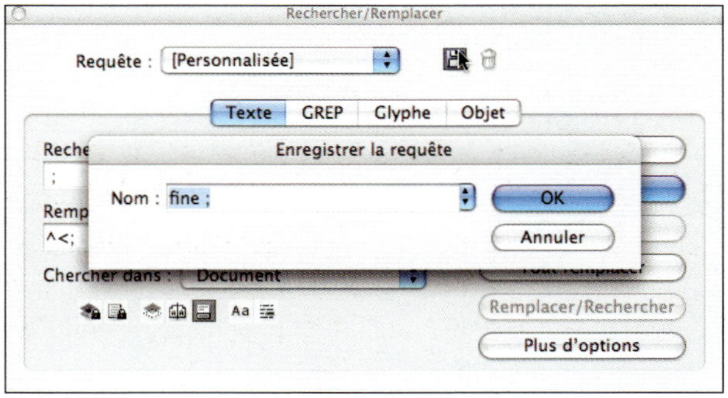

❷

Procédez de la même manière pour les autres signes de ponctuation qui requièrent une espace fine, en enregistrant à chaque fois la recherche.

> ***Les espaces insécables***
>
> *Si vous affichez les caractères masqués via le menu Texte (⌘ + alt + I), les espaces insécables sont repérés par le symbole ^.*

Remplacer des espaces par des espaces insécables

Pour éviter que les raccourcis clavier et les unités de mesure précédées d'un nombre soient à cheval sur deux lignes, vous devez remplacer les espaces correspondants par des espaces insécables. Il doit en être de même pour l'espace précédant un deux-points.

Affichez de nouveau la fenêtre Rechercher/Remplacer. De la même manière, remplacez les deux espaces autour du signe + d'un raccourci clavier par deux espaces insécables. Mémorisez ensuite cette requête. Procédez de même pour l'espace situé avant les unités de mesure mm et pt, ainsi qu'avant les deux-points.

Mettre en page la page 1

Placer la carte de visite au centre de la page

Si vous possédez la dernière version d'InDesign, il vous est possible d'importer directement le fichier InDesign (.indd) de la carte de visite. En revanche, avec une version précédente, la carte de visite devra être enregistrée au format PDF.

> ***Importation d'un fichier Indesign***
>
> *Lorsque vous importez un fichier InDesign dans un autre document, son nom s'affiche dans la palette Liens. Si le fichier importé contient des images, leurs noms y figurent également.*

Activez la page 1, lancez l'importation (⌘ + D) et choisissez le fichier PDF ou InDesign de la carte de visite. Appliquez au bloc un contour noir de 0,5 pt. Profitez d'une option supplémentaire de la dernière version d'InDesign pour centrer en un clic la carte au centre des marges de la page. Dans la palette Contrôle, cliquez sur l'icône [icône] et choisissez Aligner sur la page dans le menu déroulant. Validez ensuite en cliquant sur l'icône Aligné dans le sens horizontal [icône] (pour les versions antérieures d'InDesign, l'alignement au centre de la page ne pourra s'effectuer qu'avec des repères).

Placer le titre et le texte d'introduction

❶ Avec l'outil Rectangle, tracez du fond perdu gauche au deuxième repère vertical, un bloc d'une hauteur de 45 mm avec un contour violet de 0,5 pt. Pour supprimer le contour supérieur du bloc, cliquez aux deux extrémités du bloc à l'aide de l'outil Ciseaux. Au deuxième clic, la portion coupée étant sélectionnée, supprimez-la. Appliquez à la forme un effet d'arrondi de 3 mm via le menu Objet.

❷ Tracez par-dessus un bloc texte, de la même hauteur que le bloc placé en arrière-plan, et positionnez-le sur le repère vertical de gauche. Effectuez un copier/coller de l'intitulé de l'atelier (« Réaliser une… carte de visite ») à partir du gabarit A. Passez en noir la couleur du texte de la première ligne et son corps à 18 pt. Pour la seconde ligne, augmentez le corps à 22 pt (⌘ + ; + ⇧), appliquez la couleur rouge. Passez l'approche du texte à 100 via l'icône AV de la palette Contrôle. Modifiez l'espace entre les deux lignes, soit en réglant la valeur de l'interlignage (36 pt), soit en paramétrant un espace entre les deux lignes (3 mm). Pour finir, centrez le titre verticalement (en ayant sélectionné le bloc avec l'outil Sélection) et associez les deux blocs via le menu Objet (⌘ + G).

❶

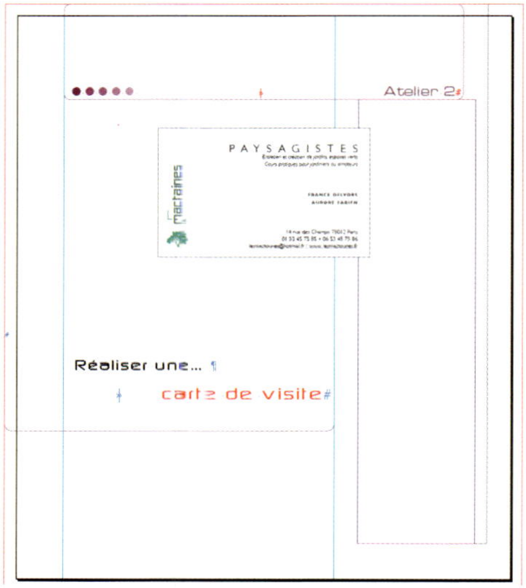

❷

Placez le curseur texte sur « carte de visite » et créez un nouveau style de paragraphe nommé « Titre atelier » (vous en aurez besoin pour générer la table des matières). De même, créez un second style pour le texte « Réaliser une... ».

Importez ou glissez le fichier texte Intro.doc. Calez le bloc sur la colonne et sur la marge d'en bas. Créez un nouveau style de paragraphe nommé « Intro ». Modifiez la police en Dax LightItalic avec un corps de 12 pt et un interlignage de 15 pt, et supprimez la césure des mots. Alignez le texte en bas verticalement, en cliquant sur l'icône ☰ de la palette Contrôle (le bloc étant sélectionné avec l'outil Sélection). Pour que la fin du texte ne soit pas collée au filet du bas, attribuez au bloc une marge de bas de 5 mm via la commande Options de bloc de texte.

Alignez le bloc de l'introduction et celui de l'intitulé de l'atelier sur leur bords supérieurs et, si nécessaire, repositionnez la carte de visite afin d'obtenir un bon équilibre pour cette page d'ouverture.

Utiliser la palette Livre

À présent que la mise en page de l'atelier 2 est terminée, vous allez exploiter ce document comme modèle (mêmes gabarits, styles et couleurs) pour monter les autres ateliers. Pour ce faire, vous allez créer un fichier livre qui s'affichera sous forme de palette, dans laquelle seront chargés les différents chapitres constituant cet ouvrage. La pagination des différents ateliers sera continue, même après ajout ou suppression de pages. À partir de cette palette, il sera possible de générer la table des matières et l'index de l'ouvrage, mais aussi d'imprimer ou d'exporter en PDF ce dernier.

Allez dans le menu Fichier > Nouveau > Livre et nommez ce fichier « Livre ». La palette Livre s'affiche : cliquez sur l'icône située en bas pour chercher et charger le fichier 02 - carte visite.

Récupérer les gabarits dans InDesign CS2

Les gabarits ne sont accessibles que par le menu déroulant de la palette Pages.

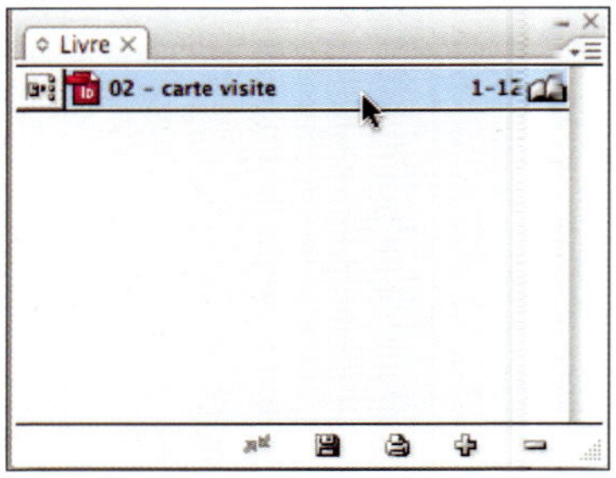

> ***Fichier source d'un livre***
> *Par défaut, le fichier source est le premier fichier chargé dans la palette Livre, mais vous pouvez sélectionner un autre document source à tout moment, en cliquant sur la case vide située à gauche de son nom dans la palette. Lors de la synchronisation des documents d'un livre, les styles et les nuanciers spécifiés dans le fichier source se substituent à ceux présents dans ces documents.*

Créez ensuite un nouveau document pour chaque atelier en paramétrant seulement le format (210 × 240 mm) et la zone du fond perdu. Pensez à modifier dans chaque document le pas de la grille de ligne de base (à 7 pt) via le menu InDesign > Préférences > Grille (ou par le menu Édition pour PC). Enregistrez ces fichiers, puis chargez-les dans la palette Livre.

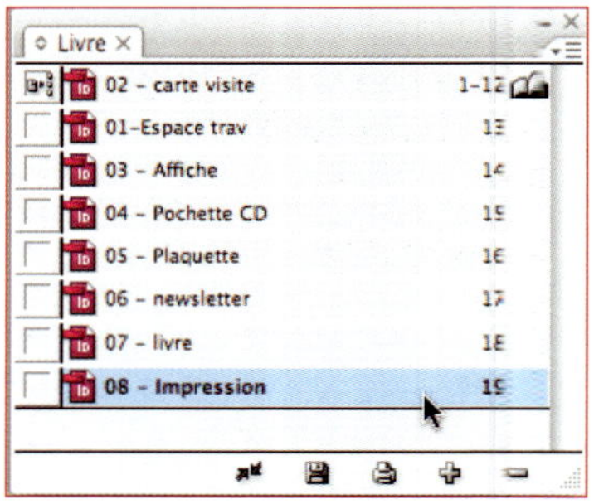

> ***Pagination automatique d'un livre***
> *Attention, chaque fichier d'un livre doit finir par une page paire afin que la pagination du document final demeure cohérente..*

Dans la palette Livre, l'icône, située à gauche du nom du fichier 02 - carte visite, indique que ce document va servir de modèle, c'est le fichier source. Sélectionnez tous les fichiers que vous venez de charger puis, dans le menu déroulant de la palette, choisissez la commande Options de synchronisation. Pour l'instant, synchronisez uniquement le gabarit, en décochant la case Styles et nuancier.

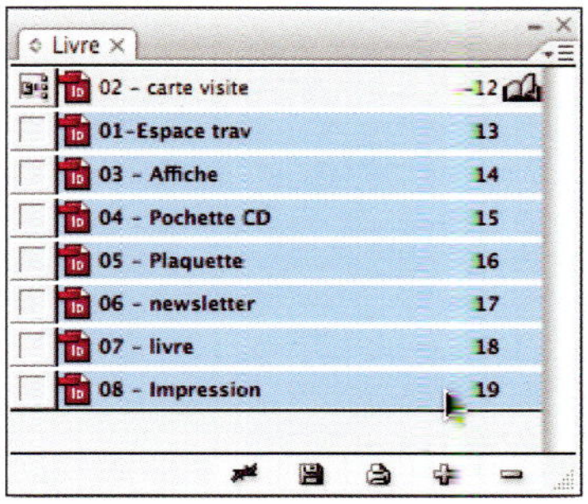

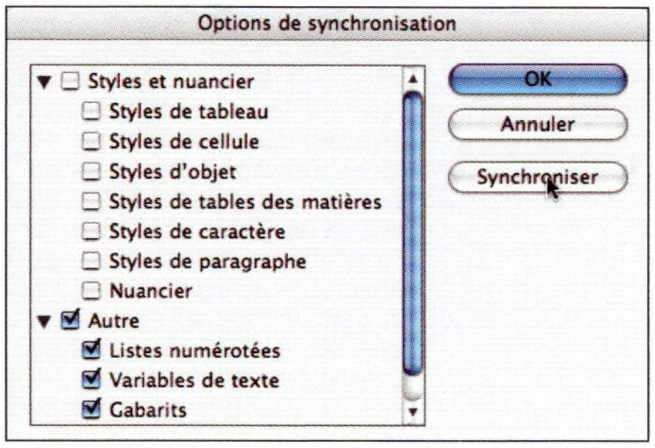

Les gabarits A et B ont été ainsi récupérés dans tous les ateliers. Il ne vous reste plus qu'à modifier l'intitulé et le numéro de chaque atelier dans ses gabarits.

Si vous disposiez de l'ensemble du texte de cet ouvrage, vous l'importeriez dans les différents ateliers, en veillant à reprendre les styles de paragraphe et de caractères créés dans Word, puis vous synchroniseriez le nuancier et les styles (paragraphe, caractères et objet) en prenant comme référence l'atelier 2. Le texte se mettrait automatiquement en forme avec toutes les modifications que vous avez apportées aux styles de l'atelier 2. Il ne vous resterait plus qu'à ancrer les icônes, les captures d'écran et les encadrés via les styles d'objet, ainsi qu'à modifier les espaces typographiques avec les requêtes enregistrées précédemment.

Monter la table des matières

Une fois la mise en page des chapitres terminée, il vous faut monter la table des matières. Créez un nouveau document (210 × 240 mm) et enregistrez-le sous le nom « Table des matières ». Puis chargez-le dans la palette Livre en le glissant au-dessus de l'atelier 1. Synchronisez (avec l'un des ateliers) les gabarits, les styles et le nuancier.

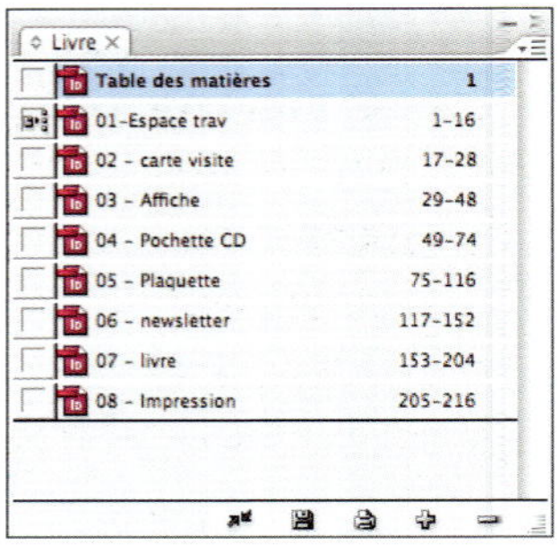

Modifier le gabarit

❶ Activez le gabarit A et remplacez le titre « Atelier 2 » et les puces par « Table des matières » sur la double page. Dissociez tous les blocs via le menu Objet (⌘ + ⇧ + G). Supprimez les deux cartouches violets de l'intitulé de l'atelier, ainsi que le trait vertical situé à son extrémité. Calez les deux blocs du titre « Table des matières » sur le repère horizontal supérieur et tracez sur ce dernier un trait violet d'une épaisseur de 0,5 pt. Pour finir, ajustez la hauteur du trait vertical situé dans le grand fond et supprimez les puces des folios.

❷ Allez dans le menu Page > Marges et colonnes et attribuez les marges suivantes au gabarit A : De tête : 40 mm, De pied : 30 mm, Petit fond : 30 mm, Grand fond : 40 mm.

❶

❷

Activez le gabarit B (page d'ouverture). Remplacez le titre « Atelier 2 » par « Table des matières » et augmentez le corps du texte à 20 pt. Supprimez les puces et les deux filets situés à droite de la page. Modifiez les marges en reprenant les mêmes valeurs que celles du gabarit A, mais augmentez la marge de tête à 100 mm. Placez deux repères verticaux pour repérer la largeur de la colonne et modifiez la largeur du bloc arrondi du titre pour le caler dessus. Augmentez également la hauteur du bloc qui doit être à 55 mm.

Si vous examinez la table des matières de cet ouvrage, vous remarquerez qu'elle est foliotée en chiffres romains, la pagination en chiffres arabes commençant avec l'atelier 1. Il vous faut donc modifier le style du folio de la table des matières ainsi que la pagination du premier atelier.

❶ Ouvrez l'atelier 1 et activez la page 1 dans la palette Pages. Choisissez Options de numérotation et de section dans le menu déroulant de la palette. Fixez le début de numérotation des pages à 1.

❷ Procédez de la même manière pour la page 1 de la table des matières, mais passez le style en romain via le menu déroulant Style et numérotez à partir de VII.

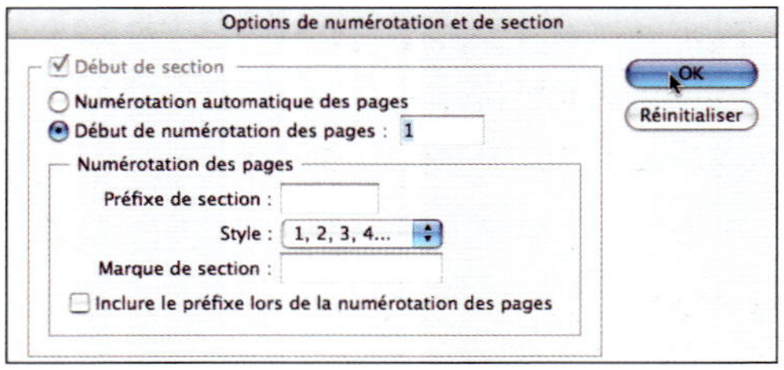

❶

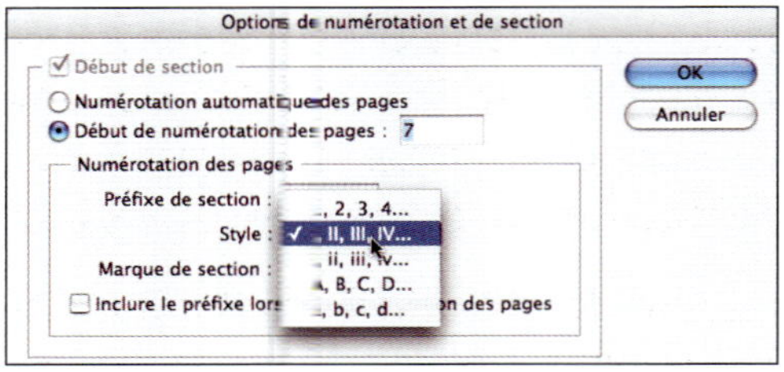

❷

Créer les styles

Grâce aux styles de paragraphe du livre, la table des matières va pouvoir être générée automatiquement. Seuls trois niveaux de titres figurent dans le sommaire de cet ouvrage : le titre de l'atelier ainsi que les titres 1 et 2. Pour mettre en forme ces titres, il vous faut créer de nouveaux styles de paragraphe.

Créez un style de paragraphe pour les titres 1 et nommez-le « Titre 1 TDM ». Prenez comme modèle le style 1-Titre en l'activant dans le menu déroulant D'après. Dans les rubriques concernées, passez le style de la police en Bold Extented 2 (Eurostile) et le corps à 7,5 pt avec un interlignage de 13 pt et une approche de −20 ; supprimez les espaces avant et après, ainsi que le filet de paragraphe ; enlevez toutes les options d'enchaînement (0 ligne pour les paragraphes solidaires). Dans la rubrique Tabulations, activez le taquet de tabulation retrait à droite [↴] et positionnez-le à 140 mm sur la réglette. Pour que des points soient répétés sur toute la largeur de la tabulation, saisissez le point dans la case Point de conduite. Pour terminer, passez la couleur du texte en noir dans la zone Couleur des caractères.

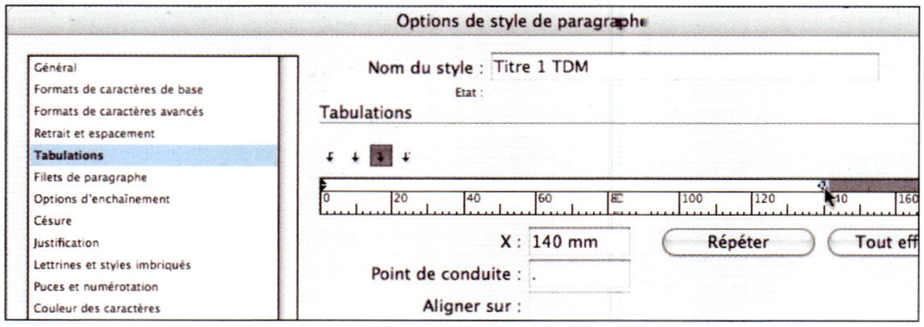

Créez ensuite un second style de paragraphe d'après le style 2 - Titre. Modifiez le style de la police en Extented 2 dans un corps de 7 pt, un interlignage de 13 pt. Dans la rubrique Retrait et espacement, demandez un retrait à gauche de 5 mm et supprimez les espaces avant. Supprimez également les options d'enchaînement, puis réglez la teinte du noir à 100 %.

Créez un dernier style d'après le style Titre atelier. Passez le corps du texte à 10,5 pt avec un interlignage de 13 pt et une approche de 20. Dans la rubrique Retrait et espacement, demandez un espace avant de 6 mm et un espace après de 2 mm. Supprimez le retrait à droite, puis alignez le texte sur la grille de ligne de base (en choisissant Toutes les lignes dans le menu déroulant Aligner sur la grille). Paramétrez une tabulation à droite à 140 mm (sans points de conduite). Dans la rubrique Filets de paragraphe, activez le filet au-dessous et modifiez l'épaisseur, le décalage et la teinte de la couleur comme sur la capture suivante.

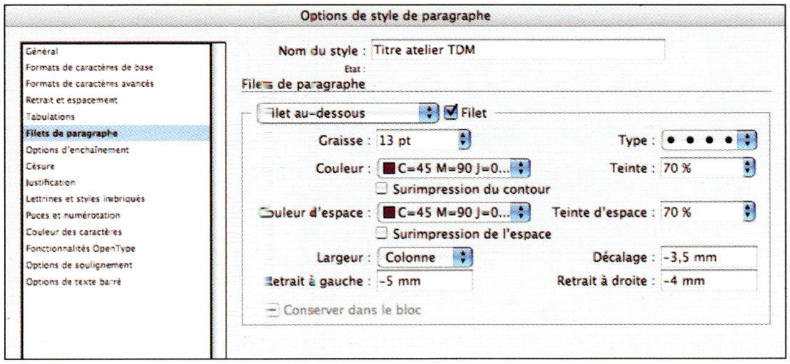

Comme le filet des titres des ateliers est arrondi dans la table des matières, et que ce type de filet n'existe pas dans InDesign, choisissez Pointillés dans le menu déroulant Type et remplissez l'espace entre les pointillés avec la même teinte et la même couleur que le filet. Puis choisissez Colonne dans le menu déroulant Largeur afin que le filet occupe toute la largeur de la colonne, mais avec un retrait à gauche de –5 mm et un retrait à droite de –4 mm. Pour terminer, passez la couleur du texte en blanc (couleur Papier).

Générer la table des matières

Les styles de paragraphe étant enregistrés, vous pouvez à présent générer la table des matières en choisissant Table des matières dans le menu Page. Comme le titre « Table des matières » est placé dans le gabarit, effacez-le dans le champ Titre situé en haut de la fenêtre. Cochez en bas, dans la zone Options, la case Inclure les documents de livre. Dans la zone Styles de la table des matières, la colonne de droite, Autres styles, répertorie tous les styles de paragraphe du document, tandis que la colonne de gauche liste ceux qui vont être utilisés pour la table des matières. Dans la colonne de droite, sélectionnez l'entrée Titre atelier et cliquez sur le bouton Ajouter pour l'inclure dans la colonne de gauche. Faites correspondre ce style avec celui que vous venez de créer pour la table des matières (Titre atelier TDM) en l'activant dans le menu déroulant Style des entrées ❶. Procédez de la manière pour les titres 1 et 2 ❷.

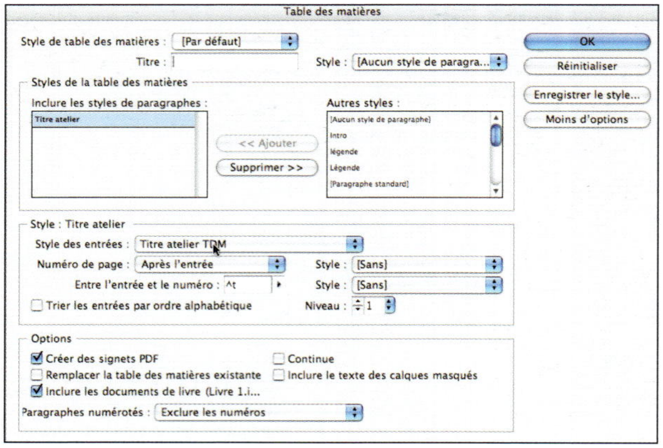

❶

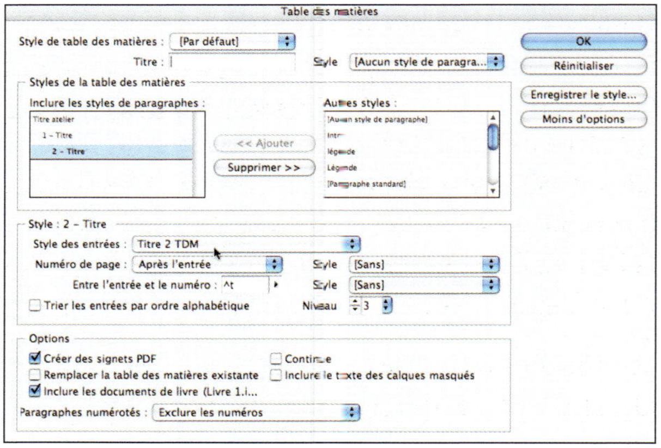

❷

Après validation, l'outil texte devient actif : de la même manière qu'à l'importation d'un texte, cliquez alors en haut de la colonne de la page 1 pour générer la table des matières, en maintenant la touche ⇧ enfoncée pour qu'InDesign ajoute un nombre de pages suffisant pour contenir ce sommaire.

La table des matières générée, il convient d'y apporter quelques modifications. Comme vous avez modifié la valeur de l'interlignage, le pas de la grille de ligne de base doit être paramétré à 6,5 pt dans les préférences d'InDesign. Vous devez également uniformiser la graisse des points de conduite et des folios (car ils sont en gras pour les titres 1 et en maigre pour les titres 2). Pour cela, vous allez créer un style de caractères pour les numéros de pages (qui s'appliquera aussi aux points de conduite) et l'imbriquer dans le style de paragraphe Titre 1 TDM. Cette fois, l'imbrication s'effectuera de manière différente, puisque le style de caractères devra être appliqué en fin de paragraphe et non en début.

Sélectionnez l'un des folios en gras de la page, changez le style en Extented 2 et baissez son corps de 1 pt (vous pouvez aussi modifier l'approche à –20), puis créez un nouveau style dans la palette Styles de caractère et nommez-le « Folio ».

Vous allez maintenant imbriquer ce style de caractères dans les deux styles de paragraphe des titres 1 et 2. Double-cliquez sur le nom du style de paragraphe Titre 1 TDM. Dans la rubrique Lettrines et styles imbriqués, cliquez sur le bouton Nouveau style imbriqué. Laissez le style par défaut Sans pour que ce soit le style de paragraphe Titre 1 TDM qui soit pris en compte. Afin que le style de paragraphe s'arrête aux points de conduite, cliquez sur le champ sur pour choisir jusqu'à ❶ et paramétrez-le sur un caractère de tabulation ❷. Créez un second style imbriqué pour le folio sur un mot ❸.

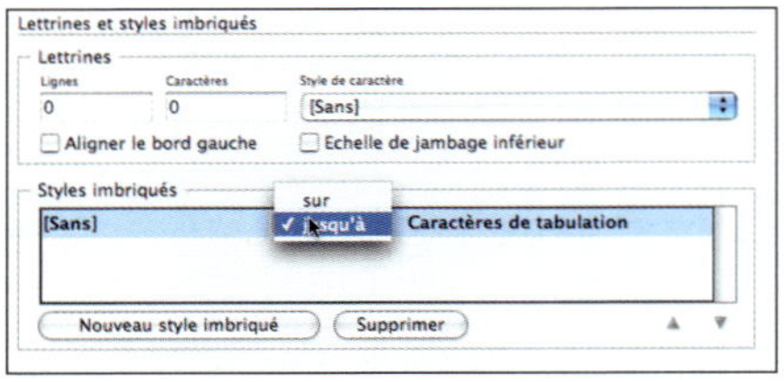

❶

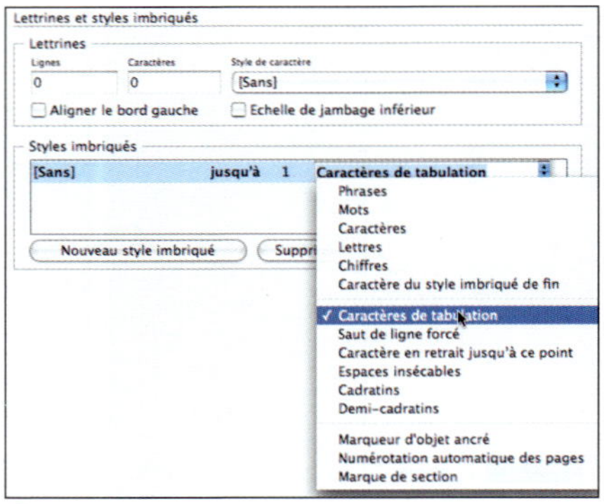

❷

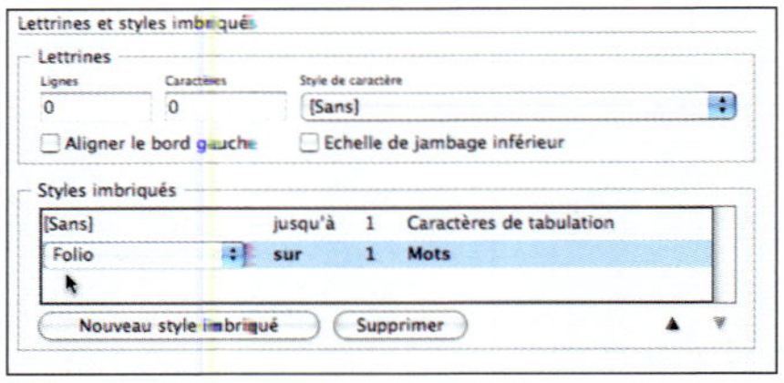

❸

> ***Mise à jour de la table des matières***
>
> *La table des matières peut être mise à jour à tout moment. Pour ce faire, placez le curseur texte dedans et choisissez Mettre à jour la table des matières dans le menu Page.*

Créez les mêmes styles imbriqués pour le titre 2 TDM.

Si la table des matières ne présentait pas ce problème de points de conduite en gras et en maigre, vous pourriez aussi appliquer un style de caractères aux folios via la fenêtre Table des matières. Il suffirait alors de choisir ce style dans le menu déroulant Style du numéro de page.

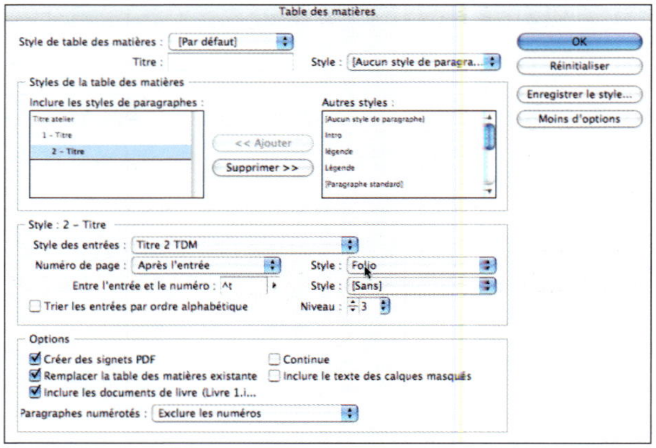

Si ce n'est déjà fait, appliquez le gabarit A aux doubles pages. N'oubliez pas de compléter également le titre de l'atelier en ajoutant « Atelier 1 - Réaliser une… »

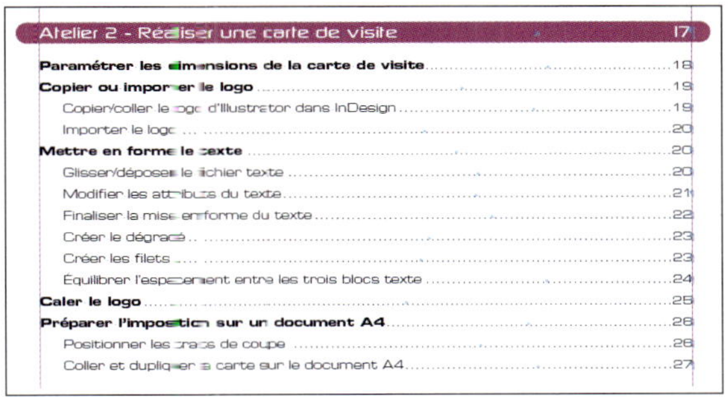

Générer l'index

Contrairement à une table des matières, un index ne se génère pas automatiquement : il vous faut lister dans l'ouvrage les mots pertinents qui devront y figurer. Lorsque vous indexez un mot, InDesign va le chercher dans le fichier ou dans tous les fichiers d'un livre, et affiche dans la palette Index les folios des pages où cette occurrence a été trouvée. Une fois l'indexation terminée, l'index peut être construit et restylé à l'aide de styles de paragraphe et de caractères.

Créez un nouveau document (210 x 240 mm) nommé « Index » et enregistrez-le. Affichez la palette Livre, cliquez sur l'icône  pour charger le fichier Index et placez-le en fin de liste. Utilisez comme fichier source la table des matières, puis allez dans le menu déroulant Options de synchronisation (ou cliquez sur l'icône ) pour synchroniser les styles, les gabarits et le nuancier.

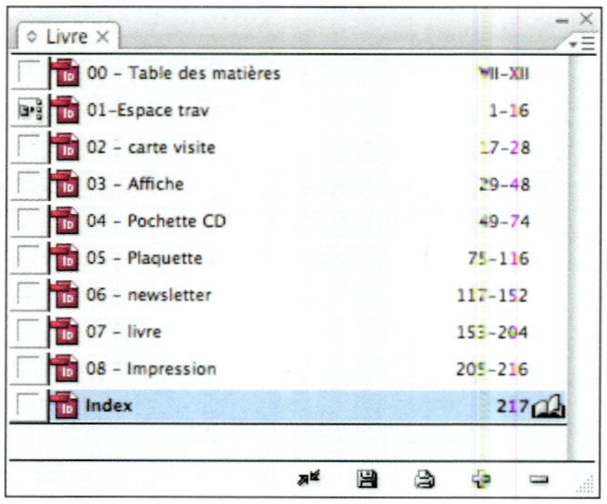

Dans les gabarits A et B, remplacez le titre « Table des matières » par « Index ». Dans le menu Page > Marges et colonnes, ajoutez aux deux gabarits une colonne supplémentaire avec 10 mm de gouttière et fixez la valeur du grand fond à 30 mm.

Le plus logique serait d'indexer le premier atelier, puis d'avancer au fur et à mesure des chapitres. Mais ici, vous allez indexer l'atelier 2, puisque c'est le seul chapitre à votre disposition. Sachez toutefois que si vous générez un index pour l'ensemble d'un livre, il est indispensable d'ouvrir tous les fichiers que contient la palette Livre.

Affichage des termes indexés

Si vous affichez les caractères masqués via le menu Texte (+ alt + I), les termes indexés sont repérés par le symbole ^.

❶ C'est dans la palette Index que se construit un index. Affichez-la en allant dans le menu Fenêtre > Textes et tableau, et cochez en haut à droite la case Livre. Dans la section « Paramétrer les dimensions… », sélectionnez le groupe de mots « Pages en vis-à-vis ». Dans la palette Index, cliquez sur l'icône pour créer une nouvelle entrée : ce groupe de mots apparaît alors au niveau 1 dans la colonne Niveaux de rubrique. Cliquez sur le bouton Tout ajouter pour qu'Indesign liste tous les folios des pages où apparaît cette expression.

❷ Après validation, l'entrée indexée s'affiche dans la palette Index avec tous les numéros de pages où l'occurrence a été trouvée. Répétez l'opération pour toutes les entrées à placer dans l'index.

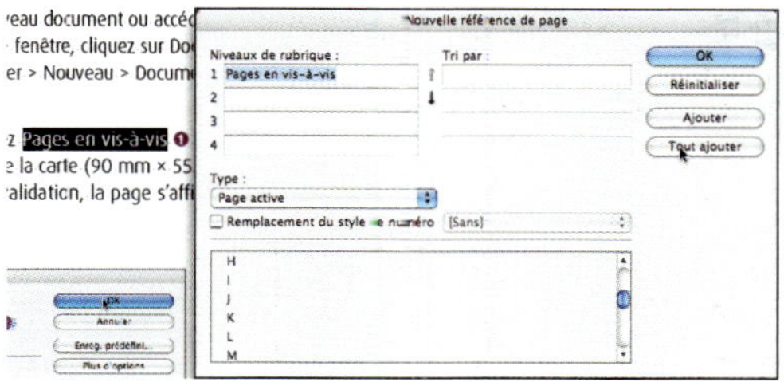

❶

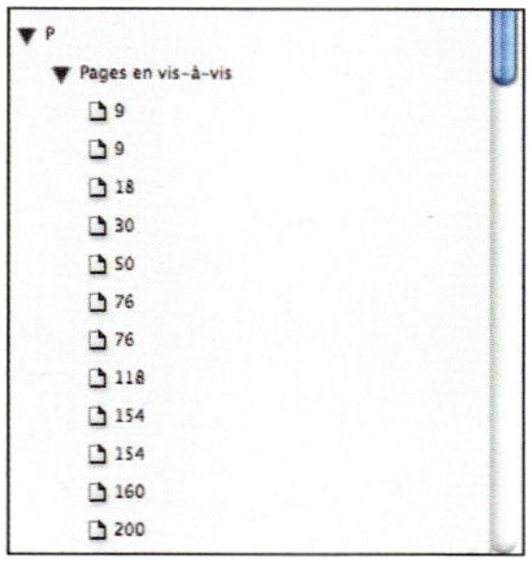

❷

Lorsqu'une entrée a été indexée, il est possible de lui associer un autre mot ou groupe de mots sur un deuxième niveau. Par exemple, il semble logique de référencer le mot « dégradé » comme une sous-entrée du groupe de mots « palette Nuancier ». Voici comment procéder :

❸ Après avoir indexé l'entrée « palette Nuancier », sélectionnez dans l'atelier 2 le mot « dégradé » (dans la section « Créer le dégradé ») et créez une nouvelle entrée. Cliquez ensuite sur l'icône ↓ pour la descendre d'un niveau.

❹ En bas de la fenêtre, allez chercher l'entrée « palette Nuancier » et double-cliquez sur son nom pour qu'elle se place au premier niveau. Cliquez alors sur le bouton Tout ajouter, afin qu'InDesign recherche les pages où figure cette entrée dans tout le livre. Vous pouvez créer de cette façon quatre niveaux d'entrées.

❺ Dans la palette Index, vous visualisez maintenant le mot « dégradé » au deuxième niveau de l'entrée « palette Nuancier ».

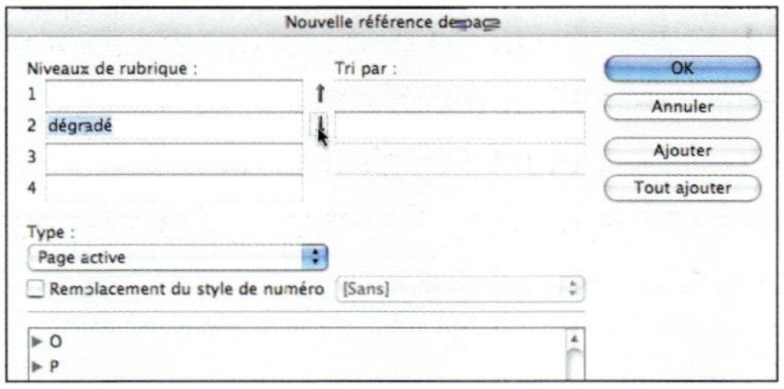

❸

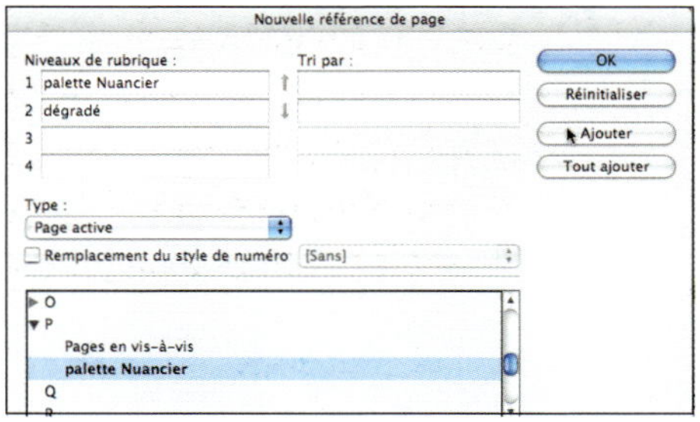

❹

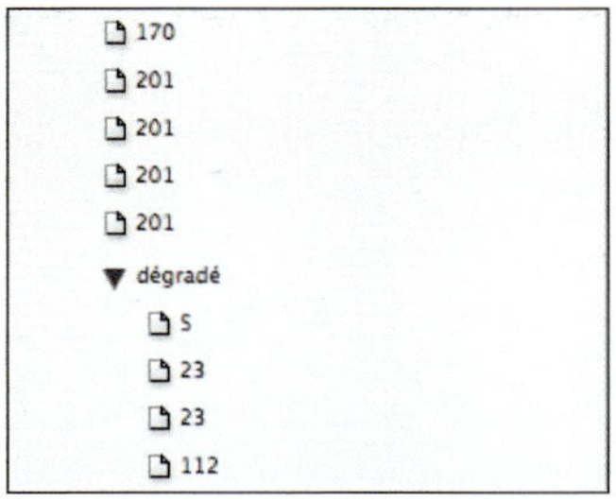

❺

Casse d'une entrée

Si un même mot est à la fois en capitales et en minuscules dans le document, vous devez créer deux entrées distinctes si vous souhaitez indexer ce terme. Pour qu'InDesign recompose l'index en fusionnant ces deux entrées, sélectionnez l'une d'elles dans la palette Index, puis lancez la commande Composer en capitales, accessible via le menu déroulant de cette palette.

Notez qu'il est possible, en cours de travail, de supprimer certaines entrées non pertinentes en utilisant l'icône en forme de poubelle de la palette Index.

Lorsque tous les mots et groupes de mots ont été indexés, vous pouvez alors générer l'index.

❶ Cliquez sur l'icône située en bas de la palette Index. La fenêtre qui s'ouvre affiche quatre niveaux d'entrées, ainsi que les styles par défaut qui vont y être appliqués. Pour l'instant, générez l'index tel quel : vous modifierez directement la mise en forme de ces styles dans la palette Styles de paragraphe. Comme pour la table des matières, effacez le titre « Index » figurant en haut de la fenêtre et cochez la case Inclure les documents de livre.

❷ Après validation, cliquez dans la première colonne de la page 1 de l'index, tout en maintenant la touche ⇧ enfoncée afin qu'InDesign chaîne le texte dans les deux colonnes et ajoute le nombre de pages nécessaire au volume de l'index.

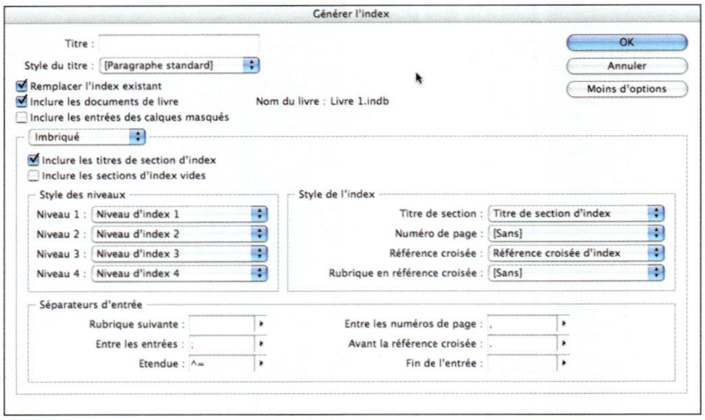

❶

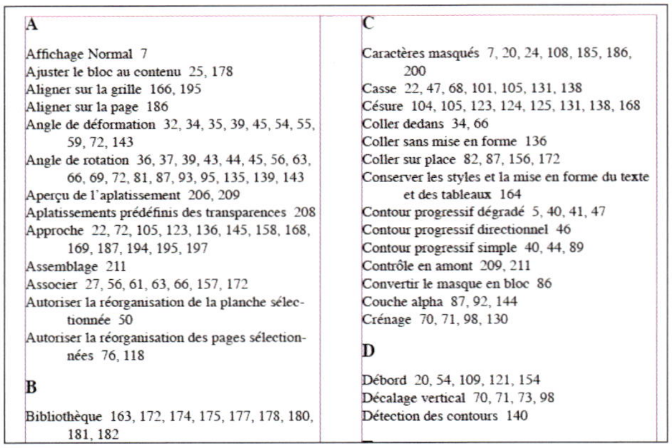

A

Affichage Normal 7
Ajuster le bloc au contenu 25, 178
Aligner sur la grille 166, 195
Aligner sur la page 186
Angle de déformation 32, 34, 35, 39, 45, 54, 55, 59, 72, 143
Angle de rotation 36, 37, 39, 43, 44, 45, 56, 63, 66, 69, 72, 81, 87, 93, 95, 135, 139, 143
Aperçu de l'aplatissement 206, 209
Aplatissements prédéfinis des transparences 208
Approche 22, 72, 105, 123, 136, 145, 158, 168, 169, 187, 194, 195, 197
Assemblage 211
Associer 27, 56, 61, 63, 66, 157, 172
Autoriser la réorganisation de la planche sélectionnée 50
Autoriser la réorganisation des pages sélectionnées 76, 118

B

Bibliothèque 163, 172, 174, 175, 177, 178, 180, 181, 182

C

Caractères masqués 7, 20, 24, 108, 185, 186, 200
Casse 22, 47, 68, 101, 105, 131, 138
Césure 104, 105, 123, 124, 125, 131, 138, 168
Coller dedans 34, 66
Coller sans mise en forme 136
Coller sur place 82, 87, 156, 172
Conserver les styles et la mise en forme du texte et des tableaux 164
Contour progressif dégradé 5, 40, 41, 47
Contour progressif directionnel 46
Contour progressif simple 40, 44, 89
Contrôle en amont 209, 211
Convertir le masque en bloc 86
Couche alpha 87, 92, 144
Crénage 70, 71, 98, 130

D

Débord 20, 54, 109, 121, 154
Décalage vertical 70, 71, 73, 98
Détection des contours 140

❷

Pour atteindre une page où apparaît une entrée d'index

Dans la palette Index, sélectionnez la page où apparaît cette entrée, puis cliquez sur l'icône. La page s'affichera avec le curseur texte placé devant le mot indexé.

Modifiez ensuite les styles de paragraphe qui ont été ajoutés dans la palette Styles de paragraphe. Double-cliquez sur le style Titre de section d'index (correspondant aux lettres de l'alphabet). Dans la rubrique Formats de caractères de base, changez la police en Eurostile Bold Extented 2 avec une taille de 9 pt et un interlignage à 12 pt. Dans la rubrique Retrait et espacement, paramétrez un espace avant et après de 2 mm, puis alignez le texte sur la grille de ligne de base. Dans la rubrique Filets de paragraphe, activez le filet au-dessous avec une graisse de 1 pt, un décalage de 1 mm et un retrait à droite de –10 mm, le filet appliqué sur la largeur du texte. Passez le texte en violet.

Pour le style Niveau d'index 1 (correspondant aux mots ou groupes de mots indexés), changez la police en Dax Regular avec un corps de 10 pt et un interlignage de 12 pt, puis alignez le texte sur la grille de ligne de base.

Pour le style Niveau d'index 2, reprenez les attributs du style Niveau d'index 1. Paramétrez un retrait à gauche de 10 mm, un retrait de première ligne à –7 mm et alignez le texte sur la grille de ligne de base.

Pour tout l'index, n'oubliez pas de modifier le pas de la grille à 12 pt en allant dans le menu Indesign > Préférences > Grille (ou dans le menu Édition pour PC).

Si vous désirez changer le style des folios (par exemple, en Dax Light et dans un corps moins grand), vous devrez créer un style de caractères. Il vous faudra ensuite générer de nouveau l'index en activant ce nouveau style de caractères dans le menu déroulant Numéro de page.

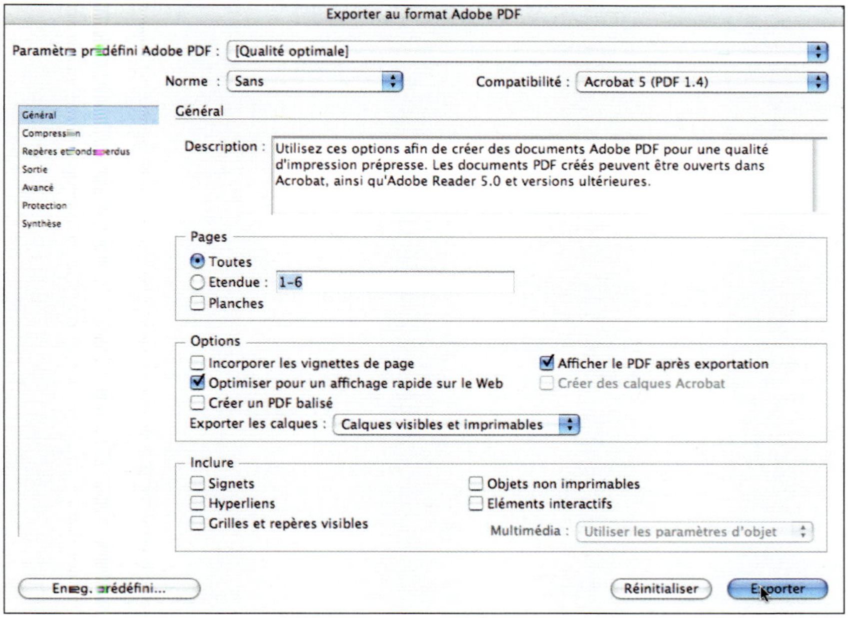

Préparer les fichiers...

pour l'impression

Dans les ateliers précédents, vous avez appris à réaliser toutes sortes de documents ; dans celui-ci, vous allez découvrir comment préparer leur impression. Selon les cas, le client vous demandera un dossier contenant les fichiers natifs InDesign, ainsi que les images et polices utilisées, ou bien un fichier PDF haute définition (cas le plus fréquent). Mais avant de générer ce PDF, vous devrez effectuer quelques vérifications indispensables.

Repère visuel de la transparence dans la palette Pages

Dès qu'une transparence est appliquée à une page, elle est indiquée dans la palette Pages par un petit carré en damier situé à droite du numéro de la page.

Avant d'envoyer en impression le document que vous avez réalisé ou de le convertir au format PDF, il convient de procéder à différents contrôles.

En premier lieu, si le document InDesign comporte des transparences telles que des ombres portées, des effets ou des modes de fusion, il est important de s'assurer que leur aplatissement (conversion des zones de transparence se chevauchant en objets distincts, vectoriels ou bitmap) va s'effectuer dans les meilleurs conditions lors de l'impression. Pour cela, une palette va vous permettre de prévisualiser les conséquences de cet aplatissement, notamment au niveau du texte.

Dans un deuxième temps, vous devez vérifier que les polices de caractères et les images utilisées dans le document sont bien accessibles. Ces deux contrôles terminés, vous pouvez alors demander au logiciel de regrouper dans un dossier les polices, les images et le document InDesign pour les envoyer à l'imprimeur, ou sinon convertir ce document au format PDF.

Vérifier l'aplatissement des transparences

Ouvrez le fichier final de l'atelier 5 qui constitue un exemple parfait pour illustrer les transparences. Affichez par le menu Fenêtre la palette Sortie > Aperçu de l'aplatissement. Le menu déroulant Sélecteur donne accès à huit aperçus où les zones concernées par l'aplatissement sont affichées en rouge et le reste du document en niveaux de gris. Par exemple, si vous choisissez l'aperçu Objets transparents, vous rendez visibles tous les objets de la mise en page qui contiennent une transparence ; avec l'aperçu Tous les objets concernés, vous visualiserez également les objets situés en arrière-plan, etc.

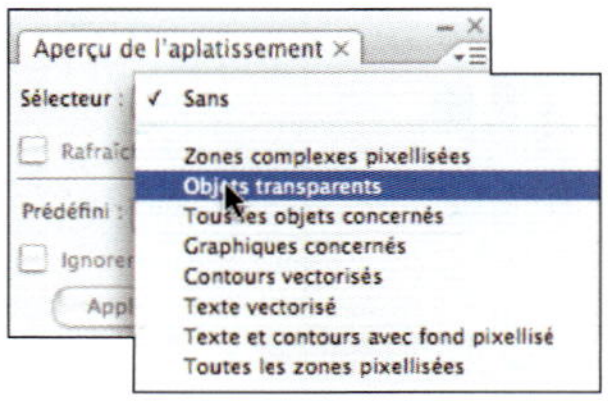

Ici, sélectionnez l'aperçu Texte et contours avec fond pixellisé, car c'est le seul aperçu qui permette de repérer les zones de texte où l'aplatissement pourrait poser problème. Vérifiez bien que le champ Prédéfini est calé sur [Haute résolution]. Les mots apparaissant en rouge correspondent alors aux textes qui risquent de mal réagir à l'impression, ce qui se traduit le plus souvent par un exédent de graisse.

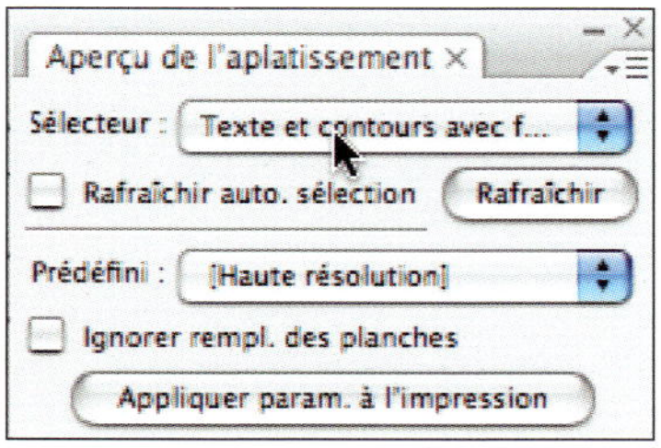

En effet, un texte réagit toujours à proximité d'objets comportant une transparence (ici, c'est l'ombre portée du mot « Jardin »), même si texte et objets ne se chevauchent pas. Pour que l'aplatissement se déroule dans les meilleures conditions, la première solution consiste à placer le texte (ou le calque texte) au premier plan. Mais dans le cas de cette plaquette, il est impossible de déplacer le calque texte au premier plan car les informations figurant sur la première page deviendraient illisibles. Une deuxième méthode revient à créer un nouveau calque pour y glisser les mots surlignés en rouge. En activant de nouveau l'aperçu Texte et contours avec fond pixellisé, vous remarquerez que certains mots ne sont plus touchés, mais que le problème n'a pas été entièrement résolu pour autant.

La dernière solution consiste à personnaliser l'aplatissement afin que le texte ne soit pas pixellisé mais vectorisé.

❶ Dans le menu Édition, choisissez Aplatissements prédéfinis des transparences. La fenêtre qui s'ouvre propose trois aplatissements : activez [Haute résolution] pour récupérer les paramètres haute résolution, puis cliquez sur le bouton Nouveau. En bas de la fenêtre qui s'ouvre, cochez la case Vectoriser tout le texte ❷. Nommez le nouvel aplatissement « texte vectorisé ».

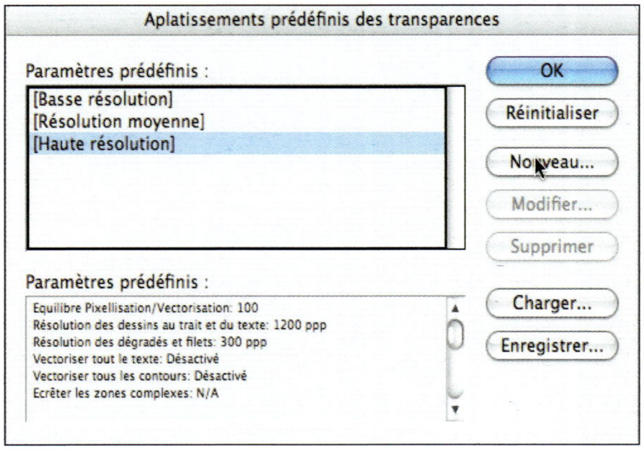

❶

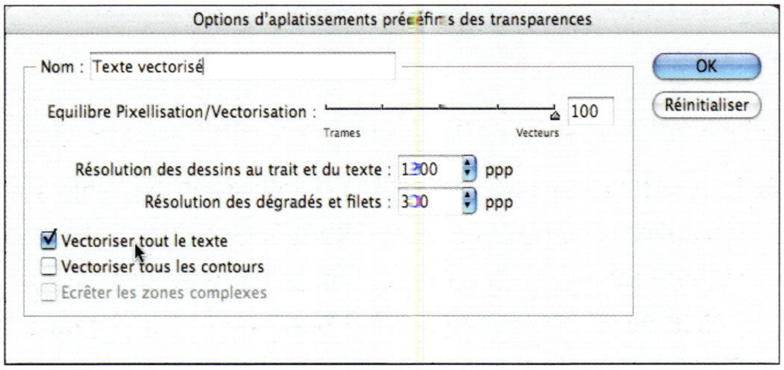

❷

Retournez dans la palette Aperçu de l'aplatissement, activez ce nouvel aplatissement dans le champ Prédéfini et rafraîchissez l'écran en cliquant sur le bouton Rafraîchir. Les zones rouges ont disparu : l'aplatissement s'effectuera donc dans les meilleures conditions possibles. Vous pouvez dès lors procéder à un contrôle en amont de votre document.

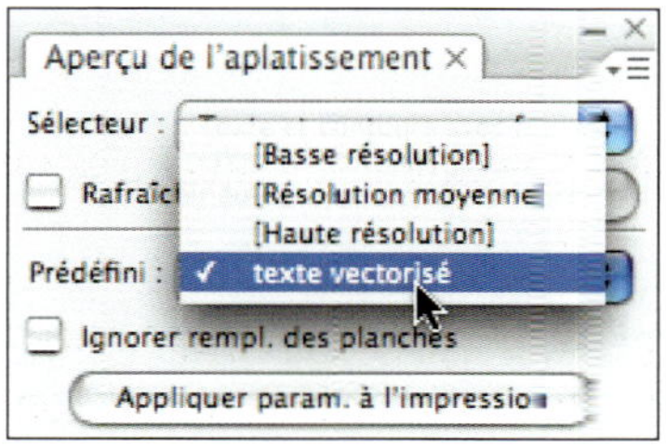

Contrôler le document

La fonction Contrôle en amont permet de vous assurer que le document est prêt à être transmis à l'imprimeur, et en particulier qu'il ne manque ni images, ni polices.

Allez dans le menu Fichier > Contrôle en amont (⌘ + alt + ⇧ + F).

❶ La fenêtre qui s'ouvre présente la synthèse du contrôle, en répertoriant toutes les polices et images utilisées dans le document. Si l'icône ⚠ y figure, cela signifie qu'InDesign a détecté un problème, dont il vous précise la nature : police ou image manquante, image non mise à jour (lorsqu'il y a eu une modification effectuée dans Photoshop) ou encore mode colorimétrique incorrect d'une image (RVB au lieu de CMJN).

La commande Rechercher une police

Il est possible à tout moment de rechercher (voire de remplacer) une police dans un document InDesign via le menu Texte > Rechercher une police.

❷ Dans le cas d'une police manquante, activez la rubrique Polices située à gauche de la fenêtre. Dans la liste des polices, sélectionnez la police manquante, puis cliquez sur le bouton Rechercher une police.

❸ La fenêtre suivante vous permet alors de visualiser le texte utilisant cette police manquante en cliquant sur le bouton Rechercher. Vous avez alors la possibilité de la remplacer par une autre police que vous aurez sélectionnée dans le menu déroulant Famille de polices.

❹ Si vous cliquez sur le bouton Plus d'infos, InDesign fournit plus d'informations sur la police manquante, comme le nombre de caractères, les folios des pages où figure cette police, etc.

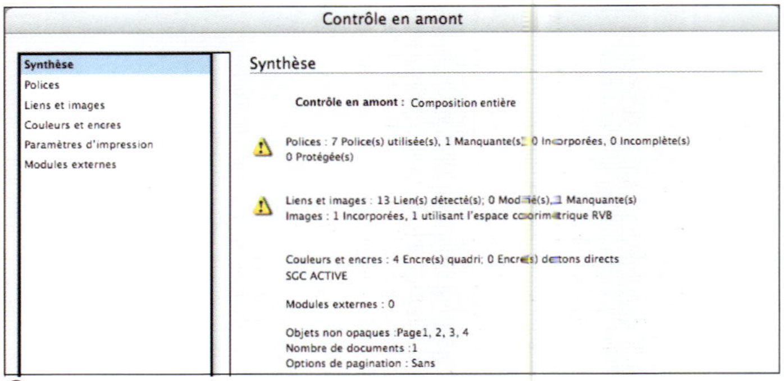

❶

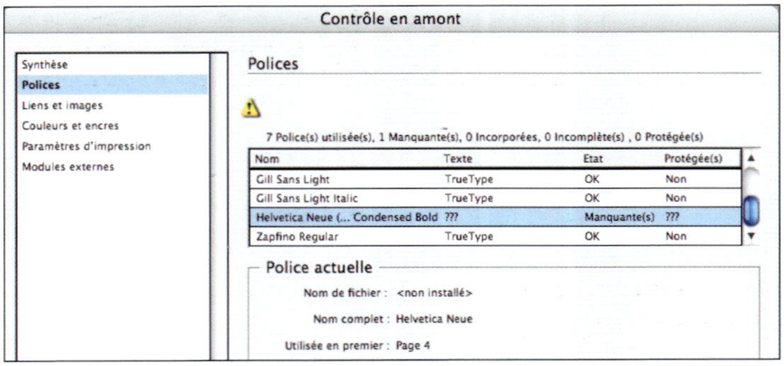

❷

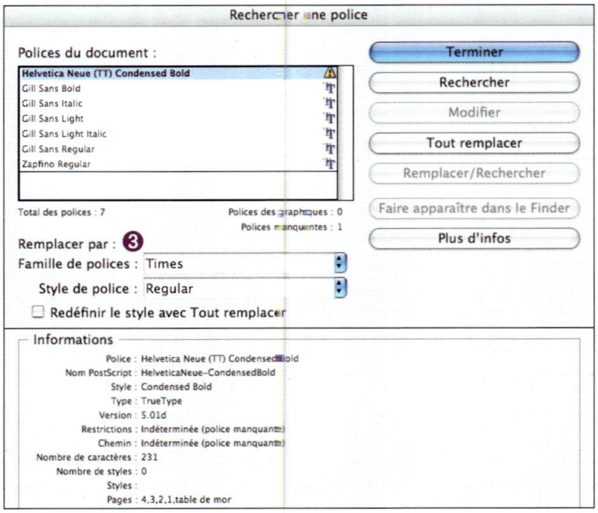

❹

Si InDesign a décelé un problème sur une image, trois cas de figure sont à envisager : premier cas, l'image a été modifiée dans Photoshop mais la mise à jour n'a pas été prise en compte dans InDesign. Cette mise à jour peut s'effectuer directement dans la fenêtre Contrôle en amont, en cliquant sur le bouton Mettre à jour de la rubrique Liens et images.

Deuxième cas, l'image est manquante, parce que le fichier d'origine a été déplacé dans un autre dossier. Dans ce cas, cliquez sur le bouton Rééditer le lien afin de retrouver le chemin de cette image manquante.

Troisième cas, le mode colorimétrique de l'image est en RVB (ce qui est le cas de l'image des gants dans l'atelier 5, par exemple). Dans ce cas précis, il faut obligatoirement aller dans Photoshop pour convertir cette image en mode CMJN.

Rééditer un lien ou le mettre à jour

Il est possible de rééditer un lien ou de mettre à jour à partir de la palette Liens. Sélectionnez le nom de l'image dans la palette Liens, puis cliquez sur l'icône pour rééditer le lien, ou sur l'icône pour le mettre à jour.

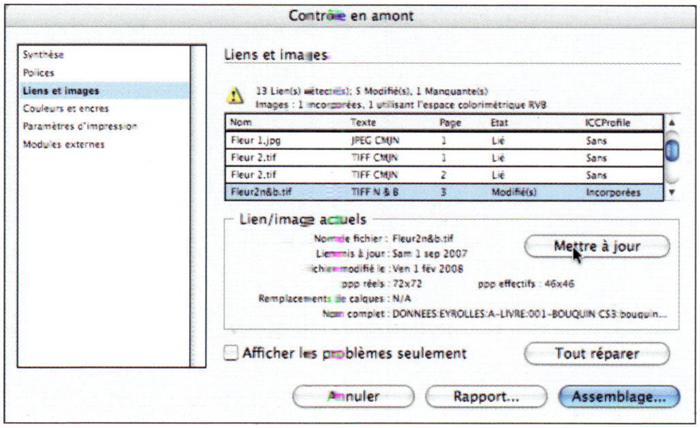

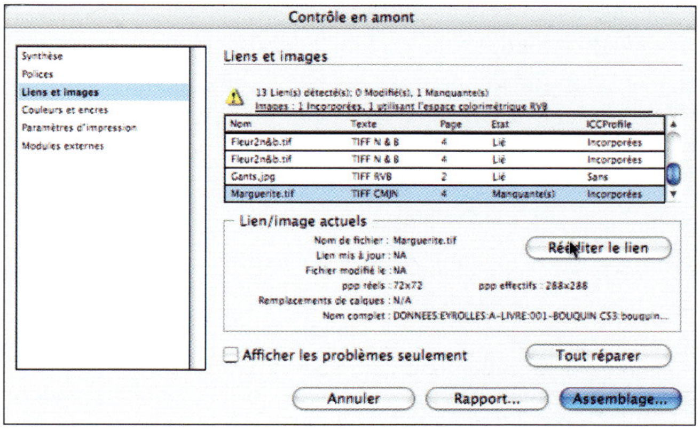

Une fois le contrôle et les ajustements effectués, cliquez sur le bouton Assemblage pour qu'InDesign réunisse dans un dossier une copie de tous les éléments nécessaires à l'impression (à savoir les polices, les images et le fichier InDesign). La première fenêtre qui s'ouvre est destinée à l'imprimeur : vous pouvez y saisir des informations sur le document ❶. Cliquez ensuite sur le bouton Continuer pour choisir l'emplacement du dossier d'assemblage, qui sera automatiquement enregistré sous le nom du document InDesign (Dossier

Plaquette, dans cet exemple). Dans la partie inférieure de la fenêtre, laissez cochées les trois options par défaut ❷ pour obtenir un dossier avec une copie du document (.indd), ainsi qu'un sous-dossier Fonts pour les polices et un sous-dossier Links pour les images ❸. Pour donner tous ces éléments à l'imprimeur, il vous suffit alors de copier ce dossier sur un support amovible ou d'utiliser un serveur FTP.

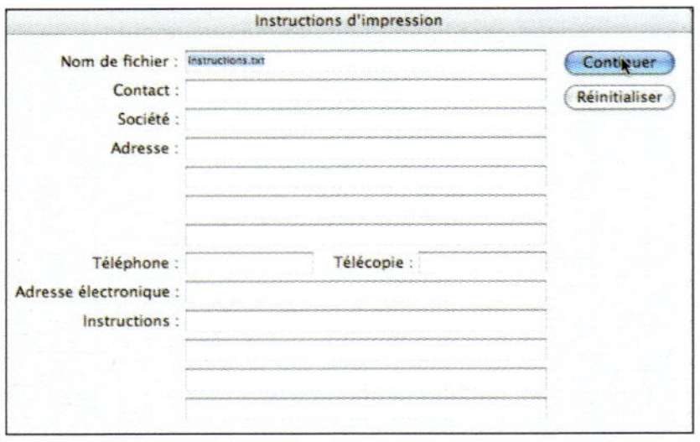

❶

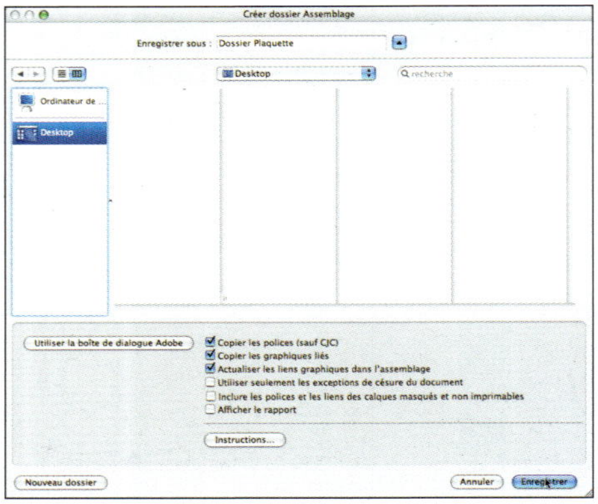

❷

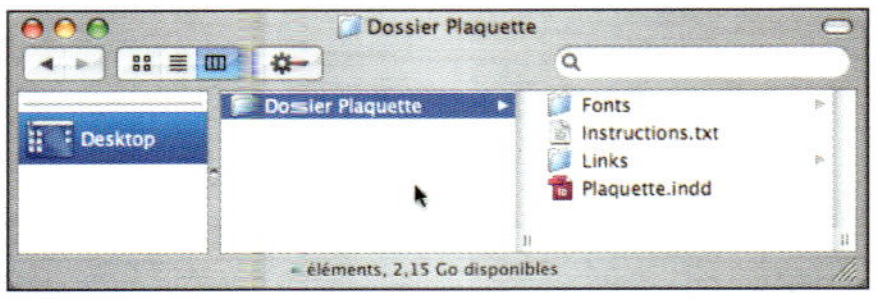

❸

Créer un fichier PDF

Paramètres prédéfinis des PDF

Si votre prestataire de services vous a transmis un fichier contenant ses paramètres PDF, vous devez l'importer dans la liste des enregistrements prédéfinis (via le menu Fichier > Paramètres prédéfinis Adobe PDF) avant de convertir votre document.

Deux possibilités s'offrent à vous pour créer un document PDF à partir d'un fichier InDesign : la commande Exporter ou l'imprimante virtuelle Adobe PDF. La première méthode convient pour un fichier utilisé comme épreuve de contrôle ou destiné à être imprimé sur une imprimante de bureau. En revanche, s'il s'agit d'un PDF pour le prépresse, il est vivement conseillé de faire appel à l'imprimante virtuelle Adobe PDF. Le fichier sera alors transformé en fichier PostScript, puis envoyé directement au Distiller qui le convertira au format PDF. Ainsi, le PDF sera créé sans ouverture du Distiller ni enregistrement du fichier PostScript sur le bureau. Un fichier PDF distillé de cette manière sera mieux optimisé pour une impression professionnelle et de poids sensiblement moins lourd que celui généré par la commande Exporter.

Exporter en PDF

Allez dans le menu Fichier > Exporter (⌘ + E) et choisissez l'emplacement du fichier à exporter : s'ouvre alors une fenêtre d'options, en haut de laquelle figurent des paramètres prédéfinis. Lorsque vous en sélectionnez un, sa description s'affiche en dessous. L'option Taille de fichier minimale est préconisée pour une consultation à l'écran, la qualité supérieure pour une impression haute qualité et la qualité optimale pour une impression prépresse. Selon l'option choisie, InDesign va lui-même gérer la compression des images, l'incorporation des polices, etc. Vous avez cependant la possibilité de modifier ces réglages via les paramètres Compression, Sortie et Avancé, mais n'y touchez qu'en connaissance de cause ! En particulier, si vous enregistrez un PDF pour une impression prépresse (parce que vous ne possédez pas Distiller), demandez à votre imprimeur de vous préciser les réglages à adopter.

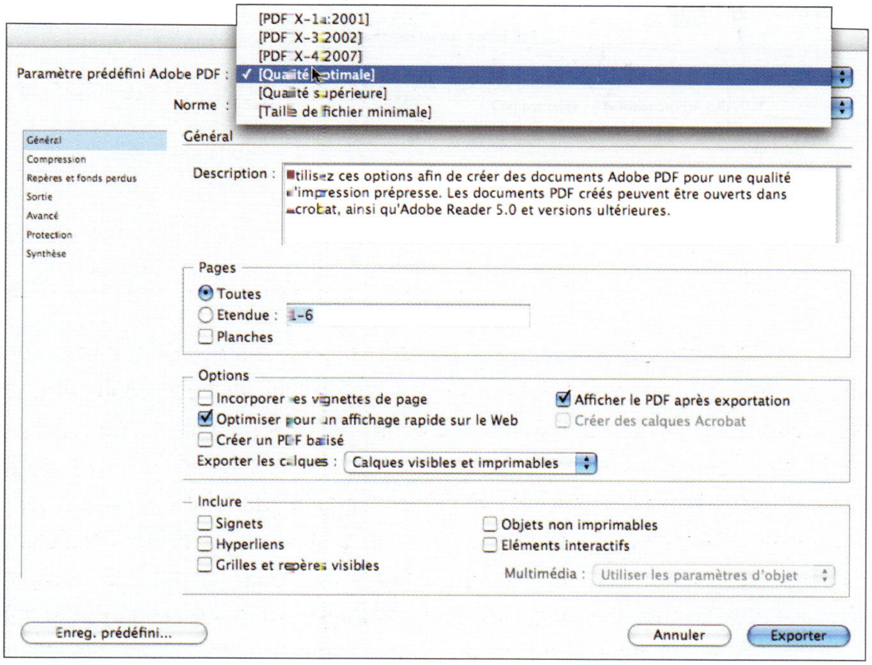

❶ Dans la zone Pages, indiquez ensuite les pages à générer au format PDF. En cochant l'option Planches, les doubles pages (pages paires et impaires) seront présentées sur une seule page.

❷ Dans la rubrique Repères et fonds perdus, ajoutez si besoin au document PDF des traits de coupe, des repères de marge, etc. Pour que le fond perdu que vous avez prévu sur votre document apparaisse sur le PDF, cochez la case Utiliser les paramètres de fond perdu du document.

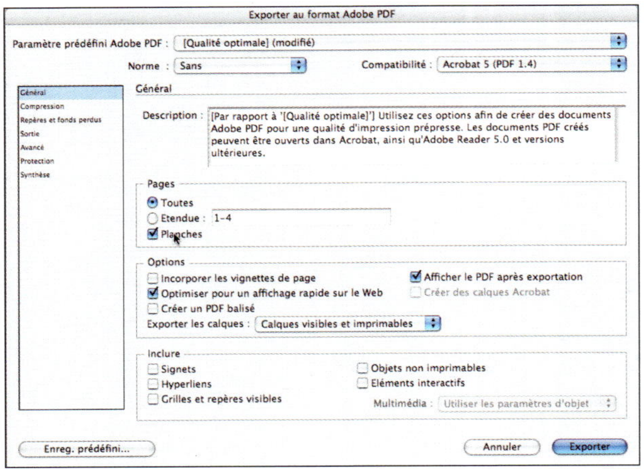

❶

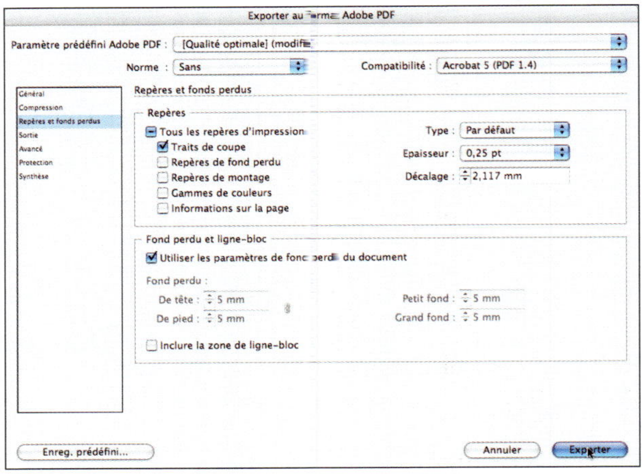

❷

Après avoir cliqué sur le bouton Exporter, le fichier est généré au format PDF, puis Acrobat Reader ou Acrobat Professional se lance et affiche le document, à condition que soit cochée la case Afficher le PDF après exportation dans la rubrique Général.

Imprimer avec l'imprimante virtuelle Adobe PDF

Avant de lancer l'impression, il convient tout d'abord de paramétrer Acrobat Distiller. Ouvrez-le et choisissez la résolution de votre sortie dans le menu déroulant Paramètres par défaut. Dans le cas d'une impression prépresse, choisissez l'option Qualité optimale. Si vous devez modifier les paramètres du PDF dans Distiller (à la demande de votre imprimeur), allez dans le menu Configuration >

Modifier les paramètres Adobe PDF. Une fois ces paramètres réglés, vous pouvez fermer Distiller (le PostScript et le PDF se génèrent en tâche de fond).

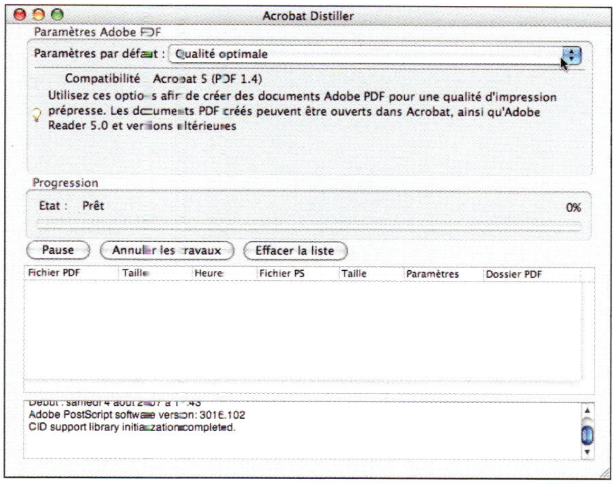

Retournez ensuite dans InDesign et lancez l'impression via le menu Fichier (⌘ + P).

❶ Dans la rubrique Général, sélectionnez Adobe PDF 8.0 dans le menu déroulant Imprimante. Demandez une impression en planches.

❷ Dans la rubrique Format, personnalisez le format d'impression pour générer un PDF aux dimensions du document.

❸ Dans la rubrique Repères et fond perdu, ajoutez les repères demandés par l'imprimeur.

❹ Comme Distiller ne gère pas les transparences, allez dans la rubrique Avancé et appliquez le paramètre d'aplatissement que vous avez créé précédemment. L'impression génère alors un fichier au format PDF qui est automatiquement enregistré sur le bureau de l'ordinateur.

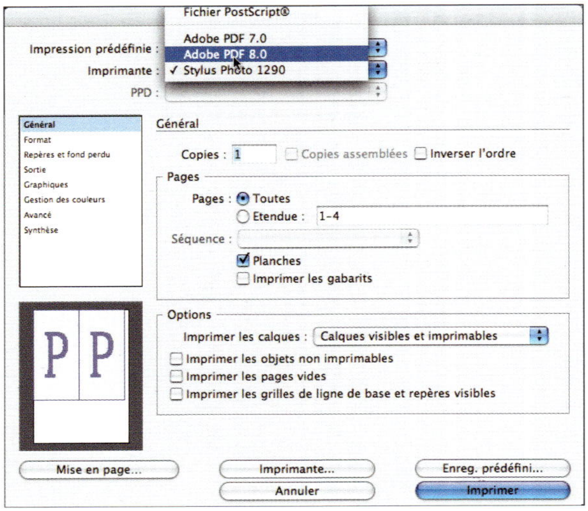
Fichier PostScript®
Adobe PDF 7.0
Adobe PDF 8.0
✓ Stylus Photo 1290
Impression prédéfinie :
Imprimante :
PPD :
Général
Format
Repères et fond perdu
Sortie
Graphiques
Gestion des couleurs
Avancé
Synthèse
Général
Copies : 1
Copies assemblées
Inverser l'ordre
Pages
Pages : Toutes
Etendue : 1-4
Séquence :
Planches
Imprimer les gabarits
Options
Imprimer les calques : Calques visibles et imprimables
Imprimer les objets non imprimables
Imprimer les pages vides
Imprimer les grilles de ligne de base et repères visibles

❶

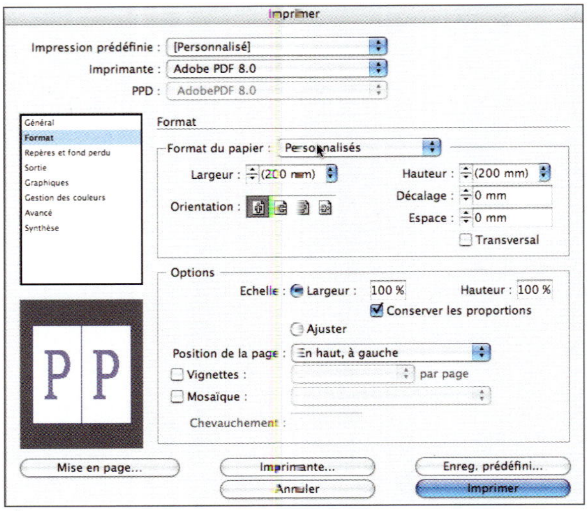
Imprimer
Impression prédéfinie : [Personnalisé]
Imprimante : Adobe PDF 8.0
PPD : AdobePDF 8.0
Général
Format
Repères et fond perdu
Sortie
Graphiques
Gestion des couleurs
Avancé
Synthèse
Format
Format du papier : Personnalisés
Largeur :
Hauteur : (200 mm)
Décalage : 0 mm
Orientation :
Espace : 0 mm
Transversal
Options
Echelle : Largeur : 100 %
Hauteur : 100 %
Conserver les proportions
Ajuster
Position de la page : En haut, à gauche
Vignettes :
par page
Mosaïque :
Chevauchement :
Mise en page…
Imprimante…
Annuler
Enreg. prédéfini…
Imprimer

❷

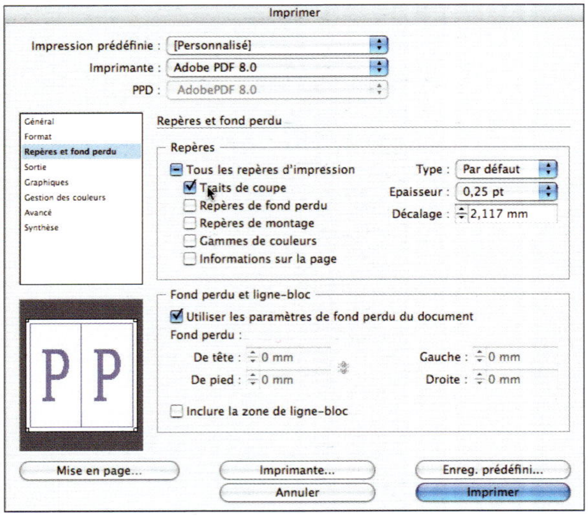
Imprimer
Impression prédéfinie : [Personnalisé]
Imprimante : Adobe PDF 8.0
PPD : AdobePDF 8.0
Général
Format
Repères et fond perdu
Sortie
Graphiques
Gestion des couleurs
Avancé
Synthèse
Repères et fond perdu
Repères
Tous les repères d'impression
Traits de coupe
Repères de fond perdu
Repères de montage
Gammes de couleurs
Informations sur la page
Type : Par défaut
Epaisseur : 0,25 pt
Décalage : 2,117 mm
Fond perdu et ligne-bloc
Utiliser les paramètres de fond perdu du document
Fond perdu :
De tête : 0 mm
De pied : 0 mm
Gauche : 0 mm
Droite : 0 mm
Inclure la zone de ligne-bloc
Mise en page…
Imprimante…
Annuler
Enreg. prédéfini…
Imprimer

❸

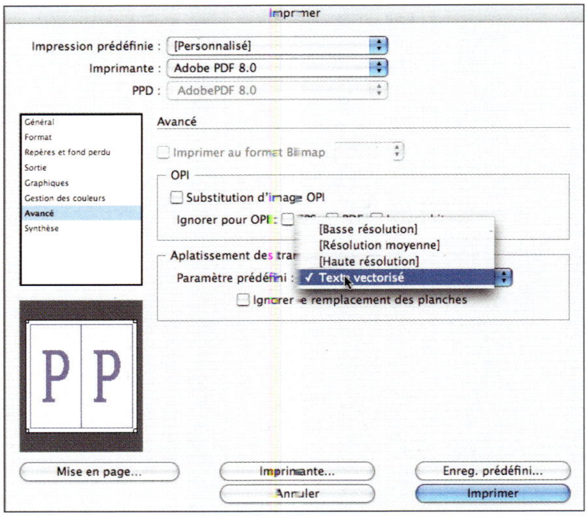
Imprimer
Impression prédéfinie : [Personnalisé]
Imprimante : Adobe PDF 8.0
PPD : AdobePDF 8.0
Général
Format
Repères et fond perdu
Sortie
Graphiques
Gestion des couleurs
Avancé
Synthèse
Avancé
Imprimer au format Bitmap
OPI
Substitution d'image OPI
Ignorer pour OPI :
[Basse résolution]
[Résolution moyenne]
[Haute résolution]
✓ Texte vectorisé
Paramètre prédéfini :
Ignorer le remplacement des planches
Mise en page…
Imprimante…
Annuler
Enreg. prédéfini…
Imprimer

❹

Raccourcis clavier

MENU FICHIER	MAC	PC
Nouveau	⌘ + N	Ctrl + N
Ouvrir	⌘ + O	Ctrl + O
Fermer	⌘ + W	Ctrl + W
Enregistrer	⌘ + S	Ctrl + S
Enregistrer sous	⌘ + ⇧ + S	Ctrl + ⇧ + S
Exporter	⌘ + E	Ctrl + E
Format de document	⌘ + alt + P	Ctrl + alt + P
Importer	⌘ + D	Ctrl + D
Assemblage	⌘ + alt + ⇧ + P	Ctrl + alt + ⇧ + P
Imprimer	⌘ + P	Ctrl + P
Quitter	⌘ + Q	Ctrl + Q

MENU ÉDITION	MAC	PC
Annuler	⌘ + Z	Ctrl + Z
Rétablir (Annuler)	⌘ + ⇧ + Z	Ctrl + ⇧ + Z
Couper	⌘ + X	Ctrl + X
Copier	⌘ + C	Ctrl + C
Coller	⌘ + V	Ctrl + V

	MAC	PC
Coller sans mise en forme	⌘ + ⇧ + V	Ctrl + ⇧ + V
Coller dedans	⌘ + alt + V	Ctrl + alt + V
Coller sur place	⌘ + alt + ⇧ + V	Ctrl + alt + ⇧ + V
Dupliquer	⌘ + alt + ⇧ + D	Ctrl + alt + ⇧ + D
Exécuter et répéter	⌘ + alt + U	Ctrl + alt + U
Tout sélectionner	⌘ + A	Ctrl + A
Tout désélectionner	⌘ + ⇧ + A	Ctrl + ⇧ + A
Rechercher/Remplacer	⌘ + F	Ctrl + F

MENU PAGE	MAC	PC
Page suivante	⇧ + ↓	⇧ + ↓
Page précédente	⇧ + ↑	⇧ + ↑
Double page suivante	alt + ↓	alt + ↓
Double page précédente	alt + ↑	alt + ↑
Atteindre la page	⌘ + J	Ctrl + J
Première page du document	⌘ + ⇧ + ↑	Ctrl + ⇧ + ↑
Dernière page du document	⌘ + ⇧ + ↓	Ctrl + ⇧ + ↓

MENU TEXTE	MAC	PC
Vectoriser	⌘ + ⇧ + O	Ctrl + ⇧ + O
Afficher/Masquer les caractères masqués	⌘ + alt + I	Ctrl + alt + I
Insérer un caractère spécial		
Numérotation automatique des pages	⌘ + alt + ⇧ + N	Ctrl + alt + ⇧ + N
Tiret conditionnel	⌘ + ⇧ + -	Ctrl + ⇧ + -
Trait d'union insécable	⌘ + alt + -	Ctrl + alt + -
Retrait jusqu'à ce point	⌘ + §	Ctrl + *
Tabulation de retrait à droite	⇧ + TAB	⇧ + TAB

Insérer un espace

Espace insécable	⌘ + alt + X	Ctrl + alt + X
Espace fine	⌘ + alt + ⇧ + M	Ctrl + alt + ⇧ + M

Insérer un caractère de saut

Saut de colonne	Entrée (clavier num.)	Entrée (clavier num.)
Saut de bloc	⇧ + Entrée (clavier num.)	⇧ + Entrée (clavier num.)
Saut de ligne forcé	⇧ + Entrée	⇧ + Entrée
Saut de page	⌘ + Entrée	Ctrl + Entrée

MENU OBJET	MAC	PC
Options de bloc de texte	⌘ + B	Ctrl + B
Masque	⌘ + alt + ⇧ + K	Ctrl + alt + ⇧ + K
Associer	⌘ + G	Ctrl + G
Dissocier	⌘ + ⇧ + G	Ctrl + ⇧ + G
Verrouiller la position	⌘ + L	Ctrl + L
Déverrouiller la position	⌘ + alt + L	Ctrl + alt + L

Disposition

En avant	⌘ + Ù	Ctrl + Ù
Premier plan	⌘ + ⇧ + Ù	Ctrl + ⇧ + Ù
En arrière	⌘ +)	Ctrl +)
Arrière-plan	⌘ + ⇧ +)	Ctrl + ⇧ +)

Ajustement

Ajuster le contenu au bloc	⌘ + alt + E	Ctrl + alt + E
ÒAjuster le bloc au contenu	⌘ + alt + C	Ctrl + alt + C
Centrer le contenu	⌘ + ⇧ + E	Ctrl + ⇧ + E
Ajuster le contenu proportionnellement	⌘ + alt + ⇧ + E	Ctrl + alt + ⇧ + E

MENU TABLEAU	MAC	PC
Insérer un tableau	⌘ + alt + ⇧ + T	Ctrl + alt + ⇧ + T
Insérer une colonne	⌘ + alt + Ç	Ctrl + alt + Ç
Insérer une ligne	⌘ + Ç	Ctrl + Ç
Option de cellule	⌘ + alt + B	Ctrl + alt + B
Option de tableau	⌘ + alt + ⇧ + B	Ctrl + alt + ⇧ + B
Sélection d'une cellule	⌘ + :	Ctrl + :
Sélection d'une ligne de tableau	⌘ + »	Ctrl + »
Sélection d'une colonne de tableau	⌘ + alt + »	Ctrl + alt + »
Sélection d'un tableau	⌘ + alt + A	Ctrl + alt + A
Supprimer une colonne de tableau	⇧ + Suppr	⇧ + Suppr
Supprimer une ligne de tableau	⌘ + Suppr	Ctrl + Suppr

MENU AFFICHAGE	MAC	PC
Afficher la grille de ligne de base	⌘ + alt + <	Ctrl + alt + <
Ajuster la double page à la fenêtre	⌘ + alt + à	Ctrl + alt + à
Ajuster la page à la fenêtre	⌘ + à	Ctrl + à
Sélectionner tous les repères	⌘ + alt + G	Ctrl + alt + G
Afficher/Masquer les repères	⌘ + $	Ctrl + $
Verrouiller/Déverouiller les repères	⌘ + alt + $	Ctrl + alt + $
Afficher/Masquer les liens du texte	⌘ + alt + Y	Ctrl + alt + Y
Afficher/Masquer les règles	⌘ + R	Ctrl + R
Masquer les palettes	TAB	TAB
Masquer les palettes (sauf celle d'outils)	⇧ + TAB	⇧ + TAB
Taille réelle	⌘ + &	Ctrl + &
Zoom arrière	⌘ + -	Ctrl + -
Zoom avant	⌘ + =	Ctrl + =

AFFICHAGE PALETTES / FENÊTRES	MAC	PC
Palette Contrôle	⌘ + alt + ^	Ctrl + alt + ^
Palette Calques	F7	F7
Palette Contour	⌘ + F10	Ctrl + F10
Palette Couleur	F6	F6
Palette Informations	F8	F8
Palette Nuancier	F5	F5
Palette Pages	⌘ + F12	Ctrl + F12
Palette Alignement	⇧ + F7	Ctrl + F7
Palette Liens	⌘ + ⇧ + D	Ctrl + ⇧ + D
Palette Habillage de texte	⌘ + alt + W	Ctrl + alt + W
Palette Effets	⌘ + ⇧ + F10	Ctrl + ⇧ + F10
Palette Styles d'objet	⌘ + F7	Ctrl + F7
Palette Glyphes	alt + ⇧ + F11	alt + ⇧ + F11
Palette Index	⇧ + F8	⇧ + F8
Palette Styles de paragraphe	⌘ + F11	Ctrl + F11
Palette Styles de caractère	⌘ + ⇧ + F11	Ctrl + ⇧ + F11
Palette Tabulations	⌘ + ⇧ + T	Ctrl + ⇧ + T
Fenêtre Filets de paragraphe	⌘ + alt + J	Ctrl + alt + J
Fenêtre Justification	⌘ + alt + ⇧ + J	Ctrl + alt + ⇧ + J
Fenêtre Lettrines et styles imbriqués	⌘ + alt + R	Ctrl + alt + R
Fenêtre Options d'enchaînement	⌘ + alt + K	Ctrl + alt + K
Fenêtre Ombre portée	⌘ + alt + M	Ctrl + alt + M
Fenêtre Préférences	⌘ + K	Ctrl + K

OUTILS	MAC	PC
Outil Sélection	V	V
Outil Sélection directe	A	A
Outil Plume	P	P
Outil Ajout de point d'ancrage	=	=
Outil Suppression de point d'ancrage	-	-
Outil Conversion de point directeur	⇧ + C	⇧ + C
Outil Texte	T	T
Outil Trait	§	*
Outil Bloc rectangulaire	F	F
Outil Rectangle	M	M
Outil Ciseaux	C	C
Outil Rotation	R	R
Outil Dégradé	G	G
Outil Pipette	I	I
Outil Main	H	H
Outil Zoom	Z	Z
Activer/désactiver Fond et Contour	X	X
Permuter couleurs de fond et de contour	⇧ + X	⇧ + X
Basculer entre les modes d'affichage	W	W

CARACTÈRES / PARAGRAPHES	MAC	PC
Petites capitales	⌘ + ⇧ + H	Ctrl – ⇧ + H
Tout en capitales	⌘ + ⇧ + K	Ctrl – ⇧ + K
Souligné	⌘ + ⇧ + U	Ctrl – ⇧ + U
Augmenter l'interligne	alt + ↓	alt – ↓
Diminuer l'interligne	alt + ↑	alt – ↑
Augmenter l'interligne × 5	⌘ + alt + ↓	Ctrl – alt + ↓
Diminuer l'interligne × 5	⌘ + alt + ↑	Ctrl – alt + ↑
Augmenter le corps	⌘ + ⇧ + ;	Ctrl – ⇧ + ;

Diminuer le corps	⌘ + ⇧ + ,	Ctrl + ⇧ + ,
Augmenter le corps × 5	⌘ + alt + ⇧ + ;	Ctrl + alt + ⇧ + ;
Diminuer le corps × 5	⌘ + alt + ⇧ + ,	Ctrl + alt + ⇧ + ,
Augmenter crénage/approche	alt + →	alt + →
Diminuer crénage/approche	alt + ←	alt + ←
Augmenter crénage/approche × 5	⌘ + alt + →	Ctrl + alt + →
Diminuer le crénage/approche × 5	⌘ + alt + ←	Ctrl + alt + ←
Augmenter le décalage vertical	alt + ⇧ + ↓	alt + ⇧ + ↓
Diminuer le décalage vertical	alt + ⇧ + ↓	alt + ⇧ + ↓
Augmenter le décalage vertical × 5	⌘ + alt + ⇧ + ↑	Ctrl + alt + ⇧ + ↑
Diminuer le décalage vertical × 5	⌘ + alt + ⇧ + ↓	Ctrl + alt + ⇧ + ↓
Césure activée/désactivée	⌘ + alt + ⇧ + H	Ctrl + alt + ⇧ + H
Centré	⌘ + ⇧ + C	Ctrl + ⇧ + C
Aligné à droite	⌘ + ⇧ + R	Ctrl + ⇧ + R
Aligné à gauche	⌘ + ⇧ + L	Ctrl + ⇧ + L
Justifié	⌘ + ⇧ + J	Ctrl + ⇧ + J
Justification forcée	⌘ + ⇧ + F	Ctrl + ⇧ + F
Aligner sur la grille de ligne de base	⌘ + alt + ⇧ + G	Ctrl + alt + ⇧ + G

AGRANDISSEMENT/RÉDUCTION IMAGE	MAC	PC
Agrandir de 5 %	⌘ + alt + ;	Ctrl + alt + ;
Réduire de 5 %	⌘ + alt + [ ]	Ctrl + alt + [ ]
Agrandir de 1 %	⌘ + ;	Ctrl + ;
Réduire de 1 %	⌘ + [ ]	Ctrl + [ ]

SÉLECTION	MAC	PC
Sélectionner la ligne	⌘ + ⇧ + §	Ctrl + ⇧ + *
Sélectionner 1 caractère vers la droite	⇧ + →	⇧ + →
Sélectionner 1 caractère vers la gauche	⇧ + ←	⇧ + ←
Sélectionner 1 mot vers la droite	⌘ + ⇧ + →	Ctrl + ⇧ + →
Sélectionner 1 mot vers la gauche	⌘ + ⇧ + ←	Ctrl + ⇧ + ←
Sélectionner 1 ligne dessous	⇧ + ↓	⇧ + ↓
Sélectionner 1 ligne dessus	⇧ + ↑	⇧ – ↑
Sélectionner 1 paragraphe après	⌘ + ⇧ + ↓	Ctrl – ⇧ + ↓
Sélectionner 1 paragraphe avant	⌘ + ⇧ + ↑	Ctrl – ⇧ + ↑

Index

A

B

C

D

E

F

G

H

I

J

L

M

N

O

P

Dans le cadre de sa politique de développement durable, l'imprimerie AGPOGRAF, S.A. a obtenu en 2001 la certification ISO 9002.
Cet ouvrage est imprimé, pour l'intérieur, sur du "Creator Silk 135g" de la Papeterie TORRAS PAPEL certifié SCF et pour la couverture sur du "Invercotte G" de la Papeterie IGGESUND certifié SCF.

Imprimé en Espagne
par AGPOGRAF
Dépôt légal : mars 2008
N° d'éditeur : 7777